U0035617

人格的精神分析研究

Psychoanalytic Studies of the Personality

目　錄 contents

第二部 臨床論文

第三部 其他論文

譯者的話[1]

費爾貝恩(William Ronald Dodds Fairbairn，1889-1964)對許多人來說並不陌生，在介紹客體關係理論時常會提到這個名字，他的貢獻普遍被肯定，甚至被稱為「客體關係之父」[2]。然而相較其他的客體關係理論家，他的學說是陌生的，少被討論及應用。

就台灣的現況(2022年)，克萊恩、溫尼克特、比昂、巴林特、羅森費爾等人的著作早就有譯本出版並激發多樣的討論學習，但費爾貝恩的主要著作《人格的精神分析研究》(Fairbairn 1952)尚未有譯本，更遑論其兩冊的文選《從本能到自體》(Fairbairn 1994)。

費爾貝恩被冷落是普遍的，不只在台灣。格林伯格與米歇爾(Jay Greenberg and Stephen Mitchell)曾提到費爾貝恩的重要性與被重視的程度不相稱，可能有幾個原因(Greenberg et al. 1983, pp.152-153)，最常被提到的原因是費爾貝恩住在偏遠的蘇格蘭，且極少長途旅行，這讓他疏離於主流的精神分析學術圈，正如歐內斯特．瓊斯(Ernest Jones)在本書的前言所說，「費爾貝恩博士在精神分析領域的地位十分特別而重要。他居住的地方離最近的同事有數百哩之遙，而且他也很少和他們碰面。」其他的可能原因，包括費爾貝恩的理論與克萊恩理論的重疊性以及與剛特利普理論的重疊性等等，但最重要的應該是他們提出的最後一點：即費爾貝恩著作本身

---

[1]本文部分內容來自譯者2020年11月28日於「第19屆台灣自體心理學研討會」中之演講稿(未出版)。

[2]例如英國精神分析學會網站上對費爾貝恩的介紹。(https://psychoanalysis.org.uk/our-authors-and-theorists/ronald-fairbairn)

的晦澀。這可分兩個方面，一方面是他的主要著作《人格的精神分析研究》並沒有將其理論做有連貫性的敘述，只是收錄他各個時期的文章，導致其中有不一致之處。這的確如此。若以寇哈特(Heinz Kohut)為例對照，寇哈特除了三冊的文選《自體的探索》之外，《自體的分析》、《自體的重建》、《精神分析治癒之道》都是有系統的論述，但《人格的精神分析研究》就如費爾貝恩自己所說，是他思想發展過程的紀錄：「這些論文所呈現的，是一種思路的進展，而非一個明確而精緻的觀點。」[1]這讓讀者必須忍耐地吃下夠多不連續的碎片，然後辛苦地試著整合；另一方面是費爾貝恩的文章本身不好讀，格林伯格等說道：「……其文章抽象而過於系統化。他常處理許多理論上的議題，卻缺乏臨床的指涉與意涵。他似乎沉醉於錯綜複雜的理論建構，想以一系列邏輯的排列組合建立一個美麗的理論。在一堆瑣碎的技術名詞和複雜的架構區分中，其文章的力道，無論是臨床上或理論上的意涵，都會消散。」對許多人而言，這或許是費爾貝恩不容易被接受的主要原因。

然而，費爾貝恩的作品是重要的，重要到值得花時間克服繁複的建構，穿透艱難的句法(尤其對非英語母語的我們)，去掌握他的論述。因為在這些晦澀的文字後面，是費爾貝恩宏大的企圖：建立一套迴異於佛洛伊德傳統的精神分析理論。費爾貝恩熟稔佛洛伊德學說，但卻逐漸發現其理論上之矛盾，及其運用於臨床上之困境。前者如潛抑與超我的問題(見本書第一部第四章「回歸歇斯底里」及「自我的多重性」兩節)；後者如受性侵兒童的觀察(見本書第一部第三章第三節)。這些問題讓費爾貝恩困惑，進而讓他構思一幅全新的心理圖像。寇哈特有類似的心路歷程，因著對「自我心理學」的不滿與省思，他建構了全新的「自體心理學」，如寇哈特自己的描述——是「新瓶裝新酒」[2]。因此做為一位曾參與寇哈特作品翻譯工作的譯者而言，多年後再翻譯費爾貝恩的作品時，仍有那種熟悉的興奮與

[1]本書第一部第五章，頁137(原文頁數)。

[2]見《精神分析治癒之道》頁114-115(原文頁數)。

感動，即使他的某些客體關係概念，就像寇哈特自戀的概念，已廣泛滲入許多精神分析的論述而顯現不出當時的革命性了。

不過，就我而言，翻譯費爾貝恩的《人格的精神分析研究》，在時間上卻早於寇哈特的《精神分析治癒之道》。1997年中，因蔡榮裕醫師和周仁宇醫師的引介，開始接觸並翻譯《人格的精神分析研究》。約一年半之後完成了初稿[1]，但當時種種的因素以致沒有出版。這稿子一放就是20年，在硬碟的深處。到了2018年初，與邱顯智醫師、吳瑞媛老師的讀書會，讀到費爾貝恩的文章，古老的記憶才被喚起，在楊明敏醫師、王浩威醫師、和李俊毅醫師的鼓勵下，著手修訂舊稿。這一修又是三年，因為讀20年前的東西，不滿意之處甚多，大概有三分之二重新寫過。所以回顧起來，20年前沒有出版應是好事。如果還有20年，如果譯者還能讀現在的譯本且也甚多不滿意，或許也是好事。

《人格的精神分析研究》一書有三個部分，理論、臨床案例、理論應用。在第一部分裡，費爾貝恩致力建構新理論，是全書最重要的部分，而其中又以1-4章為核心。第1章可視為引言，主在說明兩個重要而基本的心理運作機制——分裂與內化。人類嬰兒有追求客體、想與客體連結的普遍需求，但這需求卻無可避免會遭受挫折；嬰兒用分裂與內化來處理此一挫折，因而發展出複雜的內在心理結構，2-4章就在闡述這個人類共通的心理結構。這四章發表於1940-1944年，這五年是費爾貝恩建構理論的關鍵時期。之後的5-7章基本上是對前四篇文章的整理與補充，讓理論更為完整。

相較於批判或解構某種立場，建構一個理論是更龐大而辛苦的工作，也要面臨更多的挑戰與批判，包括來自他人以及自己。對費爾貝恩來說，主要的批判還是來自自己[2]，所以在提出其理論後的幾年，他也陸續做了修正。例如附於本書第四章「客體關係觀點的內在精神結構」最後的「補遺」是1951年寫成的，在裡面費爾貝恩除了澄清理論中某些易被誤解之處

---

[1]當時的初稿，周仁宇醫師和林晴玉醫師也翻譯了部分章節，最後由我做統整。

[2]他曾抱怨當時同行們的批評，是沒有充分理解他的理論的結果，多年後寇哈特應有戚戚焉。

以外，也試圖解決理論中的內在矛盾[1]。而於1954年發表的「歇斯底里狀態本質之觀察」(Fairbairn 1954)，費爾貝恩則更進一步修正他的內在精神結構的圖像。對照本書第四章的圖示，1954年文章所描繪的圖像更接近下圖。圖中，費爾貝恩將「內在破壞者」改稱為「反原慾自我」(anti-libidinal ego)，也強調了與中心自我連結的內在客體——「理想客體」(ideal object)。讀者閱讀第四章時，參考這個圖或許更有助於理解。

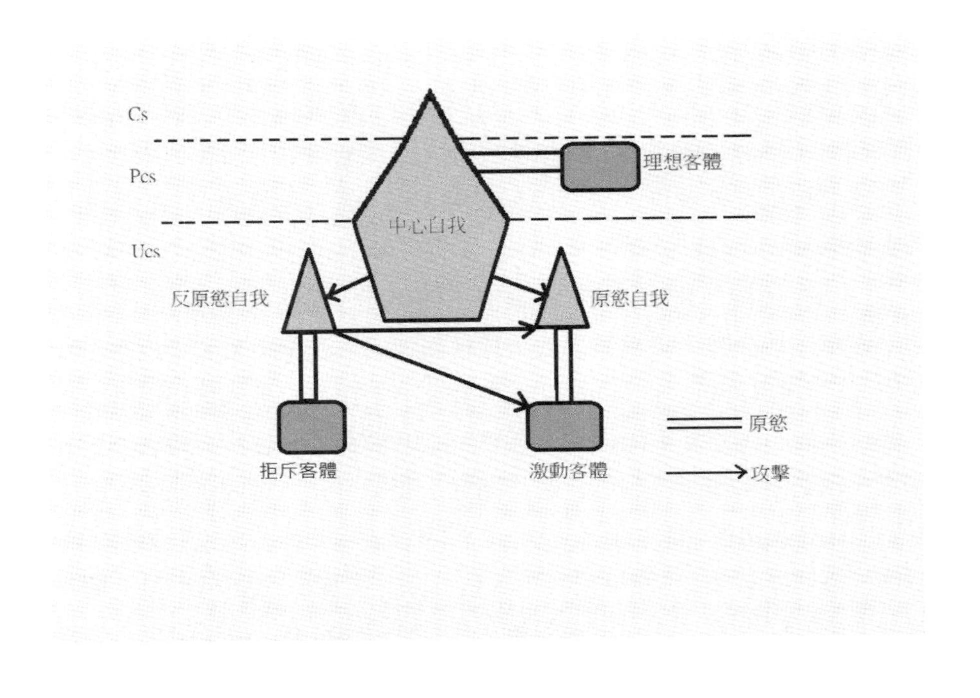

本書第二部分是三篇個案報告。這三篇分別發表於1927、1931、及1936年，也就是說，它們早於第一部分的理論建構。因此，對這些個案的陳述，費爾貝恩仍是採用傳統佛洛伊德式的立場與詞彙，雖然字裡行間已透露出他的客體關係觀點。所以閱讀這些個案報告的時候，不宜把它們視

[1]譯者在那裡的譯註中討論了費爾貝恩有無成功解決此一矛盾，但此僅代表譯者個人的意見。

為費爾貝恩之客體關係理論的臨床運用，而應視為其理論醞釀期的呈現。若想了解費爾貝恩如何以其理論看臨床個案，可參考「歇斯底里狀態本質之觀察」，以及「論精神分析治療的本質與目標」(Fairbairn 1958)。

至於第三部分收錄的文章，大致是以精神分析的角度觀察某些社會的現象。其中第三與第四章是在其客體關係理論形成的時期寫成的，可以看到費爾貝恩如何應用他的新理論，特別是討論戰爭精神官能症的第三章。二戰爆發時，費爾貝恩有機會接觸及研究軍隊中大量的精神官能症個案，這不僅有助於其理論之建構(見第一部第三章)，也是「......測試我的觀點之正確性的獨特時機。最初我的觀點是基於平常環境中少數個案的深度研究，但我現在要以整體調查研究大量個案的方法來檢核這些觀點，......」[1]。第三部第三章呈現的就是費爾貝恩在會談室外對其精神分析理論的測試以及有力的支持。這一章另一個值得注意之處是，費爾貝恩認為創傷本身並不能導致戰爭精神官能症，嬰兒式的依賴才是關鍵。譯者以為，現今在思考創傷後壓力症候群相關問題的時候，費爾貝恩對戰爭精神官能症的觀點應頗具啟發性。

以上簡短勾勒本書梗概，希望對讀者的爬梳稍有助益；當然，更希望中譯本的出版有助於中文讀者認識費爾貝恩的理論並感受其獨創性。能夠翻譯這本書，我是覺得很榮幸的，如果這本書能夠引發許多討論，將是更大的榮幸。

感謝周仁宇醫師的推薦序，讓本書增色；感謝謝孟婷醫師與游雅玲小姐的校稿與編輯，她們的修正潤飾，讓文字更精確流暢；也感謝無境文化能夠同意出版這種冷僻的書。最後要感謝我的家人，給了充足的時間空間，容忍我做這些距離她們非常遙遠的事。

---

[1]頁260(原文頁數)。

参考文獻|

Greenberg, J. R., & Mitchell, S. A. (1983). Object Relations in Psychoanalytic Theory (1st ed.). Harvard University Press.

Fairbairn, W. R. D. (1952). Psychoanalytic Studies of the Personality (1st ed.). Routledge.

—(1954). 'Observations on the Nature of Hysterical States' British Journal of Medical Psychology, 27(3): 105 – 125.

—(1958). 'On the Nature and Aims of Psycho-Analytical Treatment' International Journal of Psycho-Analysis, 39:374-385.

—(1994). From Instinct to Self: Selected Papers of W. R. D. Fairbairn - Volumes I and II. (1977). Edited by Scharff, D. E., & Birtles, E. F. Jason Aronson, Inc.

Kohut, H. (1984). How Does Analysis Cure? The University of Chicago Press.

為什麼要讀費爾貝恩？

周仁宇

相對於溫尼考特和比昂等當代理論家，費爾貝恩明顯地受到忽視。為此，湯瑪斯歐登以〈為什麼要讀費爾貝恩？〉為題發表了一篇論文 (Ogden 1910)。文中，他指出費爾貝恩對精神分析理論發展具有重大貢獻的幾個概念：一、內在客體世界的形成必然是一種對創傷的反應（在此創傷指的是現實中的母親無法向嬰兒表達她愛他並接受他的愛）；二、內在客體世界之得以維持，主要是為了讓嬰兒能夠不斷努力將缺乏愛的關係轉化為愛的關係；三、嬰兒的自我怨恨和羞愧來自於企圖將自己或母親轉變成不同之人的徒勞。

我們可以從費爾貝恩的概念中，同時看出他對佛洛依德作品的鑽研與批判。事實上，佛洛依德本人總是不斷質疑自己的理論並提出修正；因而，他對人類苦痛的理解歷經了真實創傷(1880s–1897)、潛意識衝動 (1897–1923)、結構模型 (1923–1939) 三個階段的轉變 (Sandler 1992)。費爾貝恩接續這個工作，批判結構模型概念，並提出他自己獨特的看法。如同佛洛依德，費爾貝恩的理論奠基於他自己的臨床經驗與對社會文化現象的觀察。以順序而論，本書的第二部收錄費爾貝恩最早的作品：從1927年到 1936年的三篇案例討論；第三部則是從1935年開始的十年內共四篇對社會文化現象的分析；第一部所收錄的七篇理論文章則全部寫於佛洛依德過世之後。

由於費爾貝恩一直待在愛丁堡，無法像倫敦的英國精神分析師們那樣有許多彼此聚會討論的機會，因此他與人們的溝通幾乎全部仰賴文字，讀者們將有機會從本書中，感受到他字裡行間所展現的深沉而精采的思考。

不過，閱讀費爾貝恩並不是件容易的事。不熟悉他的想法的人很容易便會在他的論述當中迷路。所幸，本書由劉時寧翻譯，他譯筆的精確與流暢已經在比昂的《從經驗中學習》(Bion 1962) 一書的譯本中展現無遺。本書的翻譯歷經他超過二十年的心血，具有無比的價值，必定能將這個被忽視已久的思想寶藏引介給台灣的讀者。

作者

周仁宇，兒童精神科醫師、西雅圖華盛頓大學人類學博士、國際精神分析學會（IPA）訓練分析師。

參考文獻

Wilfred Bion (1962). Learning from Experience. London: Taylor and Francis.

Thomas Ogden (2010). Why read Fairbairn? International Journal of Psycho-Analysis 91:101-118.

Joseph Sandler, Christopher Dare, and Alex Holder (1992). The Patient and the Analyst, Second Edition. New York: Routledge.

前言

費爾貝恩博士在精神分析領域的地位十分特別而重要。他居住的地方離最近的同事有數百哩之遙，而且他也很少和他們碰面。這樣有好處也有壞處。主要的好處是，在不受干擾與分心的情況下，他可以從日常的工作經驗中，全心地發展其理論。這種情況造就了費爾貝恩博士無庸置疑的原創性。但另一方面，這要有特別的自我批判能力才可彌補與同事討論的價值，因為同事會指出個人可能忽略的部分並可減少單一思考路線的危險性。在此我不想對本書預做評斷，只想拋磚引玉地說明我的意見。

以下的敘述或可扼要地說明費爾貝恩博士的新觀念。佛洛依德以各個愛慾帶(erotogenous zone)興奮造成的神經系統刺激，以及性腺活動造成的內在壓力為起點，而費爾貝恩博士則始於人格的中心，即「自我」，並描繪它在追求有支持能力之客體時所做的努力以及所遭遇的困難。費爾貝恩博士在書中詳細闡述了這個主題，也解決了這個主題所涉及的生物學上的本能問題，以及心理學上令人困惑的內外在客體交換問題。這些都是精神分析理論中全新的探索，應可引發許多豐富的討論[1]。

V

恩內斯特．瓊斯
ERNEST JONES

[1]內文側邊之羅馬數字標示，為原文書頁碼。

緒論

大衛・夏夫與艾莉諾・費爾貝恩・比爾特斯
DAVID E. SCHARFF, MD AND ELLINOR FAIRBAIRN BIRTLES

〈客體關係觀點的內在精神結構〉[1]一文發表至今，已有五十年了。此文是費爾貝恩之「人格的客體關係理論」(object-relations theory of the personality)充分發展的成果。這篇文章引介了費爾貝恩思想中最重要的元素，雖然後來他對之仍有修改、闡釋、並加以應用。

本書的前四篇文章是費爾貝恩原創理論的核心部分。閱讀費爾貝恩在此之前的文章不難發現，對佛洛依德理論的鑽研、對潛抑及解離現象的注意、以及對邏輯思考的專注，如何引導他早期十三年的精神分析著作。即便在那裡，從第一篇著作就明顯地仔細關注佛洛依德的同時，有一個觀點是費爾貝恩在早期文章中未明確指出，但在後來作品中卻逐漸顯現的：生命事件的意義是非常個人化而特異的(idiosyncratic)——只能從每個人的生命過程與脈絡去了解。自始費爾貝恩即認為家庭形成了每個人成長的脈絡。與任何早期的作者相較(或許佛洛依德除外)，費爾貝恩之*臨床*[2]焦點，不在於揭開預設的結構，而在於家庭經驗如何在治療中賦予個別敘事的意義。我們可由本書收錄的兩篇早期論文中，清楚地發現這一點：一篇是對一位性器官異常個案分析的文章[3](1931)；另一篇是較短的實例，說明一件國家大事(喬治五世駕崩)對三位病人的個別意義[4](1936)。而在討論戰爭精

---

[1]譯註：本書第一部第四章。

[2]譯注：原文中斜體之轉換，在本書的中文以楷體標示。

[3]譯註：本書第二部第二章。

[4]譯註：本書第二部第三章。

ix 神官能症(war neurosis)的文章中[1](1943)這種傾向更加清楚。這些思路亦明顯可見於其他早期的臨床及理論的文章中；這些文章直到最近才被出版，收錄於兩冊的《從本能到自體：費爾貝恩論文選》(*From Instinct to Self*: *Selected Papers of W.R.D. Fairbairn*) 。這裡我們可以看出，費爾貝恩對家庭的臨床興趣，是如何與他對揭開精神結構的強烈興趣平行進展。

費爾貝恩對心靈運作機轉的興趣，始於追隨佛洛依德探索潛抑與解離之間的差異、1929年愛丁堡大學的醫學博士論文、以及一系列有關結構理論與原慾理論的演講與文章。這些文章(目前重新刊印於《從本能到自體》)暗示了費爾貝恩的不滿，並導致後來他對精神分析理論的全盤修正。30年代晚期，在更熟悉克萊恩及其追隨者逐步開展的工作後，費爾貝恩持續發展人格的客體關係理論，這不僅表現在闡釋個案對英王之死的反應的文章裡，也表現在兩篇論述創造力與人際溝通之關係層面的藝術心理學文章(《從本能到自體》，第二冊)。在其中他利用克萊恩心理補償(psychological restitution)的革命性觀念來描繪藝術家如何藉此機會修復其內在客體世界之創傷。

然後在1940年，第一篇真正原創性的論文〈人格中的分裂因子〉(本書第一篇文章)為精神分析的思想標示出一條嶄新的路徑。雖然回溯起來或有跡可循，但在此文發表之前，並無法明顯看出費爾貝恩洞見的原創性及革命性。他的洞見在1940至1944年間漸漸成熟，這個時期的一系列論文，構成了本書的前四章，對精神分析理論造成革命性的改變。

這個全新的精神分析取向把嬰兒和孩童對關係的需求放在發展的中心位置。費爾貝恩闡述的精神結構理論，是建立在兒童成長過程中與父母及重要他人相處經驗的內化和修改(internalization and modification)。他亦指出自體或自我是如何去處理所有關係中皆無法避免的不滿。他提出一個反映外在經驗的精神結構，自我接著在此結構中運作以減緩外在經驗的衝擊。

---

[1]譯註：本書第三部第三章。

x

精神分析學界幾乎花了50年才充分了解本書中所隱含的意義。費爾貝恩早期的文章以及1952年《人格的精神分析研究》出版後的其他作品，直到《人格的精神分析研究》二版發行那一年才被整理出來，因而也鮮為人知。早期的文章讓我們知道費爾貝恩思想的起源，而後期的文章則致力於鞏固人格客體關係理論的科學及哲學基礎。另外，後期的文章亦將其理論應用在更廣泛的人格及病理研究上，並對1952年《人格的精神分析研究》初版中的一些矛盾做修正。

費爾貝恩思想的起源

佛洛依德對人性的看法是心物二元論。這種思想源於柏拉圖，並被基督教傳統保留於西方思潮中。在此觀點裡，人的力量投注在永無休止的衝突過程中——心靈與身體，性與攻擊，原我與自我，個體與社會等。費爾貝恩對精神分析的批判性取向則認為人性是整合的(integral)且具參與性的(participatory)；人會努力追求整合，並追求主客體之間互惠互助的關係。這種看法與佛洛依德不同而較直接源於亞里斯多德派的傳統——特別是被19世紀歐洲哲學擴充之後的亞里斯多德派思想。因此在觀點中，主客體關係(這是費爾貝恩解釋的基礎)是人類語言、象徵、及理性思考等能力的基礎。費爾貝恩在愛丁堡大學習醫前的第一個學位主攻「心靈哲學」，這是其理論中哲學思想的衍生處。心靈哲學的焦點在人類及其心理產物的哲學心理學(philosophical psychology)，例如邏輯學、倫理學、法律哲學、及教育哲學等，費爾貝恩的形上學上課內容則深受安德魯．塞斯．普林爾-帕蒂森教授[1](1882)之影響，並沉浸於康德、黑格爾、以及洛澤[2]的著作中。費爾貝恩在研究希臘哲學和在德國學習德語時，對這些觀念又更為嫻熟。這些學習內容，特別是黑格爾和康德的作品，讓費爾貝恩深入探索自體以外的

[1]譯註：Professor Andrew Seth Pringle-Pattison(1856-1931)，蘇格蘭哲學家。

[2]譯註：這裡指的是Rudolph Hermann Lotze (1817-1881)，德國哲學家。

主觀經驗，而終於結晶成其「內在客體」的中心思想。

愛因斯坦在赫柏特．史賓賽演講(The Herbert Spencer Lecture)中，提到思考模式對科學理論的影響：

xi

> 對此領域的探索者而言，想像的架構是如此必要而自然，以致他會將之視為既定事實，而非自己思想的產物。
>
> (1933：143)

愛因斯坦對理論物理學家的評論同樣適用於精神分析的理論家。費爾貝恩潛心於個體由環境及客體中分化的過程，以及在發展上對內在與外在現實主觀經驗的變化。一旦他用這種方式來思考，他就不會以其他方式來看待世界。

這種對個體的看法源於黑格爾(1817)。黑格爾認為，慾望未滿足而產生的不滿，會與個人想佔有他人的需求連結起來，而這種慾望必然不得滿足的特質會導致另一種尷尬不安(Singer, 1983:57-8)。對費爾貝恩而言，由慾望引起的相遇，其必然不得滿足的特質，是自我碎裂(splitting of ego)的根本動機，也因而是構成內在精神結構、人格發展、及精神病理的根本動機。循著這條路線，費爾貝恩發展出個體化(individuation)的心理學，在這種心理學中，自我認同(the identity of the self)[1]是基於意義與價值，而非基於本能的滿足。

費爾貝恩早期的著作及教學內容直到1994年才正式出版。從1928年至1930年，他致力於闡明佛洛依德理論中的三個面向：精神結構、本能理論、及潛抑的特質。當時他似乎有意寫一本書來詮釋並批判佛洛依德，所以這些早期著作非常的全面性。在1930年代中期他辭去愛丁堡大學教職，開始私人執業之後，這個野心才明顯的被放棄。

---

[1]譯註：精確來說應該譯為「自體認同」或「對自己的認同」；畢竟認同的是自體(self)而非自我(ego)，但因一般似乎仍較習慣「自我認同」一詞，在此仍譯為「自我認同」。

收錄於《從本能到自體》第二冊的早期研究中，費爾貝恩發現佛洛依德對能量概念的使用是有問題的。他深知能量與結構不可能像佛洛依德那樣用心物二元論的觀點區分，兩者從來就是相互關連的。新的思考方向是探討能量與結構間的關係，就像愛因斯坦在相對論中所提的$E=MC^2$。在此公式中能量與質量是可以互換的，彼此關連的。故在費爾貝恩的心理學中，心理結構與意義是相互關連的，之間的連結是情感電荷(affective charge)，而不是理論上的能量量子(quanta)。[1]

早期研究

起初費爾貝恩的焦點在精神結構。在愛丁堡大學的教學演講中(1928)，他指出了佛洛依德心理結構地形理論中的邏輯矛盾。他寫道，若自我(ego)由原我(id)中長出來，卻又在根本上與之對立，就像超我(superego)與自我的對立那樣，這在邏輯上是矛盾的。隔年有關超我的兩篇文章中(1929a；1929b)費爾貝恩探討了佛洛依德理論中這三個結構間的關係。他的論述的重點在於佛洛依德式的超我的原始性質，以及超我既可以是意識也可以是潛意識的現象，且既可做為潛抑之執行者也可做為被潛抑之對象等特性。費爾貝恩認為他自己的臨床經驗已可顯示佛洛依德誤解了結構之精神功能與現象。他雖然肯定超我那些可觀察之外顯現象，但卻認為超我在心靈內的功能運作，並不是透過一個對抗自我且作用於自我的獨立結構。他同意佛洛依德的看法，認為超我的發展類似一種客體認同的過程，但他認為這發展會伴隨著「感情形成」(sentiment formation)，而此步驟將使得情感在

[1]譯註：古典理論認為，源自原我的精神能量以量子（亦即，可分割的獨立單位）的形式存在，它們可依附於心理結構（例如自我）中，或透過行動而釋放。費爾貝恩則認為所有心理結構皆是動力結構，能量只是動力結構的一個面向，無法脫離結構獨立存在。且心理結構尋求的，也非能量之釋放，而是與客體的關係（即文中所稱的「意義」）。所以本文作者用「情感電荷」一詞：一方面，電荷是一種物理性質而非獨立存在之實體；另一方面，這種「電荷」的性質則與情感有關（涉及與客體之關係）。

客體關係中扮演核心的角色[1]。對費爾貝恩而言，上述的過程導致「情結」(complex)或「精神結構」(psychical structure)的發展。他寫道「如果超我的結構通常較情結嚴謹，卻又比次要人格(secondary personality)鬆散，則其應屬一精神結構」(1929a：20)。這是費爾貝恩的一個起步，他後來循此路線描述了母子關係衍生的內在自我結構。雖然在這些文章中，費爾貝恩仍和佛洛依德一樣，認為原我是本能衝動所在之處，但他的思考方向已開始由本能理論轉向以客體關係為基礎的人格理論了。

討論超我性質的一些文章目前收錄在《從本能到自體》第二冊〈超我〉的章節裡。在這些文章中，費爾貝恩(1929a)從超我的功能與結構方面來分析佛洛依德的假說。他問道「如果超我是潛抑的執行者，那它本身怎能被潛抑？」他先前認為自我與超我皆是無能量的結構，彼此的辯證關係可以改變且互相影響；但在上述的提問中，他開始認為能量與結構是不可分割的，而超我的功能就是一些交互影響的內在客體關係。在這些文章裡，費爾貝恩亦首度使用「組織化的自體」(organized self)一詞來取代「自我」，這是日後他發展人格內在精神結構的起步。

xiii

費爾貝恩探討佛洛依德結構理論之後，轉向了原慾理論：生與死的本能(1930)。他認為亥姆霍茲(Helmholtz)對十九世紀科學思潮的影響，減輕了佛洛依德思考中「對立力量」(opposing force)的必要性。後來費爾貝恩總結此期的研究時寫道：

> 佛洛依德認為原慾是追求享樂的觀點，乃源於他把能量與結構分開看待；因為能量一旦脫離結構，唯一不算是煩擾的(亦即愉悅的)心理變化就

[1]譯註：費爾貝恩在〈超我〉(1929a)一文的第二段中寫道：「超我是具有感情樣式的組織」(the superego is an organization after the manner of sentiment)。因為超我源自小孩與父母的關係，而此關係的核心就是「愛」這種感情。這裡似乎暗示：超我與其他心理結構的關係，不是一種類似物理性的機械關係，而是一種有感情性質的(內在)客體關係。超我也是因著這種性質而引起多種情緒(emotion)，例如精神官能症個案的恐懼、焦慮、愧疚感、羞恥感等等。

是建立力量之間的平衡，這是一種無方向的變化。相反地，如果我們認為能量與結構不可分，那麼唯一可理解的變化是結構性關係的改變以及結構間關係的改變。

(1944：126)

費爾貝恩的博士論文「解離與潛抑」(1929b)[1]也在此時期完成。在文中他回溯佛洛依德、詹納(Janet)[2]、瑞弗(Rivers)[3]、麥克杜格爾(McDougall)[4]及其他人的看法之後斷定，解離是人類的一般能力，而潛抑是此一能力對「不愉快」(unpleasant)事件時操作的特例。更進一步說，「被解離的元素，基本上屬於心理結構」(1929b：94)。如果我們擴充所謂「不愉快」的觀念，不單將之視為滿足或不滿足的問題，而注意其意義中的情感成分，我們便會同意費爾貝恩稍後的論點：被潛抑的是無法被關愛照顧的經驗，因為這些經驗絕大部分都會被嬰兒視為「不愉快」。對解離與潛抑之間關係的研究，形成日後費爾貝恩對人格碎裂概念的背景基礎。他認為在極度「不愉快」事件的衝擊下，人格就會碎裂。正如他在後來的文章中所提到的，使人格發生碎裂及潛抑的衝擊是「『想要被當成一個人地被愛，與想要自己的愛被接受』都受到挫折」(本書第一部第二章，頁39-40[5])。

xiv

[1]譯註：'Dissociation and Repression'。最初的完整標題是'The Relationship of Dissociation and Repression Considered from the Point of View of Medical Psychology'。

[2]譯註：Pierre Janet(1859-1947)，法國心理學家，他是首位系統地論述創傷經驗與解離之間關係的學者。

[3]譯註：William Halse Rivers Rivers(1864-1922)，英國神經科與精神科醫師，於一次大戰期間，在治療砲彈休克之患者上扮演重要角色。

[4]譯註：William McDougall(1871-1938)，英國心理學家，上述W. H. R. Rivers的學生，在本能理論與社會心理學的發展上頗有影響。

[5]譯註：原文書頁數，以下同。

費爾貝恩的「內在精神結構」(Endopsychic Structure)

本書收錄的是費爾貝恩成熟時期論文的核心部分。在第一篇文章裡他描述了人格中碎裂現象的普遍性。緊接著，第二篇他開始以依賴(dependence)形式的發展變化來修正精神病理的架構。新生兒的全然依賴漸漸成熟，形成成人人格的成熟式依賴。發展無法在孤立中達成，因此個體需依賴與外在他人的關係。每個人初始對雙親的依賴會擴展到對文化、教育、政治秩序、法律、及自然的依賴。費爾貝恩描述成熟式依賴是「一個已分化的個體與已分化的客體維持合作關係的能力」(本書第一部第五章，頁145)。若要如此，個體須在相等的程度上接受自體與他人自體的完整性(integrity)。在這篇文章中，費爾貝恩認為症狀是個體由嬰兒式依賴過渡到成熟式依賴時，處理其內在客體關係的方式。

第三篇文章寫於1944年，他已可用相當完整的形式來敘述其理論。他認為原始統一而未分化的自體或自我，因無可避免的不滿而攝入客體，然後再對客體中無法忍受的部分加以分裂及潛抑。但現在[1]費爾貝恩加入一個新觀念：與那些部分客體相連結的自我的部分，也會被分裂出去。這個自我-客體的組合呈現了問題關係中，情感基調(affective tone)的特徵，而這種情感是意識無法負荷的。他描述了三種自我-客體組合：迫害與拒斥的組合(之後他將此稱為反原慾自我與客體[anti-libidinal ego and object])；原慾自我與客體的組合(因需求過於激動而建立起來的關係組合)；以及中心自我與理想客體的組合；唯有最後一個組合是沒有被潛抑的。因此內在精神結構由六個部分組成，經由潛抑和交互影響而形成各種動態關係。他進一步指出，自體中的客體部分，事實上亦是一種自我結構(ego structure)，因此有能力啟動心靈之運作(本書第一部第四章，頁132)。本書其他文章及之後所陸續發表的，都在讓此理論更周延，並應用到其他領域。

費爾貝恩的思想中，相對較少被注意的部分是他對孩童性發展的修

---

[1]譯註：本書第三篇文章(即第一部第三章)其實寫於1943年，第四篇(第一部第四章)才是1944年。「加入的新觀念」則是在1944年的文章。

正。他認為伊底帕斯狀態並不取決於閹割情結或陽具的有無，甚至也不取決於主動或被動的性特徵(sexual characteristics)。伊底帕斯問題的開端乃基於對山坡上的棄嬰之原初剝奪[1](1954：116ff)，並伴隨父母有能力對孩童阻撓與挫折所致。孩童的性發展不取決於其自戀式的幻想，而在於孩童認為現實生活裡的依賴關係與性有關連，且將激動和拒斥客體投射在身體的性部位。性別與性取向則決定於認同和客體追求的交互作用。對費爾貝恩而言，「成熟」不再是性器官性慾化地融入人格的過程，而是有能力去了解他人是一有性器官的完整個體，並與之產生關係。因此，影響孩童日後心理健康與幸福的是父母自己對孩童需求的成熟式反應，而不是性發展這個單一面向。

這個觀點，也讓費爾貝恩能將客體關係發展的觀點應用到更廣泛的社會議題。因每個個體都是社會的成員，故社會容納發展中個體心理需求的方式，必然影響到整個社會。因此由一群未臻成熟式依賴的個體所管理的社會，或一個會複製類似嬰兒期依賴與剝奪的社會，將是一個孳生未成熟個體的社會；這正是那些造成挫折，並因而導致社會中諸多暴力攻擊行為的狀況。此外，在不成熟個體佔優勢的社會，也易將他人視為部分客體或物品，如反猶太運動即為一例(《從本能到自體》第二冊)。

值得注意的是，費爾貝恩沒有忽略心理發展中，遺傳和體質因素的決定性和影響力。每個個體的潛能取決於其遺傳的原始結構，正如碳原子的結構決定了它形成分子關係的能力。個體之內在結構與遺傳因素賦予發展一定的彈性空間。這個概念大部分來自佛洛依德對驅力及人格遺傳基礎之探討。但對費爾貝恩而言，發展永遠伴隨著真實的經驗，而驅力只能由經驗的架構中去獲得意義。內在現實與人格是經由與外在現實辯證而不斷演變的結果。

1943年，費爾貝恩在英國精神分析學會短暫參與安娜佛洛依德陣營與克萊恩學派的「科學討論會」(Scientific Discussions)時，對上述思考做了

[1]譯註：此指希臘神話中伊底帕斯出生後即被棄置於山坡一事。

一個特別的補充。在會上宣讀的一篇文章中(1943)，他認為用「幻想」(phantasy)一詞來指稱孩童的內在世界是不恰當的：

我不禁要說，「幻想」的概念已因克萊恩女士及其追隨者致力發展之「物理現實」(physical reality)與「內在客體」的概念而顯得過時；我認為以自我及其內在客體構成之內在現實，在概念上已可取代「幻想」。

費爾貝恩對於同行們最初似乎誤解和低估他的貢獻頗感失望。一些初期的評論，甚至如溫尼科特與汗所執筆(Winnicott and Khan，1953)的文章，都誤解了費爾貝恩的重點並忽略了他的修正意見。他在1955年9月1日寫給萊克勞夫特(Charles Rycroft)的信中說：

讓我驚訝的是，在這些評論文章中，不論它們注意到我觀點中的哪些面向，卻都忽略了內在精神結構的部分。這實在令人失望，因為我認為這才是我理論中最重要的部分。

之後的一些作者才試著去矯正這個誤解並擴展費爾貝恩的理論應用。首先這樣做的，是剛特利普(Guntrip)和蘇特蘭(Sutherland)，他們兩個都是費爾貝恩的分析個案、學生、及同事。剛特利普以概述費爾貝恩的作品開始(Guntrip，1961)，之後主題轉向自體對飄忽不定的「支持客體」(sustaining object)的追求。在著作中他以「退化的原慾自我」(regressed libidinal ego)來概括此觀點——他認為這個部分的自我，因為無法找到一個持續肯定的客體關係，而被深深地潛抑著(Guntrip，1969)。雖然有人覺得剛特利普的說法扭曲了費爾貝恩理論的對稱性，但毫無疑問的，剛特利普拓展了費爾貝恩對自體理論的貢獻。

xvii

蘇特蘭開始亦以宣揚理論為主。在1963年給梅寧哲中心(Menninger Clinic)的一篇重要文章裡(Sutherland，1963)，他說明了費爾貝恩作品中的科學基礎，並讓更多人知道它們，影響所及，包括肯柏格(Kernberg)也在其作品中大幅運用這些概念。後來，蘇特蘭廣博地掌握與促進精神分析理論與應用的成長，一方面是透過自己的著作，但主要是透過他在重要國際精神分析期刊的編輯地位——包括《英國醫學心理學期刊》(*British Journal of Medical psychology*)、《國際精神分析期刊》(*International Journal of Psychoanalysis*)、《國際精神分析文庫》(*International Library of Psychoanalysis*)等，以及他在塔維史多中心(Tavistock Clinic)的主管職務，這讓費爾貝恩的思想成為精神分析發展中，一股安靜但強烈的潛流。在蘇特蘭的費爾貝恩傳記(1989)及自己的論文集《自主性自體的治療》(*Therapy of the Autonomous Self*)出版後，我們可以看出，他自己對自體演變的興趣如何推動其理論性工作這一點上，與剛特利普是一致的，只是他更忠於費爾貝恩之原著。

在其它應用費爾貝恩理論的作者中，最為人知的或許是約翰鮑比(John Bowlby)。鮑比在探討依附理論以及用動物行為研究嬰兒發展時，特別強調他的費爾貝恩式的導向(私人通訊)，而他的研究在過去25年來，讓我們對母親-嬰兒關係的了解有長足的進展。亨利狄克斯(Henry Dicks)融合費爾貝恩的研究與克萊恩投射認同的理論，將之應用在婚姻問題及互動心理學上(1967)。這使得沙彼羅(Shapiro)與金納(Zinner)(發表於J. Scharff, 1989)，以及後來夏夫(Scharff)與夏夫在美國(1987)將之繼續應用於家庭問題的處理。肯柏格(1963；1967；1980)使費爾貝恩的著作在美國為人所知，並給客體關係注入新的、全球性的衝擊；而葛羅特斯坦(Grotstein)的作品(部分發表於他的書《分裂與投射認同》[*Splitting and Projective Identification*，1981]中)則更助長了分裂這個概念的核心重要性。蘇特蘭曾指出(1989)，寇哈特(Kohut)的闡述(1971；1977)更呼應費爾貝恩有關自體的著作，這也肯定了費爾貝恩為分析理論開闢的新方向，已被後代普遍認可，並在此方向上做更多的發現。最近的雷那(Rayner，1991)、佩德(Padel，1972；1992)、以及奧格登(Ogden，1986)皆已認可並檢視費爾貝恩的貢獻。米契爾(Mitchell)的關係理論(relational theory，此理論是目前分析

xviii

理論中最引人入勝的發展之一)也是以費爾貝恩的觀點作為中心；吉爾和大衛夏夫(Jill and David Scharff)以及他們在華盛頓特區的華盛頓精神醫學院的同僚，已著手編纂費爾貝恩和蘇特蘭的最新論文集，並繼續促進將費爾貝恩的理論運用在家族與婚姻治療，創傷，以及以自體和客體關係為基礎的心理治療和精神分析的整合觀點。

以上簡短且不充分地考察了費爾貝恩謝世後其著作被運用的情況，這尚不足以顯示其理論之寬廣。本書收錄多篇分析理論應用於其他領域的文章，顯示費爾貝恩認為，精神分析的觀點能夠且應該應用於社會問題及社會政策的考量上，並應有助於了解民族主義與國際關係。《從本能到自體》的幾篇文章裡，他將客體關係與精神分析應用到藝術心理學、哲學、教育、及兒童發展等方面。雖然他在這些領域的研究都只在起步階段，但已足以讓我們看到其概念的潛力與有效性。費爾貝恩的概念早已成為精神分析理論的中心，以致常被視為老生常談，我們很難想起在他那個時代，對關係的需求並不被認為是發展與治療的重心，而分裂及其變遷也不被認為自生命初始就佔有重要的地位。在費爾貝恩之前，分析師們堅持讓自己成為不具人性的投射螢幕，努力具備正確的技術而不涉入。現在隨著費爾貝恩的觀點，我們看到分析師們涉入了治療關係，與病患一起為相同的發展過程與內在動力而奮鬥。他們能幫助病患不是因為旁觀者清，而是因為他們將自己的經驗磨練成人性的媒介，藉此參與患者的成長與發展過程。費爾貝恩說，最終治療過程會開啟關係的重要性，而成為改變的基本執行者：

> 依我之見，最具決定性的因素是分析師與病患的關係，此因素......不只決定其它因素的有效性，而是根本決定了其它因素的存在與否，因為若缺乏與分析師的治療關係，它們根本不會發生。[1]

xix

[1]《從本能到自體》第一冊：「論精神分析的特質與目標」[On the Nature and Aims of Psychoanalysis](1958：379)

自從1952年本書出版後，對關係的重視已是精神分析理論重整的一部分。它也形塑了精神分析對哲學、科學、人文、及社會的理解。費爾貝恩教導我們，關係是精神分析理論與實務的中心；但更重要的是，他教導我們，關係也是所有人類經驗及其衍生物的核心。

作者

大衛・夏夫醫師是華盛頓特區客體關係研究中心的主任，曾擔任華盛頓精神醫學學院的主任。他也是美軍軍醫大學(Uniformed Services University of the Health Sciences)和喬治城大學醫學院精神科臨床教授，以及華盛頓精神分析學院的教學分析師。

艾莉諾・費爾貝恩・比爾特斯是費爾貝恩的女兒，現任SITA科技公司總裁。

Bowlby, J. (1969, 1973, 1980) *Attachment and Loss*, Vols I, II and III, London: Hogarth.

Dicks, H. V. (1967) *Marital Tensions*, London: Routledge & Kegan Paul.

Einstein, A. (1933) 'On the Method of Theoretical Physics: The Herbert Spencer Lecture delivered at Oxford on 10 June 1933', Oxford: Clarendon Press. Reissued in N. G. Coley and V. M. D. Hall (eds) (1980) *Darwin to Einstein: Primary Sources on Science and Belief*, Harlow and New York: Longman.

Fairbairn, W. R. D. (1928) 'The Ego and the Id', in D. E. Scharff and E. F. Birtles (eds) (1994) *From Instinct to Self*, Vol. II, Northvale, NJ: Jason Aronson.

—(1929a) 'The Super-Ego', in D. E. Scharff and E. F. Birtles (eds) (1994) *From Instinct to Self*, Vol. II, Northvale, NJ: Jason Aronson.

—(1929b) 'Dissociation and Repression', in D. E. Scharff and E. F. Birtles (eds) (1994) *From Instinct to Self*, Vol. II, Northvale, NJ: Jason Aronson.

—(1930) 'Libido Theory Re-examined', in D. E. Scharff and E. F. Birtles (eds) (1994) *From Instinct to Self*, Vol. II, Northvale, NJ: Jason Aronson.

—(1943) 'Phantasy and Internal Objects', in D. E. Scharff and E. F. Birtles (eds) (1994) *From Instinct to Self*, Vol. II, Northvale, NJ: Jason Aronson.

—(1944) 'Endopsychic Structure Considered in Terms of Object-Relationships', reprinted in this volume, pp. 82–136.

—(1952) *Psychoanalytic Studies of the Personality*, London: Tavistock and Routledge & Kegan Paul.

—(1954) 'The Nature of Hysterical States', in D. E. Scharff and E. F. Birtles (eds) (1994) *From Instinct to Self*, Vol. I, Northvale, NJ: Jason Aronson.

—(1958) 'On the Nature and Aims of Psychoanalysis', in D. E. Scharff and E. F. Birtles (eds) (1994) *From Instinct to Self*, Vol. I, Northvale, NJ: Jason Aronson.

—(1994) *From Instinct to Self: Selected Papers of W. R. D. Fairbairn: Volumes I & II*. Ed. D. E. Scharff & E. F. Birtles. Northvale, NJ: Jason Aronson.

Grotstein, J. S. (1981) *Splitting and Projective Identification*, New York: Jason Aronson.

Guntrip, H. (1961) *Personality Structure and Human Interaction*, London: Hogarth Press and the Institute of Psycho-Analysis.

—(1969) *Schizoid Phenomena. Object-Relations and the Self*, New York: International Universities Press.

Hegel, G. W. F. (1817) 'The Logic of Hegel', in *The Encyclopaedia of the Philosophical Sciences*, trans. W. Wallace (1874), Oxford: Clarendon Press.

Kernberg, O. F. (1963) 'Discussion of Sutherland's "Object-Relations and the Conceptual Model of Psychoanalysis",' *British Journal of Medical Psychology* 36:121–4.

—(1976) *Object-Relations and Clinical Psychoanalysis*, New York: Jason Aronson.

—(1980) *Internal World and External Reality: Object-Relations Theory Applied*, New York: Jason Aronson.

Kohut, H. (1971) *The Analysis of the Self*, New York: International Universities Press.

—(1977) *The Restoration of the Self*, New York: International Universities Press.

Mitchell, S. (1988) *Relational Concepts in Psychoanalysis*, Cambridge, MA: Harvard University Press.

Ogden, T. H. (1986) *The Matrix of the Mind*, Northvale, NJ: Jason Aronson.

Padel, J. (1972) 'The Contribution of W. R. D. Fairbairn', *Bulletin of the European Psycho-Analytical Federation* 2: 13–26.

—(1992) 'Fairbairn's Thought on the Relationship between Inner and Outer Worlds', London: Free Association.

Pringle-Pattison, A. Seth (1882) *The Development from Kant to Hegel*, London: Williams & Norgate.

Rayner, E. (1991) *The Independent Mind in British Psychoanalysis*, Northvale, NJ: Jason Aronson.

Scharff, D. E. (1992) *Refinding the Object and Reclaiming the Self*, Northvale, NJ: Jason Aronson.

Scharff, D. E. and Scharff, J.S. (1987) *Object-Relations Family Therapy*, Northvale, NJ: Jason Aronson.

—(1994) *Object-Relations Therapy of Trauma*, Northville, NJ: Jason Aronson.

Scharff, J.S. (ed.) (1989) *Foundations of Object-Relations Family Therapy*, Northvale, NJ: Jason Aronson.

—(1992) *Projective and Introjective Identification and the Use of the Therapist's Self*, Northvale, NJ: Jason Aronson.

Singer, P. (1983) *Hegel*, Oxford and New York: Oxford University Press.

Sutherland, J. D. (1963) 'Object-Relations and the Conceptual Model of Psychoanalysis', *British Journal of Medical Psychology* 36: 109–24.

—(1989) *Fairbairn's Journey to the Interior*, London: Free Association.

—(1994) *Therapy of the Autonomous Self*, Northvale, NJ: Jason Aronson.

Winnicott, D. W. and Kahn, M. (1953) 'Review of *Psychoanalytic Studies of the Personality* by W. R. D. Fairbairn', *International Journal of Psychoanalysis* 34: 329–33.

xxi

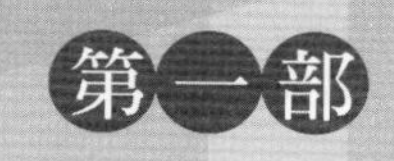

人格的客體關係理論

第一章 人格中的分裂因子

Schizoid Factors in the Personality (1940)[1]

心理過程中，分裂(Schizoid)的特質，近來逐漸地吸引我的注意，於我而言，那些人格中有明顯分裂特質的個案，是精神病理學領域中，最有趣而豐富的題材。在許多支持上述觀點的理由中，有幾點值得一提：(1)因分裂是最深層的精神病理狀態，故它們對人格的基礎及基本的心理過程研究，提供了絕佳的機會。(2)對分裂型案例的分析治療，可讓我們對於單一個體的精神病理過程，有最廣泛的了解；因為通常這些個案，其可資運用的防衛方法，幾已被剝削殆盡。(3)相反於一般所信，分裂型的個案若沒有嚴重退化，其心理洞察力(psychological insight)其實較其它人格特質(無論正常或不正常)的個案為佳。造成此情形至少有部分的原因是，分裂型的個案非常內向(也就是說，心中常被內在現實所盤踞)，而且非常熟知其深層的心理運作過程(一般被歸類於精神官能症的個案，此種運作過程常被頑固的防禦及倔強的阻抗排除於意識層面之外)。(4)再次相反於一般所信，其實分裂型的個案有能力形成相當程度的轉移關係[2]，且常展現意料之外的治療可能性。

3

就明顯的分裂狀況而言，有幾個類型可加以區分：

---

[1]本論文之摘要，曾於1940年11月9日在英國心理協會蘇格蘭分會宣讀。

[2]譯註：transference常譯為「移情」。但考慮在精神分析的情境中，其實不只是情感被轉移，所以本書仍譯為「轉移關係」或「轉移現象」等。費爾貝恩認為轉移現象是個案用其內在世界的客體的關係來經驗外在現實中的關係(可參考費爾貝恩1958年的文章'On the nature and aims of psycho-analytical treatment.' [*The International Journal of Psychoanalysis, 39,* 374-385.])。可見就費爾貝恩的觀點，被轉移的也應該包括關係的各種面向，而不限於情感。

(1)嚴格意義下的精神分裂症[1](Schizophrenia proper)。

(2)精神病態性人格中的分裂型(Psychopathic personality，schizoid type) ——精神病態性人格之個案大部分屬此型(不排除癲癇型人格[2][Epileptic personality])。

(3)分裂型人格特質(Schizoid character)——此大類包括許多人格特質中有明確分裂傾向，但不能被視為精神病態人格的個體。

(4)分裂狀態(Schizoid state)或短暫性的分裂發作(Transient schizoid episode) ——我認為，有不少青少年的「精神崩潰」(Nervous Breakdown)可歸於此類。

然而，除上述明顯的分裂狀況之外，我們也常可在以精神官能症狀(如歇斯底里、畏懼、強迫或單純的焦慮)為表現的患者身上，發現分裂的特徵。在分析治療過程中(並透過分析的運作)，當精神官能症的防衛機轉變得薄弱時，這種分裂特徵尤易顯現；若分析師熟稔分裂的知識背景，甚至在初次會談時即能察覺到分裂的特徵。在這一點上，一個有趣的報告值得一書。據馬斯曼與卡邁克爾(Masserman and Carmichael)對100位精神分裂症患者的研究顯示，32位在病前曾經出現歇斯底里和強迫症狀(*Journal of mental Science*, Vol.LXXXIV, pp.893-946)。他們發現「在此32位患者中，至少有15位以上，在發展出現明顯的精神分裂症症狀之前，確實出現過歇斯底里的症狀」；在強迫思考與強迫行為方面，「精神分裂症患者，亦有極高的發生率」——強迫思考有18位，強迫行為有20位。另外，在我本身對軍中個案的觀察，最後被診斷為「精神分裂症」或「分裂型人格」者，有50%之前曾被診斷為「焦慮性精神官能症」或「歇斯底里」。雖然上述數據暗示，精神官能症的防衛機轉曾被某些真正的分裂症的患者

---

[1]譯註：schizophrenia台灣現譯為「思覺失調症」，但為了顯現本文中它與分裂特質的密切關聯，在此仍採用舊的譯名「精神分裂症」。

[2]譯註：20世紀前期許多精神醫學文獻以「癲癇性格」指稱那些情感遲滯(與人互動困難)、行為常爆發衝動、且以自我為中心的人格。與癲癇無肯定之關係。

4 所運用，以防止其人格之崩解，但卻徒勞無功；然而，這些數據無法顯示在成功的防衛機轉遮掩下藏有多少分裂傾向。

當我們了解表面呈現精神官能症之個案當中，其分裂特質之普遍性後，在分析治療的過程裡，我們亦不難在那些無法以任何已知之精神病理模式解釋的個案身上，發現類似分裂的特徵。這些個案求助於分析師的主訴包括：社交退縮，工作無法專心，性格的困擾，性倒錯的傾向及心性障礙如性無能及強迫性手淫等。這類個案亦包含大部分以個別獨立的症狀(如對發瘋之恐懼或對表演的焦慮)為主訴的案例，或者那些想接受分析治療卻無明顯理由的案例(如「因為我覺得分析可能對我有好處」或「因為分析可能很有趣」)。這可能也包括那些帶著神秘兮兮的態度走進會談室的個案，以及那些引用佛洛依德名言作為開場白的個案，或者有些個案即直接說「我不是很了解我為什麼要來。」

以上述各種類型個案之分析研究為基礎，我們可以發現，不僅明顯的去人格化(depersonalization)及去現實化(derealization)的現象是分裂，較輕微或暫時性的現實感障礙也是分裂，例如：「人造」(artificiality)的感覺(無論是自身或環境)，「玻璃板」(plate-glass)的經驗，對熟悉的人事有不熟悉的感覺，或對不熟悉的人物有熟悉感等。類似於對不熟悉的人物有熟悉感，即所謂的「似曾相識」的經驗(déjà vu)，需視為分裂過程中的有趣現象。一些解離的現象，如夢遊，朦朧神遊(fugue)，雙重人格及多重人格等，亦可做如是觀。關於雙重及多重人格的表現，若要了解其中基本之分裂特質，可由詹納(Janet)、威廉詹姆斯(William James)[1]及摩頓普林斯(Morton Prince)[2]諸人所描述的個案，略見端倪。在此需一提的是，許多詹

[1]譯註：William James(1842-1910)，19世紀深具影響力的美國哲學家與心理學家。哲學方面，他是美國實用主義的代表人物之一；心理學方面，他著有《心理學原理》一書，也是實驗心理學的先驅。

[2]譯註：Morton Henry Prince(1854-1929)，美國的醫師及心理學家，在1906年創辦《變態心理學雜誌》(*Journal of Abnormal Psychology*)，他在1905年的文章「人格的解離」(The Dissociation of a Personality)仍常被視為經典之作。

5

納描述之古典歇斯底里個案，其多疑之行為實類於精神分裂症。我認為此一事實亦支持我先前觀察所獲致之結論，即歇斯底里人格中皆有分裂因子，只是程度多少或隱藏得多深而已。

當「分裂」的內涵隨著上述分裂現象概念之擴展而更形寬廣之後，其所指涉的對象亦相形擴大，使得「分裂」一詞包羅萬象，包括例如大部分的宗教狂熱分子、煽動者、罪犯、革命份子，及其他存在於每個社會的破壞力量。分裂的特質亦常以較輕微的形式，普遍地見諸知識分子。文化人對中產階級的鄙視，及神秘派藝術家對庸俗的輕蔑，亦可視為分裂特質的輕度表現。進一步而言，知識所追求的，無論是文學、藝術、科學或其他，對於有分裂特質傾向的人，皆有一定程度的吸引力。對他們來說，科學研究工作的吸引力來自他們對思考過程的過度評價，更來自其個性中冷漠超然的態度；雖然這兩種特質皆會被用在科學領域中。科學的強迫特質，如要求次序及極度準確的強迫性需求，早已為人熟知，但科學的分裂特質，雖一樣明確卻鮮少受到相同的認識。最後，若推論說某些重要的歷史人物有分裂性人格，或分裂性人格特質可能是危險的，從史書來看，似乎常常如此。

在「分裂」的諸多特點中，有三點較為顯著，值得一提：(1)全能的態度(omnipotence)，(2)隔離及冷漠超然的態度(isolation and detachment)，(3)思考常為內在現實(inner reality)所盤據。然而須注意的是，這些特點不一定十

6

分外顯。所以，全能的態度可能在不同程度上是意識或潛意識的，它亦可能只侷限於行為的某些層面，也可能在自卑與謙遜的虛飾下，被過度補償或隱藏，或可能有意識地被視為珍藏的秘密。相同的，隔離及冷漠超然的態度，可能掩飾在社交性的外表或某些特殊角色之下，也可能在特定情境中伴隨相當多的情緒。至於思考常為內在現實所盤據，這無疑是所有分裂特質中最重要的；無論是內在現實取代了外在現實、被等同於外在現實、或加於外在現實之上，這特質仍然存在。

上述「分裂」之概念，特別是其指涉的範圍，與榮格所提的「內向型」(introverted type)個性有密切的相關。在其早期之著作中(*Collected Papers on Analytical Psychology*〔1917〕,p.347)，榮格認為精神分裂症(早發

性痴呆)只發生於內向型的個案，顯示了榮格對內向及分裂形成兩者之間關係的看法。榮格「內向」的概念和上述「分裂」概念的相關，值得注意，因為它更肯定了這群現象確實存在，尤其是這兩個概念是從完全不同的途徑所獲致。當然，這種一致性並不意味著我同意榮格的基本心理類型理論(theory of fundamental psychological types)。相反地，我對分裂的概念是基於純粹的精神病理因素，而不是氣質的(temperamental)因素。在此同時，可能有人覺得「內向」要比「分裂」更適合用來描述這群個案，因為後者原初的用法較易引起一些不祥的聯想[1]。但是，就兩者而言，「分裂」有無可估計的優點，它不像「內向」那樣只是個描述性的名詞，它更有心理發展學上的解釋力。

現在，我必須面對的質疑是，若依我的思想方向推演，任何人勢必毫無例外地被視為「分裂」。事實上，我正準備接受這樣的想法，但需在一個重要的條件限制下，因為如果沒有這個限制，我的「分裂」概念將無比的龐雜，而變得沒有意義。加諸此概念之限制是：每一事件皆取決於要討論的心理層次。分裂的基本現象是「自我的碎裂」(splits in the ego)[2]。某些過於大膽的人可能會認為其自我已整合得十分完美，即使在最深的心理層次亦無碎裂之跡象；或者說在任何環境下，其碎裂之跡象，皆不足以達到表現出來的程度，即使是最痛苦、艱難、或匱乏的狀況(如：生重病，極地探險，被棄置於太平洋中的孤舟上，被殘酷地迫害，或長期對現代戰爭的恐懼等)。在此，最重要的問題是，自我的碎裂會出現在哪一層的心理深度？我的看法是，在最深層的心理層面中，無例外地皆有某種程度的自我碎裂，或藉用梅蘭妮．克萊恩(Melanie Klein)的話說——*心靈的基本狀態，無例外地皆是分裂位置(schizoid position)*。當然，對一個人格發展盡善盡美的理想人物而言，上述說法不一定成立，但實際並沒有人能如此快樂，事實上，很難想像有人的自我可以如此統合、穩定，而在任何環境下基本

7

[1]譯註：在此應指與精神分裂症(schizophrenia)之相關。

[2]譯註：為了與「schizoid」(「分裂」)有所區別，文中將「split in the ego」的「split」譯為「碎裂」。

的碎裂皆不會浮上表面。可能有少數的「正常」人，在其一生中，面對嚴重的危機時，從未經歷過不尋常的平靜或隔離的感覺；或在尷尬無能為力的狀況下，亦未出現短暫的「旁觀著自己」的感覺。然而大多數人都曾有些奇特的經驗，如分不清過去和現在，或分不清現實與幻想(即所謂「似曾相識」)，這樣的現象，我要大膽地說，就是分裂的現象。有一種普遍的現象可以證明每個人的心理深層都是分裂的——那就是「夢」。如佛洛依德研究所顯示的，作夢的人自己在夢中可有兩個或多個化身。目前我可以接受的觀念是，夢中的化身不外乎代表以下兩種可能，(1)作夢者人格的某些部分，或者(2)於內在現實中，與作夢者人格某些部分發生關係的客體(這種關係通常是以認同作用為基礎)。果若如此，作夢者於夢中以一個以上的化身出現的事實，其唯一的解釋是，以作夢時的意識層次而言，作夢者的自我是碎裂的，因此，夢呈現了一種普遍的分裂現象。佛洛依德所描述的「超我」是一種普遍的現象，而對超我的詮釋，亦可說明自我是碎裂的事實，因為超我被視為自我結構的一部分，若其能由「自我」中被區分出來加以描述，則超我存在本身即證明了自我的分裂狀態。

8

「分裂」一詞的意義衍生於「自我碎裂」這一觀念，但從心理發展的角度而言，它只是一個啟發性的觀念，因此，我們必須簡要地考慮它在自我發展過程中涉及了什麼。在自我的功能中，佛洛依德最強調的是其調適(*adaptive*)功能——此功能將原始本能活動與外在現實(或特定社會情境)關聯起來。然而，須記得的是，自我亦有整合(*integrative*)功能，其中最重要的有(1)現實知覺(perception of reality)的整合，以及(2)行為的整合。自我另一項重要功能是區分內在與外在現實。而自我的碎裂對上述所有這些功能的發展皆有妨害，當然，在程度與比例上會有不同。因此，我們必須承認，發展的過程中，可能會造成不同程度的自我整合。我們可以設想一把度量自我整合程度的理論量尺，量尺的一端代表完全的整合，另一端代表整合完全失敗，而中間是各種不同程度的整合。在此量尺中，精神分裂症位於靠近下端的地方，分裂型人格的位置稍高一點，而分裂型人格特質則更高一點。在此量尺的頂端，代表著完美的整合而沒有碎裂，但這只標示著一種理論上的可能性。將這把尺放在心中，有助於我們了解，每個人只要在夠極端的環境下，都有可能出現某些分裂的特徵；也讓我們知道，為何某些人只有在需自我適應的狀況下(如青少年期、結婚、或入伍)，才有明顯的自我碎裂，而某些人卻在平常的生活環境下就會出現。當然，在臨床實務上，建構這樣一把想像中的量尺，有其無法克服的困難。其中一個困難是，如同佛洛依德指出的，一些分裂(schizoid)的表現，其實是抗拒「自我碎裂」(splits in the ego)的防衛。然而，量尺這一概念，有助於我們了解自我碎裂的一般狀態。

9

雖然，依照布洛伊勒(Bleuler)[1]對精神分裂症的古典觀念，我們須視自我的碎裂為分裂之最主要特徵，但精神分析家們會比較考慮(也確實將他們的注意力限制在)分裂狀態中原慾(libido)的方向。受到亞伯拉罕(Abraham)原慾的心理發展理論之影響，分裂的臨床表現被視為源自口腔早期的固著(fixation in the early oral phase)。一般假設在此生命的第一階段，未發展、尚未有經驗的嬰兒因受原慾變化的影響，自我碎裂的現象開始發生，故自我的碎裂與口腔攝入的原慾態度[2]必有密切之相關性。我認為，自我碎裂之相關問題，我們應較前人更去重視它；其原因，上已提及。以下，我想討論某些取決於口腔早期固著，或深受口腔早期固著影響之發展，這些發展在決定分裂態度的類型上，扮演重要的角色。

嬰兒的自我，可說是個「嘴巴的自我」(mouth ego)。這個事實對每一個人日後的發展皆有深刻的影響，但對日後有分裂特質個案的影響尤為顯著。就嬰兒而言，嘴巴是慾望的主要器官，是活動的主要工具，是滿足與

---

[1]譯註：Eugen Bleuler(1857-1939)，瑞士精神科醫師，是首先使用schizophrenia一詞的人。他提出精神分裂症的4A核心症狀，被視為診斷的重要指標。

[2]譯註：「態度」(attitude)，通常指對人或事物的想法及感受；但「原慾態度」(libidinal attitude)中的「態度」比較是「傾向」的意思，亦即對刺激的一種特定的反應方式，接近榮格在*Psychological Types*中對attitude的定義："readiness of the psyche to act or react in a certain way"。Attitude也和另一個字aptitude(自然傾向、天賦能力)都源自相同的拉丁字*aptitudo*。

挫折的主要媒介，是愛與恨的主要管道，而且最重要的，是第一種親密的社會接觸。這第一種社會關係是建立在自己和母親之間；而此關係的焦點是哺乳情境，在此情境中母親的乳房是嬰兒原慾客體的焦點，而嬰兒的嘴（10）巴則是其原慾態度的焦點。因此，這種關係的特質深刻地影響著其日後個人關係的建立及其一般的社會態度。當某些環境因素使原慾固著在早期的口腔狀態時，口腔早期的原慾態度會以一種誇張的方式持續著，而造成影響深遠的效果。這些效果的特質，可以用早期口腔態度的主要特徵來考慮。試摘要如下：

(1)此情感關係是關連著小孩和母親這個人，雖然其原慾客體其實應該是母親這個整體的人，但是其原慾的興趣所在，基本上還是母親的乳房。這樣的結果是，乳房本身變成原慾客體，且此一傾向與情感關係發生障礙的程度，有正向的相關。換句話說，原慾客體容易是身體的某一器官或部分客體(partial object)(而不是整個人或整個客體)。

(2)原慾態度基本上是「取」(Taking)重於「給」(Giving)。

(3)原慾態度不只是「取」，還要攝入和內化(*incorporating and internalizing*)。

(4)原慾的狀態賦予滿盈(*Fullness*)和空虛(*Emptiness*)狀態以重大的意義。所以，當小孩餓了，他是空虛的，可能也感覺到空虛；當被餵飽了，他則是滿盈的，可能也感覺到滿盈。另一方面，母親的乳房，可能由小孩的觀點看就是母親本身，餵乳前是滿盈的，餵乳後則是空虛的——因為小孩只能用滿盈和空虛來經驗其母親的狀態。在剝奪的環境下，空虛對小孩有特殊意義。小孩不只是覺得自己空虛，他也認為自己讓母親空虛了——特別因為剝奪不只強化了口腔的需求，也強化了攻擊性。剝奪的另一個作用是擴大了攝入需求的範圍，所以它不只包含乳房的內容物，亦包含乳房本身，甚至母親整個人。對「掏空乳房」所經驗到的焦慮，因而造成日後（11）破壞原慾客體的焦慮；而母親在哺乳後習慣性地離開，必也加強了這種印象。結果，他的原慾態度對他而言暗示著，這種原慾態度與原慾客體的破壞及消失有關——這種印象在稍晚的發展時期裡會得到進一步的肯定；那時他將學到，吃下去的食物會從外在世界消失，而他不可能既吃下蛋糕又能保有它。

依口腔早期固著發生的程度，上述各種口腔早期原慾態度的特徵，以不同的程度強化而持續。這些因素決定了分裂的人格特質與症狀。以下即分別敘述這些因素後續的變遷。

1. 部分客體(身體器官)的傾向

讓我們首先考慮這個口腔早期因素的影響，它增強了分裂的傾向，使得個案在對待別人時，貶抑了人的固有價值。這可藉下述案例說明。一位有分裂特質的高知識份子來找我的原因是，他覺得自己無法與妻子有真正的感情交流，常過份地批評她，而且在應該適度對她表達感情的時候，反而陰沉以待。在描述完自己對妻子這種自私的態度後，他補充說，他生性孤僻，在看待別人時會多少覺得他們像較低等的動物。由後者的敘述中不難看出他困擾的來源。一般在夢裡，動物常被用來象徵身體器官，此可說明他對妻子或其他人的態度是，將之視為部分客體而非整體的人。類似的情形亦見於一位明顯之精神分裂症患者，他描述他對人的態度，就像一個人類學家身在一個野蠻部落那樣。另有一個軍人的案例，亦有類似的情形，此個案的歷史，顯示有分裂型人格，他在戰時入伍，曾出現急性的分裂狀態。他的母親在他小時候就過世了，他只記得父親。他在學校畢業不久後即離家，再不曾和父親聯絡，也不知父親的生死。過了幾年漂泊不定的生活，最後他決定要結婚安定下來，也真的如此做了。當我詢問他的婚姻是否快樂時，他臉上掠過一抹驚訝的神色，隨之露出相當輕蔑的笑容。他用一種優越的口氣回答說「這就是我要結婚的原因」，好像這是個很充份的答案。當然這個答案顯示了無法清楚地區分內在與外在現實的分裂特質，但也表現了另一個分裂的特徵，即把原慾客體當作滿足自己需求的途徑，而不把它視為有其特別價值的個人。這種傾向來自早期口腔把乳房當作部分客體之傾向的持續。

12

在此要指出，有分裂特徵個案的部分客體傾向，大部分是一種退化的現象，這種退化取決於口腔早期之後的孩提階段中，未被滿足的親子情感關係(特別是與母親的關係)。如果母親不能自發而真誠地表現感情，來讓孩子相信她所愛的是他整體的這個人，這樣的母親特別會引起孩子的退化現象。佔有慾強的母親和冷漠的母親都屬於這一類。最糟糕的可能是佔有慾既強而又冷漠的母親——例如過度投入的母親，她們無論如何也不能讓獨子受傷害。母親無法讓孩子相信她所愛的是他整體這個人，也使得孩子難以和母親這個整體維持情感關係；因此，為了讓情況單純化，他會退化到早期較簡單的關係模式，使得與母親乳房部分客體的關係再度復活。這種退化的情形，可由一個年輕的精神分裂症案例來顯示。此個案與母親間有著十分痛苦的敵對關係，他曾夢見自己躺在一個房間的床上，而牛奶由房間的天花板傾洩而下。夢中的房間在他家裡，正好位於其母親臥室的下方。此種形式的退化過程可稱為客體之去人格化(*depersonalization of object*)；此過程亦伴隨著關係在「質」方面的退化。因退化是為了簡化關係，其形式是以身體的接觸取代情感的接觸，此現象或可描述為「客體關係之去情緒化」(*De-emotionalization of the Object-relationship*)。

13

2.「取」(Taking)重於「給」(Giving)的原慾傾向

依據口腔早期「取」重於「給」的原慾傾向，有分裂特質的人，在「給予」的情緒經驗上，會有相當的困難。一個有趣的關聯是，如果口腔的攝入傾向是生物體所有傾向中最重要的，那麼第二重要的就是排泄(排便及排尿)。當然，排泄活動的生物目的，是將無用及有害的物質排出體外。雖然根據此生物目的，小孩會很快地學到將排泄當作一種處理壞原慾客體的典型方法，但是排泄對小孩最初的心理意義似乎是一種創造的活動。它代表了個體最早的創造活動，而排泄物則是小孩的第一種創造物——是第一種把自己的內在物外化的東西，也是第一種屬於他而他可以給的東西。以此觀點而言，排泄活動與口腔活動是互相對立的，因為後者之基本傾向是攝

14

取。這兩種原慾活動於另一層面的對立亦不容忽視：口腔攝入客體的傾向隱含著對客體的正面評價，而排泄則隱含著對客體的貶抑及排斥。就立即性的目的而言，在深度的心理層面，「取」在情感上相當於身體內容物的聚積，而「給」相當於身體內容物的分離。進一步而言， 在深層心理上，心理與身體的內容物在情感上是對等的，故個人對後者的態度往往可由其對前者的態度反映出來。因此有分裂傾向的人對其內在心理的過度重視正反映出，孩提時期口腔攝入傾向對身體內容物的過度重視，這種對內在心理的過度重視，會讓有分裂傾向的人無法適當的表達其情感，例如在社交場合中。對這樣的人而言，向他人表達情感時所涉及的「給予」，代表著內容物的喪失，所以他常會覺得社交活動讓他精疲力竭。如果長期與人相處，他就容易感到「好事離他而去」，他需要一段安靜而孤獨的時刻來補充他內在情感的儲藏室。所以我有一個患者就覺得無法跟其未婚妻連續數日的約會，因為太常見面會讓他的人格耗盡。在分裂傾向較明顯的個案，防禦情感流失的對策是，感情的潛抑(*repression of affect*)和疏離的態度，這會使別人覺得他們是冷漠的，甚至(在更極端的狀況)是沒有人性的。他們常被形容成「個性封閉」，因為他們把情緒的內容封閉了，所以就情感的觀點來看，這種說法實恰如其分。有時，對情感流失的焦慮會以一些奇特的方式表現出來。例如，曾經有個年輕人來作精神分析治療，在第一次會談中，我察覺到一種模糊的神祕氣氛，我認為這是分裂傾向的病理特徵，它常伴隨著無法清楚描述其具體問題。此個案是一個大學生，他現實上的問題是考試常常不及格，口試對他而言特別困難。而令人驚訝的是，甚至當他知道正確答案，他也常常無法「給」出回答。當然，這牽涉到他與父親關係上的一些問題；但單就這點來看，他的困擾源於一個事實，他覺得給予正確答案代表著，要把一件好不容易才獲得的(亦即內化的)東西給予主試者，因此也代表著與一件珍貴得不容損失的東西分離。為了克服這種情感給予所引起的困擾，分裂傾向的個案會運用各種不同的防衛技術。下述兩種方法值得特別提出來說明：(a)角色扮演的技術(the technique of playing roles)，以及(b)展示的技術(the technique of exhibitionism)。

15

***(a)*角色扮演的技術**

經由角色扮演或演出一個得自他人的部分。分裂的個案常可表達出許多情感，而在社交上令人印象深刻。但事實上在這樣做的時候，他並沒有給出什麼，也沒有喪失什麼東西，因為既然只是在扮演一個角色，其本身的人格並無涉入。他祕密地將所扮演的角色排除於己身之外，藉此保持其人格之完整，免於威脅。須附帶聲明的是，雖然有些個案是有意識地進行角色扮演，但對其餘的個案，此乃於潛意識中進行，唯有在分析治療的過程中，個案才能逐漸明白這個事實。有意識的角色扮演可由下述一位年輕的分裂型男性個案之表現中得到例證。他進到我的會談室作第一次會談時，不斷引用佛洛依德的話，想一開始就讓我覺得他是一個精神分析的熱情擁護者。我隨即懷疑他只是在角色扮演，而此懷疑在分析治療開始後不久即得到充分的證實。他所扮演的角色其實是要防止與我之間真誠的情感接觸，亦即防止真誠的情感給予。

***(b)*展示的技術**

展示的傾向常在分裂型的心靈中有著顯著的地位，且與角色扮演有密切的關係。它大部分是無意識的，並常為焦慮所遮掩，即使如此，它們在分析治療過程中仍會清楚地顯露出來。文學和藝術的活動之所以吸引著分裂特質的人，部分的原因是這類活動以展示的方式表現情感，而不用牽涉到直接的社交接觸。利用展示作為一種防衛的手段乃基於以下事實：展示是一種實際上沒有給予的給予方式，因為它以「展現」(showing)來取代「給予」(giving)。然而這種想要給予又不會喪失的方法，並非無往不利，因為原先與「給予」相連結的焦慮很容易轉移至「展現」，而使得「展露」

16

(showing off)變成「暴露」(showing up)。當此情形發生時，展示將變得十分痛苦；被一覽無遺的感覺，會造成嚴重的侷促不安(self- consciousness)。下述案例可說明給予和展現的關係。個案是一個未婚女性，人格中有分裂的特質。1940年某個早上，她在報上讀到一則新聞，說在前晚有顆德軍的炸彈落在我家附近。當她得知那顆炸彈離我家還有一段距離，因此我安全無虞時，她覺得非常的感恩。然而她對情緒的拘謹，讓她無法用任何直接的方式表達她想表達的感受。為了克服這個困難，在下次的會談中，她交給我一篇她精心寫成的，一些有關於她自己的事的文章。因此她的確給了我一些東西，但她所給的，是在文章上反映對自己的看法。事實上，在此案例中所表現出來的，是一種從「展現」往「給予」方向的延伸。畢竟，以此間接的方式，她的確給了我一些心理內容，這些內容對她來說有很高的自戀價值，也是她一直難以捨棄的。這裡亦有另一種延伸——從對自己心理內容的自戀評價，往把我視為外在客體及整體個人的評價方向的延伸。根據這件事，當個案在分析中顯示她與身體內容物分離會有極大的矛盾時，就不會讓人覺得奇怪了。

3. 原慾態度中的攝入(incorporative)因素

早期口腔期的特徵，不只是取，亦包括攝入或內化。口腔早期之退化的重現，常在小孩情感受挫時發生，在挫折時他會覺得(a)作為一個整體的人，他並不真正的被母親所愛，而且(b)他對母親的愛沒有真正被母親重視及接受。這種高度的創傷狀態，所造成的結果，有以下的特徵：

17

(a)小孩把母親視為壞客體，因為她似乎並不愛他。

(b)小孩認為把自己的愛表現出來是不好的，為了要保持愛的好，他需要把愛留藏在內心。

(c)小孩會漸漸覺得與外在客體的愛的關係，整體而言是壞的，或至少是危險的。

這導致小孩將他與客體之關係，轉移到內在現實的領域。在此領域中，於口腔早期挫折情境的影響下，母親及其乳房已被轉化成內在客體了；在之後的挫折情境影響下[1]，客體的內化將被進一步用來當作一種防衛

---

[1]譯註：這裡的挫折情境是指發生在口腔早期挫折情境之後的挫折，亦即上一段說的，會重現「口腔早期退化」的挫折。

的方式。這種內化過程，會因口腔態度本身的特質而被觸發或增強，因為口腔衝動的固有目的就是攝入。當然，這攝入一開始是生理的攝入，但是我們須相信，伴隨著攝入而來的情緒本身亦會帶有攝入的色彩。因此當口腔早期之固著發生時，攝入的態度將會無可避免地織入自我的結構中。故在人格中有分裂成份的個人，十分傾向於從內在世界來衍生對外在世界的意義。在真正的精神分裂症個案，這種傾向非常強烈，以致內在與外在現實的區分變得模糊不清。撇開這些極端的個案不談，有分裂特性的個案一般亦傾向於過度重視其內在世界。不只是他們的客體較屬於內在的而非外在世界，他們也易強烈地認同其內在的客體。這個事實明顯地造成他們在「給予」的經驗上所遭受的情緒困難。客體關係主要於外在世界的人，給予會創造與增進價值感並提高自尊；但在客體關係主要於內在世界的人，給予會貶抑價值感，降低自尊。當這些人在給予的時候會覺得耗竭，因為在給予時他們犧牲了內在世界。對一個有這種特質的女性而言，這種傾向會使她對分娩產生極大的焦慮，因為分娩對她的意義不是得到一個小孩，而是失去內容物並導致空虛。我的確有過這類型的女性個案，她們非常不願意與身體內容物分離，結果造成極度的難產。當然，這些個案是真的與身體內容物分離的案例；與上述類似但比較偏向心理層面的例子，可見於一位藝術家個案。當他完成一幅畫時，他常覺得，不是創造或得到了什麼，而是真理已離他而去。這個現象有助於解釋為何某些藝術家在創作活動之後，常伴隨著一段貧乏而不滿的日子。上述案例亦正如此。

18

為了緩解給予及創造後耗竭的感覺，分裂傾向的人常使用一種有趣的防衛方式：他們把所給予或創造出來的東西視為糞土。因此上述那位畫家，在畫作完成之後便對其作品完全失去興趣，完成的畫不是被丟在工作室的角落就是被視為拍賣商品。相同的，有這樣特質的女性有時在生產後就完全對孩子失去興趣。另一方面，分裂傾向的人可能也會用一種完全相反的防衛方式來對抗這種內容物的失落。他們把生產出來的東西，仍繼續地視為自己的一部分，藉此保護自己，對抗失落感。因此，一個母親不是在孩子出生後對之漠不關心，反而是繼續將之視為自己的內容物，並對孩子過度重視。這樣的母親會過度地佔有孩子而不能把孩子視為一個獨立的人來對待——這將造成孩子不幸的後果。雖然沒那麼不幸但卻相似地，一個畫家也可能會不合理地覺得自己的作品永遠是自己的，即使那些作品已經被別人獲得。這裡也可關聯到上述以「展示」取代「給予」的防衛方式，當畫家展示其畫作時也間接地呈現了自己。相同地，作家藉由書本的媒介，從遙遠的地方向世界呈現自我。因此各種藝術提供了有利的管道，讓有分裂傾向的人自我表露，經由藝術的活動，他們既能以「展示」取代「給予」，同時又能在作品從內在世界進入外在世界時，依然將它們視為自己的一部分。

19

被內在世界盤據的另一個重要表現是理智化(intellectualization)的傾向，這是分裂的典型特徵；是一種強而有力的防衛手段，也是分析治療中非常難以克服的阻抗。理智化暗示著對思考流程的過度重視，而這種過度重視，乃與分裂傾向的人難和他人發生情感接觸有關，因為沉浸於內在世界且潛抑情感的出現，他們很難對他人自然流露感情，也很難在關係中有自然而自發的行為。這使得他們需於內在世界中以理智來解決其情感問題[1]。以意識的目的而言，這種以理智來解決情感問題的努力，起初意味著想與外在客體連結之適應性行為，但從潛意識深處而來的情感衝突是無法用這種方式解決的，所以取而代之地，他會逐漸傾向於，在與外界人際關係的情感層面上作一些實際問題的解決[2]。當然，這種傾向會因原慾灌注於內在客體而得到增強，因此，以理智來解決情感問題，將導致兩種重要的後續發展：(1)思考流程的高度原慾化，思想的世界變成創造活動與自我表現的主要層面；(2)觀念(idea)取代了感覺(feeling)，而理智的價值取代了情感的價值。

精神分裂症的個案，觀念取代感覺的現象發揮到了極端，在這些個案，當感覺堅持要出現時，通常它們就會被隔離於觀念內容之外，而顯得與情境相當不合宜；或是如僵直型個案所表現的，感情以突發而暴力的方

---

[1]譯註：亦即，以內在世界中的理智操作來解決他與外在世界的情感問題。

[2]譯註：例如以理智去思考及設計如何在宴會的邂逅中讓對話能有趣而持續。

20

式呈現出來。「精神分裂」一詞被採用，最初即基於思考與感覺分離的情形，而這種情形看起來就像心靈中有裂痕，但現在我們知道這種裂痕基本上是「自我中的裂痕」。思考與感覺分離的表象，是下述兩個心理層面之間分裂的反映：(1)自我中較表面的部分，它代表自我中較高的層次，包括意識的層次；(2)自我中較深層的部分，它代表自我中較低的層次，包括那些帶有高度原慾的因子，因而是情感之來源。從動力精神分析的觀點而言，這種分裂只能以潛抑來解釋；在此前題下我們只能得到一個結論：自我中較深層較高度原慾的部分，被自我中較表層的部分所潛抑了，而後者是思考流程較高度發展的部分。

分裂特質較輕的人，思考與感覺分離的程度亦較不顯著，但上述的特徵，不只是理智取代情感的價值，而且思考流程還會高度原慾化。通常這種人喜歡精密地建構其理智思考的體系，而不願在人性的基礎上發展與他人的情感關係。更進一步的傾向是，把創造出來的體系變成原慾客體。「愛上了『愛』」(being in love with love)[1]即是這種特質的表現，分裂特質的迷戀常含有這種因素，這種迷戀會使得表面上被愛的對象，覺得非常不愉快；當分裂型個性的人愛上了某些極端的政治理念時，後果將更嚴重，因為這可能導致百萬人受害。當他們愛上了某個思想體系、僵化地詮釋它、又將之廣泛地運用時，這種人格特質，便具備了所有成為一個狂熱份子所需的各種條件——他也真的是個狂熱份子。進一步而言，當這些狂熱份子想要且有能力將其體系無情地加諸他人時，就可能導致大災難——雖然有時候我們必須承認，這種態勢往好或壞的方向發展的可能性是相等的，然而並非所有愛上某種思想體系的人，都想要或有能力將其體系加諸

[1]譯註：這裡指的是「愛上了『愛』這個觀念」，或者說「迷戀上『愛情』這件事」；這不同於「愛上某人」(being in love with someone)。後者的主體是人，而前者的主體則是觀念，人只是附帶的。所以下文所說，有時這會使表面上被愛的對象覺得不舒服。例如有位分裂傾向的個案，在女友生日時請吃昂貴的晚餐；對他而言，愛就是要在特別的日子送貴重的禮物(這是他觀念中的「愛」)，因此，他在意的是餐點的價格是否夠貴重，而不是兩人在當下情感互動的品質。所以女友曾抱怨他「在意約會遠勝於在意她」。

21

外在世界。事實上，更為常見的是，他們會從日常生活的世界中抽離出來(至少在某種程度上)，然後從其理智中，以一種優越的態度，俯看芸芸眾生(例如某些高級知識份子對中產階級的態度)。

在此宜注意一個事實：分裂傾向的人或多或少，都有一種內在的優越感，即使大致來說，這多是潛意識的。在分析治療過程中，要顯示這一事實，常需克服相當的阻抗。然而更難克服的阻抗，出現於探討此事實的來源時。一旦其來源被揭示，則可發現這種優越感乃基於：(1)對個人身體及心理內涵廣泛而秘密地過度重視；(2)一種自我的自戀性誇張，此源於對內化的原慾客體(如母親的乳房及父親的陽具)之秘密佔有及認同。在此「隱密」(*secrecy*)有其難以忽視的重要性，它可以解釋為何有明顯分裂傾向的人，常帶有一種隱晦神祕的氣氛；但即使在分裂傾向較輕的人身上，「隱密」亦為潛意識中的一個重要因素。當然，對隱密的內在需求，部分是因為佔有內在客體所產生的愧疚(guilt)[1]，因為他們會覺得內在客體是「偷來的」；但部分也是因為害怕失去內在客體，對他而言，內在客體是無比的珍貴(甚至像生命一樣珍貴)；客體的內化，即可顯出客體的重要性及他對客體依賴的程度。隱密地佔有這種內在客體，會讓他覺得自己「與眾不同」——即使不是如此，如一般常見者——他也會覺得自己是特別的或獨一無二的。然而，深入探討這種與眾不同的感覺時，可發現與「特異獨行」(the odd man out)的感覺密切相關；有此情形的人，在夢中常出現被遺棄的主題。常常這種人，雖然在家裡是母親的男孩(mother's boy)，在學校卻不是男孩子們的男孩(boys' boy)。當其他男孩投注精力於學校的遊戲時，他卻致力於課業上的成就。當然有時這種成就會發揮在運動上，但即便如此，他仍明顯地難以與同儕有情感關係；不過無論如何，較常見的還是以理智層面上的成就來包覆情感上的困難。在此我們已可以察覺出理智化防衛方式運作的證據；在精神分裂症個案早期的個人史中，我們常可明

22

[1]譯註：guilt有自責、內疚之意，也有犯過、有罪之意。譯文將視上下文意而譯成「罪咎」、「罪惡」或「愧疚」。

顯的發現在他(或她)們學校生涯的某個時期，曾被認為是很有前途的學者。如果更深入探討分裂特質個案中這種與眾不同的感覺的來源時，我們可發現其它幾項特徵：(1)在生命的早期，不管母親的態度是全然的漠不關心或是過度的佔有，他們深信母親並沒有把他們當作真正的人來愛他們及珍惜他們；(2)這導致自卑及被剝奪的感覺，在此感覺的影響下，他們持續地深深依戀母親；(3)伴隨此依戀而來的原慾態度，不只是極度的依賴，亦傾向高度的自我保護及自戀，此乃源於擔心自我受傷害所產生的焦慮[1]；(4)經由退化至口腔早期的過程，不只原慾投注於已內化之「乳房-母親」的現象被加強，內化的過程亦不當地擴展到與其它客體的關係，(5)導致過度地重視內在世界，而犧牲了外在世界。

4. 掏空客體隱含於原慾態度中

掏空客體隱含於口腔早期態度中的攝入特質；先前提及此一特性時(頁11-12)[2]，曾論及它對小孩的心理作用。之前指出，在被剝奪的環境下，小孩對自己空虛的焦慮，會使他擔心母親乳房亦否空虛。之前亦曾指出，小孩會把母親乳房的空虛(不管是表面的或真實的)，認為是自己用力攝入所造成的，而且他會因需為此種消失及破壞負責而感到焦慮，這不只是對母親的乳房如此，對母親這個人也是如此——剝奪的作用再加上原慾需求中攻擊的性質，會使得這種焦慮更為升高。這種焦慮的典型表現見諸童話「小紅帽」中，故事裡小女孩驚恐地發現心愛的祖母消失了，而她被留下來單獨面對自己的攝入慾望——具化為一隻貪婪的大野狼。小紅帽的悲劇是口腔早期小孩的悲劇。當然這個故事是以喜劇收場，就像其它的童話故事一樣；而且，當然小孩亦終會發現，他並沒有吃掉母親，而母親也必會再出現。但是，當小孩還小的時候，他們雖不乏智能，卻缺乏有組織的經

23

[1]譯註：因為擔心環境會威脅到自己，所以一方面極度依賴客體，一方面極度自我保護。

[2]譯註：原書頁數。

驗去建立信心以對抗這種焦慮。較大之後，小孩才會在意識層面獲得足夠的知識去了解，其實母親不會因為其攝入慾望的破壞而消失；口腔早期中，剝奪所衍生出來的創傷經驗，也從此被潛抑。在此同時，依附於此情況的焦慮卻仍持續地存在於潛意識，而在日後有類似經驗時，隨時被活化。若口腔早期的固著很明顯，日後當小孩覺得母親不是真的把他視為一個人來愛他、不能以人的固有價值對待他、也不會感覺他的愛是好的而讚賞及接受時，上述的創傷情境特別容易被活化。

一個須謹記於心的重點是，由口腔早期發展出來的情況是不同於口腔期晚期的，因為在後者，咬嚼(biting)的傾向與吸吮的傾向並行。在口腔期晚期，伴隨吸吮而來的口腔愛(oral love)與伴隨咬嚼而來的口腔恨(oral hate)出現了分化；矛盾(ambivalence)的發展即由此而生。口腔早期可說是「前矛盾的」(pre-ambivalent)；這是件重要的事，因為在此，前矛盾期的口腔行為，是個體表現愛的第一種方式。吸吮乳汁時的小孩與母親的口腔關係，代表著小孩愛的關係的最初經驗，因此也是他未來與所愛客體的關係基礎，它亦代表了其社會關係的最初經驗，因此也是日後他對社會的態度的基礎。將這些考慮謹記於心後，讓我們回到固著於口腔早期的小孩。若這小孩覺得母親沒有真正把他當成一個人來愛他、重視他，也沒有真正把他的愛當成好的來欣賞及接受，這時源於口腔早期創傷情境的情緒，會被活化而重現；小孩會覺得母親不愛他是因為他摧毀了她的感情，且使得這種感情消失。同時，他也會覺得母親不接受他的愛，是因為他的愛具有破壞性而且是壞的。當然，與固著於口腔期晚期小孩面臨的類似情境相較，這種情況無疑更難以忍受。固著於口腔期晚期的小孩基本上是矛盾的，他會認為在這種情況下是他的恨，而不是他的愛，摧毀了母親的感情。他的壞是存在於他的恨之中，所以在他眼裡，愛仍是好的。這可能是日後造成躁鬱症的潛藏原因，也可能構成憂鬱位置(depressive position)[1]。相反地，潛藏於分裂發展過程底下的，是源自口腔早期的前矛盾位置——在此狀

24

[1]譯註：作者在此指的，即梅蘭妮．克萊恩提出的憂鬱位置。

態，小孩認為它的愛是壞的，因為它摧毀了原慾客體；這位置可恰當地稱為「分裂位置」(schizoid position)[1]。基本上，它代表一個悲劇的情境，它是許多偉大的悲劇著作的主題，也是詩歌特別喜愛的主題(如渥茲華斯的詩作《露西》[2])。無疑的，有相當分裂傾向的人，在表現愛的時候會遭遇到這種困難，因為他們總要經歷深刻的焦慮，正如王爾德在《瑞丁監獄之歌》[3]中所寫的：「每個人都殺死他所愛的」。無疑的，他們在感情的給予上也會遭遇到困難，因為他們永遠無法逃避的恐懼是，他們所給予的是致命的禮物，像一個博吉亞[4]的禮物。因此我有一位病人，在送我一些水果之後，在隔天的會談時，開頭就問：「你有沒有中毒？」

現在我們可以了解有分裂傾向的人，會將「愛」保留於內在而無法表現的另外一個動機了。除了因為覺得這種愛太珍貴而不願與之分開之外，也因為他覺得這種愛太危險而不願釋放至其客體上。所以，他不只把愛存放在一個安全的地方，也把愛關在牢籠裡。但事情還沒有結束，既然他覺得自己的愛是壞的，他也就容易認為別人的愛也是如此。這種想法並不一定是投射作用，雖然他也常求助於此種防衛機轉。再舉上述「小紅帽」為例，我們已經知道大野狼代表小女孩自己攝入的口腔愛，但故事也告訴我們，大野狼取代了床上的祖母的位置——當然，這表示小女孩將自己的攝入傾向歸諸她的原慾客體，故後者變成了貪婪的大野狼。所以有分裂傾向的人容易被迫地築起防衛，這不只用來防堵他對別人的愛，也是防堵別人對他的愛。正因如此，我的一位個案，一位分裂型的年輕女性，常習慣地

25

[1]譯註：克萊恩原稱此階段為偏執位置(paranoid position)，後因費爾貝恩理論的影響而改稱之為分裂-偏執位置(schizoid-paranoid position)。可參見Melanie Klein, *Envy And Gratitude : and Other Works 1946-1963.* (London :Virago, 1988.) 頁2的註腳。

[2]譯註：渥茲華斯(William Wordsworth, 1770-1850)，英國浪漫派詩人。《露西》(Lucy)是他在1798年至1801年間創作的五首詩系列。

[3]譯註：王爾德(Oscar Wilde, 1854-1900)，愛爾蘭作家、詩人、劇作家。他在1895-1897年間被關在英國的瑞丁監獄，出獄後寫下《瑞丁監獄之歌》(*The Ballad of Reading Gaol*)。

[4]譯註：這裡指的似乎是博吉亞(Borgia)家族，一個文藝復興時期活躍於義大利的大家族。一些博吉亞家族成員曾被認為犯下許多罪行而惡名昭彰。

對我說：「不管你做甚麼，反正你不可能喜歡我」。

所以，有分裂傾向的人會放棄社交的接觸，因為他覺得不會愛別人也不會被愛。但他不是一直都冷漠被動，相反地，他常主動地採取一些方法來驅逐其原慾客體。為了達到此一目的，他手邊有個可用的工具：他自己分化出來的「攻擊」，他動用了恨的資源，把攻擊的矛頭朝向別人——特別針對其原慾客體[1]。因此他可能易與人爭辯、讓人討厭、變得粗魯等。這樣做的時候，他不僅在與客體的關係上以恨取代愛，也使得別人恨他而不是愛他。他之所以如此，皆是為了和其原慾客體保持距離。像中世紀的吟遊詩人(或許獨裁者亦如此)一般，他只能從遠方愛人與被愛。這是有分裂傾向的人易有的第二種大悲劇。第一種是，如之前所提到的，他覺得他的愛會摧毀他所愛的；而第二種是，雖然他一直渴望愛與被愛，但他卻需被迫地去恨與被恨。

還有另外兩個動機，使得有分裂特質的人以恨來取代愛——有趣的是，一個是道德的一個是不道德的，在革命份子和賣國賊身上，這兩個動機顯得特別強烈。不道德的動機取決於：既然無法得到愛的歡愉，他轉而尋求恨的歡愉並從中得到滿足。他與魔鬼簽約，並宣稱「魔鬼是我的良善」[2]。道德的動機取決於：如果愛會造成摧毀，則它最好被恨摧毀而不要被愛摧毀，因為前者是具破壞力且邪惡的，而後者是有創造力而良善的。當這兩種動機相互作用時，我們將面對一種奇特的道德顛覆。在此情形下，不僅「魔鬼是我的良善」，同時也是「良善是我的魔鬼」。需附帶說明的是，這種價值的顛覆，絕少被意識所接受，但仍然在潛意識中扮演極重要的角色。這也是有分裂傾向的人常有的第三種悲劇。

26

27

---

[1] 譯註：這裡作者的用詞似乎讓人混淆。若如前所言，分裂的特徵是口腔早期的原慾態度，則分裂特質的攻擊就不同於以口腔晚期為特徵的憂鬱特質：後者之攻擊帶有破壞的目的而前者之攻擊只是為了拒斥客體(見頁48-49 [原文頁數])。故嚴格說來，有分裂傾向的人，其攻擊並不是來自恨而是來自拒斥。因此下文提到的「恨」，應該不是一般意思的恨(源自口腔晚期)，而比較接近「拒絕」或「排斥」。

[2] 譯註：'Evil be thou my good'，引自彌爾頓《失樂園》第四冊。

第二章 修正精神病與精神官能症的精神病理學

A Revised Psychopathology of the Psychoses and Psychoneurosis (1941)[1]

前言：

近幾年來，我的興趣逐漸集中於各種程度的分裂傾向病人所呈現的問題上，對此我特別注意[2]。如果我所得到的結果能有充分的證據支持，那它必然將對精神醫學及精神分析理論產生深遠的影響。我的發現和導致的結論，不僅會修正現行對分裂狀態之特質及病因的觀念，對於分裂過程的盛行率及目前各種精神官能症和精神病的臨床理論，也都將有所修改。我的發現和結論，亦將重新定位原慾理論(the libido theory)，並連帶地改變了各種傳統的精神分析概念。

因為各種的理由，本篇主要集中在我對分裂傾向研究後獲得的廣泛觀點中的一個面向；但先要聲明的是，對於我從分析中的發現所得到的結論，勢必有許多爭議，這結論的大意是：分裂族群遠比迄今吾人所認知的更廣泛，且高比例的焦慮狀態以及偏執(paranoid)、畏懼(phobic)、歇斯底里(hysterical)、強迫(obsessional)等症狀背後確實有分裂的背景。我賦予「分裂」概念的廣泛意義，或可由以下的陳述看出：據我的觀察，分裂這群人相當於榮格的「內向」(introvert)概念所指的那群人[3]。明顯的分裂狀態之基本特徵(正如字面上所暗示的)，是自我的碎裂(splitting of the ego)；而在精神分析中最常見到的是，自我的碎裂不僅出現在有明顯精神病理狀況的個

28

[1]本篇最初發表於*The International Journal of Psycho-Analysis* Vol. XXII, Pts3 and 4，目前的版本稍有修訂。

[2]見前章「人格中的分裂因子」。

[3]譯註：見第一章「人格中的分裂因子」頁7(原文頁數)。

案，亦出現在有明顯的困擾但卻無明確精神病理診斷的個案，只有從發展的角度來思考，自我的碎裂的意義才能充分顯現出來。

原慾理論的固有侷限

目前有關自我發展(ego-development)的精神分析理論，受佛洛依德的原慾理論影響很大。佛洛依德認為原慾最初是分布於身體的某些地帶，其中一些地帶因與愛慾的產生(erotogenic)有關而顯得特別重要。根據這個觀念，成功的原慾發展取決於性衝動主導下，各種原慾分布的整合。然而，正如稍後將呈現的，原慾理論有其固有的弱點。我們檢討亞伯拉罕(Abraham)的理論，就更容易了解這一點。亞伯拉罕把每個重要的原慾帶(libidinal zones)安插在心理發展的幾個特殊點上，並據此提出了一系列的發展階段，它的特色是，每個階段都有一個特別的原慾帶主導。依這樣的架構，每一種典型的精神病和精神官能症皆可歸因於某個特殊發展階段的固著(fixation)。例如分裂狀態與口腔早期的固著有關，這階段的特色是以吸吮為主；而躁鬱狀態與口腔晚期的固著有關，特色是以咬嚼為主；這兩個階段比較沒有問題。但若考慮兩個肛門期(anal phases)和性器早期或性蕾期(early genital or phallic phase)，事情就沒那麼一帆風順了。無疑的，如亞伯拉罕指出的，偏執的個案運用了原始的肛門期技術來拒斥其客體；強迫症的個案運用了較有發展的肛門期技術來控制其客體；而歇斯底里的個案用來增進其客體關係的技術則牽涉到對性器官的否定。但我本身的發現讓我同樣深信，偏執、強迫、及歇斯底里狀態——或許加上畏懼狀態——基本上並非固著於特定原慾階段的產物，而只是一些防衛技術，這些技術被用來保護自我，使自我遠離源於口腔的矛盾。以下兩個事實可以支持這個看法：(a)對偏執、強迫、歇斯底里、及畏懼症狀的分析都明確地顯示背後有口腔期矛盾；(b)偏執、強迫、歇斯底里、及畏懼症狀常伴隨著分裂及憂鬱狀態，或為此兩種狀態之前驅症狀。相對地，分裂及憂鬱是源於口腔期的病態，很難把它們視為一種防衛，它們反而是一種自我需要去防衛以避

29

免的狀態[1]。

進一步考慮亞伯拉罕的原慾理論，我們會懷疑所謂「肛門期」是否只是一種人為的劃分；同樣的，「性蕾期」也是。當然亞伯拉罕提出的「期」(phases)不只想代表原慾的組織結構，也想顯示客體愛(object-love)的發展過程。然而重要的是用來描述各個時期的名稱是基於原慾目的(aim)的特質，而非基於客體的特質。因此，亞伯拉罕稱「口腔」期而不稱「乳房」期(breast phase)；稱「肛門」期而不稱「糞便」期(faeces phase)。當我們以「糞便期」取代「肛門期」時，亞伯拉罕的原慾發展架構之限制就變得顯而易見；因為，雖然乳房和性器官都是自然的、生物性的原慾客體，但糞便當然不是。相對地，它只是一種象徵性的客體。可以說，它只是形塑客體模型的黏土而已[2]。

30

原慾理論的歷史重要性及其對精神分析知識進展的貢獻已無庸置疑；此理論自有其啟迪之價值。然而目前似乎到了一個轉捩點，為了知識的進展，傳統的原慾理論必須轉變成以客體關係為基礎的發展理論。作為一種解釋系統，現行的原慾理論最大的限制，在於它將各種症狀表現賦予不同的原慾狀態，但這些症狀表現其實只是一些調整自我的客體關係的技術罷了。當然，原慾理論的基礎是「愛慾帶」(erotogenic zones)

---

[1]當然我們必須承認，有一些特殊的防衛方式(*specific defences*)會伴隨著分裂或憂鬱狀態；但它們之所以被運用是因為這兩種狀態的本身，而非潛藏於這兩種狀態背後的矛盾。以憂鬱狀態而言，最顯著的例子是躁症防衛(*manic defence*)。這種特殊的防衛被運用是因為上述其他「非特異性防衛技術」(*non-specific techniques*)，亦即強迫、偏執、歇斯底里、及畏懼等技術已無法達成目的，讓自我免於分裂或憂鬱狀態之發生。然而這些特殊防衛須和基本的分裂及憂鬱狀態(正是此兩種狀態引起這些防衛的)加以區分。

[2]有趣的是，亞伯拉罕用來描述其原慾發展架構中各時期的名稱，並不同於之前的命名。在早期的架構中，原慾發展被區分成三個階段，並分別被描述為：(1)「自體愛慾」(autoerotic)，(2)「自戀」(narcissistic)，以及(3)「異體愛慾」(alloerotic)。這種命名暗示，以前的發展理論是基於與客體的關係(而非原慾目的的特質)。撇開專門術語不談，亞伯拉罕對原慾發展的看法，基本上是在修訂先前的發展架構，這個修訂的特點，主要是在自戀期(口腔晚期)和異體愛慾期(性器期)之間插入了兩個肛門期。這樣做的目的是要在原慾發展的架構中，引入「部分愛」(partial love)的階段；但無論這個目的的價值如何，重要的是，亞伯拉罕加入肛門期後，命名的方式隨之改變，而在其修訂後的架構中，已不見任何與客體有關的字眼了。

的觀念。但我們必須知道，所謂愛慾帶起初只是愛慾流動的管道，唯有原慾流過這個地帶，它才會變成愛慾帶。原慾的終極目標是客體，而在尋求客體時，原慾所遵循的原則與電流的定律相似，即朝著阻力最小的途徑流動，因此愛慾帶只是阻力最小的途徑罷了，它產生愛慾，就像電流通過會產生磁場一般，因此狀況如下：在嬰兒期，因人體結構之故，通往客體阻力最小的途徑恰好是口腔，所以口腔成為主要的原慾器官。另一方面，在成熟的個體(再次因人體結構之故)，性器官提供一條通往客體阻力最小的途徑——但在此，它只是數種平行發展途徑中的一種。成熟個體真正的關鍵，不在於他的原慾態度基本上是性器取向的，而在於他的性態度基本上是原慾取向的[1]。因此，嬰兒的與成熟的原慾態度間的固有差異在於，嬰兒的原慾態度必然以口腔占優勢，但一個情感成熟的大人，原慾可以經由數種管道來尋求客體。在諸多管道中，性器的管道是最重要的，但卻不是唯一的。因此，形容嬰兒原慾態度有「口腔」的特徵，是正確的描述，但形容成人原慾態度有「性器」的特徵，卻是錯誤的。較恰當的形容應該是「成熟」的，這個描述暗示著性器的管道可提供與客體滿意的原慾關係，同時需強調的是，並非性器的層次達到了，客體關係才能被滿足。相反地，是滿足的客體關係建立了，真正的性慾才能成就[2]。

31

由上面的敘述可以看出，亞伯拉罕的「口腔期」有充分的事實支持，但他的「性器早期」或「性蕾期」則否。亞伯拉罕「性器終期」(final

[1]譯註：這裡的原文是「The real point about the mature individual is not that the libidinal attitude is essentially genital, but that the genital attitude is essentially libidinal.」。作者要強調，成熟個體(成人不必然成熟)尋求客體的途徑(原慾態度)是多元的，性器官只是其中之一。因此這句前半部說成熟個體的原慾態度不是性器的，因為還有別的途徑；而後半部的意思是：成熟客體的性器卻基本上是用來尋求客體的。

[2] 我的意思不是要拿「性器」期和口腔期比較並貶抑前者的重要性。我是要指出「性器」期的真正意義在於客體關係的成熟，而性器取向只是這種成熟的元素之一。同樣真確的，我們也可以說，口腔期的真正意義在於客體關係的不成熟，而口腔取向只是這種不成熟的元素之一；但口腔期關係中，對比於心理因素，生理因素的重要性比在性器期關係中明顯，此乃因嬰兒本身需要生理的依賴。

genital phase)的觀念是恰當的，因為性器官是成熟原慾的自然管道，但他的「性蕾期」就像其「肛門期」一樣，是人為的劃分，這樣的人為劃分，[32] 肇因於對基本愛慾帶的錯誤觀念。對性蕾態度的深度分析，明確地顯示了其背後皆有口腔固著及伴隨的口交幻想，故性蕾態度乃是把客體的性器官等同於乳房，將這兩者都視為口腔態度中最早的部分客體。這種現象常伴隨著另一種等同——把主體的性器官等同於口腔，將這兩者都視為原慾器官，所以性蕾態度並非原慾發展的一個階段，而是一種技術；肛門態度亦是如此。

基本愛慾帶的觀念，不足為任何原慾發展理論的基礎，因為它忽略了一個事實，即原慾享樂的功能基本上是指示一個通往客體的方向，而根據愛慾帶的觀念，客體是滿足原慾享樂的路標，這是「把馬車放在馬的前面」了。這種本末倒置的情況，須歸因於精神分析思想的早期發展階段，對客體關係的重要性沒有足夠的體認。以下是另一個將技術誤為基本原慾表現的例子，每種情況皆有一個決定性的事例；就此情況而言，吸吮拇指可作為一個決定性的事例。為何嬰兒要吸吮拇指？問題的答案可考驗出愛慾帶觀念及基於此觀念之原慾理論的正確性；如果我們回答說，嬰兒吸吮其拇指乃因為口腔是愛慾帶而吸吮能滿足其愛慾，雖聽起來頗具說服力，但卻非關鍵所在。要顯示這個關鍵，我們需問更進一步的問題：「為什麼是拇指？」而答案是「因為沒有乳房可吸吮」。嬰兒必須有一個原慾客體，若其自然的客體(即乳房)被剝奪，他被迫尋求替代者，因此吸吮拇指是一種處理未滿足的客體關係的技術；相似的情形亦見於手淫。讀者一定會說，吸吮拇指和手淫並非單純的「愛慾的」(erotic)，而應稱為「自體愛慾的」(autoerotic)活動[1]。這當然是對的，然而，愛慾帶的觀念是基於自體 [33] 愛慾的現象，且是由於對此現象真正含義的誤解而發展出來的。自體愛慾是一種技術，個體運用這種技術來獲得他無法從客體得到的東西，也獲得

[1]譯註：這裡作者預想了一個可能的反對意見——吸吮拇指和手淫是自體愛慾的行為，而根據佛洛依德，自體愛慾是無客體(objectless)的狀態，所以不能推論說吸吮拇指是以拇指替代乳房為原慾客體，因為這時嬰兒無法經驗客體。下文就是作者對這個反對意見的回應。

他無法得到的客體。「肛門期」和「性蕾期」大部分也是基於這種技術而發展出來的態度。這些技術源自於口腔，也保存了口腔的特色。以故其與客體的攝入(incorporation)有密切的關聯——畢竟，攝入只是個體企圖處理口腔關係挫折的另一個面向。以這種密切相關的角度而言，作為一種自體愛慾(及愛慾)的活動，吸吮拇指發生之初，先要與內化的客體產生有意義的關聯。故可以說整個原慾發展的過程取決於客體被攝入的程度以及用來處理被攝入客體的技術特質。這些技術稍後會討論。此時我們須指出，肛門及性蕾態度的意義在於它們代表著處理被攝入客體之技術的原慾層面。但我們必須記得，並非原慾態度決定客體關係，而是客體關係決定原慾態度。

以依賴客體之性質為基礎的客體關係發展理論

我對有分裂特質個案的研究所得到的主要結論之一是，客體關係的發展，基本上是一個由嬰兒式的客體依賴，逐漸過渡到成熟的客體依賴之過程。這個發展過程的特徵有(a)逐漸揚棄原始的、以原初認同(primary identification)為基礎的客體關係[1]，(b)逐步建立以客體分化(differentiation of the object)為基礎的客體關係。這種客體關係性質的逐漸變化，伴隨著原慾目的(libidinal aim)的逐漸改變；從源於口腔，以吸吮、攝入、及以「取」(taking)為主的目的，變成以成熟的、非攝入

34

[1]在此我用「原初認同」指的是，對一個尚未與主體分化之客體的精神灌注(cathexis)。未經嚴格定義之「認同」一詞，有時可用來指稱此情況。但「認同」更常被用來表示，與已經有某種程度分化的客體之關係中，並未與此客體分化。後者代表原初認同關係型態的復活，因此嚴格來說應稱為「次發認同」(secondary identification)。兩者之區別在理論上很重要，但只要不忘記這區別，為了方便我們可使用「認同」一詞而不特別指出原初或次發；下文也是這樣使用。這個詞的另一個意思也用來描述在兩個完全不同的客體之間(如陽具與乳房)，建立情感的等同。(譯註：最後這種用法的例子，可見頁33〔原文頁數〕：「故性蕾態度乃是把客體的性器官等同於乳房，將這兩者都視為口腔態度中最早的部分客體。」因此為了區別，下文遇這種用法時，會譯為「等同」而不是「認同」。)

的、及以「給」(giving)為主的目的，且此目的與性器官的性慾發展相配合。嬰兒式的依賴包含兩個階段——口腔早期和口腔晚期；而成熟的依賴則相當於亞伯拉罕的「性器終期」。介於嬰兒式的依賴與成熟的依賴之間的是一過渡階段，代表著逐漸放棄嬰兒式依賴而接受成熟的依賴態度。此過渡階段相當於亞伯拉罕提出的三個階段——兩個肛門期和性慾早期(性蕾期)。

此過渡階段初始於口腔晚期之矛盾逐漸消退，而對客體的二分法漸次形成之時。客體的二分(*dichotomy of the object*)是一個過程，在此過程中，愛恨交雜的原始客體被兩個客體所取代——為愛所求的「被納客體」(*accepted object*)及為恨所指的「被拒客體」(*rejected object*)。須附帶聲明的是，根據口腔期的發展，被納客體及被拒客體大部分會被視為內在客體來處理。既然過渡時期的重點是嬰兒式依賴的揚棄，我們可以看出，客體的拒斥(rejection of object)在此過程中扮演了最重要的角色。所以「拒斥技術」(*rejective techniques*)的操作，是這個階段的特徵，當亞伯拉罕引進肛門期的觀念時，他似乎緊抓這個特徵不放。當然以生物學的特質而言，排便基本上是一個拒斥的過程；而此事實在心理上象徵對客體情緒上之拒斥，並形成了心理拒斥技術的基礎，同時，排便亦有操縱客體的心理意義。對於排便的觀點，對排尿也適用，而且有理由認為，排尿可作為一種象徵性的拒斥，此一功能的重要性在以前都被忽略了，特別是由解剖的角度來看，排尿功能提供了排泄功能和性慾功能之間的連結。

35

故根據上述觀點，偏執狂和強迫症並非固著於肛門早期或晚期之表現，相反地，它們是個案運用了由拒斥的排泄過程衍生的特殊防衛方式所造成的狀態，然而偏執和強迫的防衛並非全然是拒斥的技術。它們都包含了對好客體的接納及對壞客體的排斥。它們之間的不同稍後會論及。在此時值得注意的是，偏執是代表著較高等級的拒斥，因為藉由外化被拒的內在客體，偏執的個體認為客體是毫無保留的、主動的壞——事實上就如一個迫害者。另一方面，對有強迫症的個體而言，排泄不只代表了對客體的拒斥，亦代表了對內容物的割捨[1]，所以我們發現強迫性的防衛，是在以「取」為主要傾向的嬰兒式依賴與以「給」為主要傾向的成熟式依賴之間的一種妥協，這種妥協的態度與偏執完全不同，因為對於後者，排泄代表的只有拒斥。

歇斯底里是另一個運用特殊拒斥技術的例子，而非固著於某原慾發展階段(即性蕾期)的後果，當然，根據亞伯拉罕的架構，歇斯底里是因為對伊底帕斯情境的過度愧疚感，而在性蕾期產生拒斥性器官的現象，但這個看法並不完全符合我最近的觀察；我發現，這是由於把伊底帕斯情境誤為是心理上的現象而非社會學上的現象所致。從心理學上而言，此情境之深層意義，在於它代表著由矛盾期(ambivalent phase，即口腔晚期)的單一客體分化為兩個客體的現象，其中之一為被納客體，等同於雙親中的某一位，另一個客體是被拒客體，等同於雙親中的另外一位；以故隨著伊底帕斯情境而來的愧疚感並非因為這個情境的三角關係，而是源於以下事實：(1)亂倫慾望代表需要雙親的愛，但父母的愛似乎無法自由的給出來；(2)小孩會覺得自己的愛會被拒絕是因為這種愛是壞的。此情形可由我一個女性患者身上得到證實：此個案小時候的環境，充滿亂倫幻想的刺激，她的父母因為不合，很早就分房而睡。父母的臥室中夾著一個更衣室，可以通往兩邊房間，個案的母親為了防止她的父親過來，就令個案睡在這更衣室裡。她的父母很少對她表露情感，在很小的時候，她便因為生病而跛腳，這使得她在現實生活上比同年齡的小孩更依賴別人。母親認為她的殘障是不可張揚的家醜，她母親的養育原則就是催促她儘快的獨立。她的父親疏離而難以親近，她覺得對他比母親更難有情感的交流。在她十幾歲時，母親過世了，之後她極力地試著與父親建立情感的接觸，但終皆枉然。有一天，她突然產生一個念頭：「如果我獻出自己跟父親上床，一定能引起他的興趣！」因此，她的亂倫慾望代表了孤注一擲的嘗試，希望能與其客體

36

[1]此與以下事實一致：雖然排泄在本質上是拒斥的，但它亦有生產(productive)的意味，因此給了小孩創造與「給予」的心理意義。

有情感的接觸。如此一方面引發愛[1]，一方面也可以證明她的愛是可被接受的。這樣的慾望無關乎任何特定的伊底帕斯脈絡。當然，我的個案的情況是：亂倫的慾望被放棄了，且正如預期的，伴隨了強烈的愧疚感。然而，這種愧疚感與她在母女關係中所引發的愧疚感並無不同。後者源於母親無法如她所願地表現對她的愛，而缺乏母親的愛似乎證明了她自己的愛是壞的。其未滿足的母女情感關係已引起口腔期的退化，乳房再度成為客體，因此她的主要症狀之一是，無法於有人在場的時候，可以自在的吃東西而沒有作嘔的感覺。因此她對父親陽具拒斥的背後，是對母親乳房的拒斥；有證據顯示她確將陽具等同於乳房。

37

上述案例顯示的事實是：雖然我們不能否認對性器官的拒斥是歇斯底里的一部分，但這種拒斥較少取決於伊底帕斯情境的特性，較取決於歇斯底里患者會將性器官視為部分客體，而將之等同於嬰兒式依賴期的原始部分客體，即乳房。歇斯底里式的性器官拒斥因而成為一種想要揚棄嬰兒式依賴態度的失敗嘗試，相似的拒斥現象亦表現於偏執及強迫的防衛技術中，然而不同的是，歇斯底里的防衛不會把被拒斥的客體外化，相反地，被拒斥的客體仍保持在被攝入(incorporated)的狀態。所以典型歇斯底里解離(hysterical dissociation)現象背後的根本意義，在於它代表了一種對被攝入客體的拒斥，同時，歇斯底里的防衛方式，如同強迫症的防衛，部分地接受了在成熟依賴中的「給予」態度；因為歇斯底里個案的特徵是，他希望交出所有東西給他所愛的客體——除了他的性器官及性器官所呈現給他的——這種態度會伴隨著對所愛客體的理想化，而其產生的原因，至少有部分是因為想要將依賴關係建立在更為確定的基礎上。

現在我們可以看到，偏執狂、強迫症、和歇斯底里事實上代表了各種不同特殊防衛技術的運用，而畏懼症亦可用類似之觀點視之。每一種防衛技術都是一種特別的方法，用來處理過渡時期中仍未解決的衝突。這衝突

---

[1]譯註：這裡指的是引發父親的愛。

在於以下兩者之間：(a)發展的推力——朝向成熟式客體依賴態度前進；(b)退化的阻力——不願放棄嬰兒式客體依賴態度。由前之論述，客體關係的發展模式，可表示如下：

38

Ⅰ.嬰兒式依賴(infantile dependence)期，其特徵是以「取」(taking)為主的態度：

(1)口腔早期－攝入－吸吮或拒斥(前矛盾的pre-ambivalent)。

(2)口腔晚期－攝入－吸吮或咬嚼(矛盾的ambivalent)。

Ⅱ.介於嬰兒式依賴及成熟式依賴間的過渡期(stage of transition)，或稱為「準獨立期」(stage of quasi-independence)：被攝入客體之二分及外向化(exteriorization)[1]。

Ⅲ.成熟式依賴的時期(mature dependence)，其特徵是以「給」(giving)為主的態度：外向化的被納客體及被拒客體。

上述模式特殊之處是其乃基於客體關係的本質，而將原慾取向置於次要的地位。從對有分裂特質個案的分析中，讓我深信客體關係是非常重要的，因為這些個案十分清楚地表現了與客體互動關係上的困難，他們極度地不願放棄嬰兒式的依賴，卻又非常渴望放棄，這樣的矛盾的表現，在分析的過程中，常令人印象深刻；他們既迷人又可憐，像隻膽怯的小老鼠，不時從其洞穴的庇蔭下偷跑出來窺探外在客體的世界，然後匆匆地敗退。在他們不屈不撓地想要突破其嬰兒式的依賴狀態時，觀察他們如何利用上述四種過渡性的防衛技術——偏執、強迫、歇斯底里、及畏懼——亦常發人深思。在分析中，可以同樣清楚地看出，一個小孩最大的需求是得到下述兩個肯定：(a)父母親會真誠地把他視為一個人來愛他；(b)父母親能真誠地接受他的愛。唯有得到這些肯定才能讓他安心地依賴其真實的客體，並使他逐漸揚棄嬰兒式的依賴而不致有所疑慮。

[1]譯註：此字原用於外科，指把某物從體內拿出體外。

如果缺少這種肯定，他與其客體間的關係，會充斥著太多對分離的焦慮，而使他無法放棄嬰兒式的依賴，因為這種放棄在其眼中，就相當於喪失了所有能滿足其情感需求的希望。小孩渴望被視為一個人而被愛並渴望他的愛被接受，這種渴望無法被滿足而產生的挫折，是小孩最大的創傷，正是這種創傷產生了各種型態的嬰兒式性慾固著，小孩被迫藉由這些方式的滿足來代償他與外在客體情感關係上的挫敗。基本上這些取代式的滿足(如手淫、肛門愛慾)皆代表著與內在客體的關係，這種關係是因為與外在客體無法有滿足的關係而不得不然的。當與外在客體的關係無法滿足時，我們可以看到一些特殊的現象，如暴露癖、同性戀、虐待癖、及被虐癖等；這些現象應將之視為是一種努力，企圖來拯救已然瓦解的天生情感關係。了解這些「因天生情感關係的缺失而引起的關係」有何特質，其重要性遠不及了解哪些因素會傷及天生的自發性關係。如前述，最重要的一個因素是，在孩提時候，小孩覺得其客體既不能將之視為一個完整的人來愛他，也不能接受他的愛，在此狀況下，原本朝向客體的原慾驅力，便會導致異常關係的建立及相伴而來的各種原慾態度。

前述表中的發展模式是基於對客體依賴的性質，因為有理由認為這是早期關係中最重要的因素，然而我們也需要了解相對於每個發展階段之客體本質。在此重要的是區分「自然的」(natural，即生物上的)客體和「被攝入的」客體——後者在有精神病理的個案常常會取代前者。當然，客體可以是部分客體或完整客體(whole object)；在兒童早期的生命史中，很明顯的，其唯一的自然的部分客體就是母親的乳房，而最重要的完整客體是母親——父親相形之下遠為次要。如之前所指出的，糞便並非自然的客體，它是象徵性的客體(symbolic object)；性器官被當作是性蕾客體(phallic object)時，亦即被當作是部分客體時，也是象徵性的客體。因此，雖然男同性戀最重要的中介因素是對父親陽具的追求，但此追求涉及以部分客體取代完整客體，且為一種退化的現象，它代表著對原始部分客體(即乳房)的原始(口腔)關係之復活。可以說，同性戀對其父親陽具的追求因而變成對其父親乳房的追求[1]。在歇斯底里的個案，可明顯地看到乳房作為部分客體的持續性，對他們而言，性器官總是存有口腔的意義。例如一位女性歇斯底里患者，在描述其骨盆腔「痛」時就說：「感覺上好像身體裡面需要吃東西。」戰時的經驗也顯示，歇斯底里的士兵特別容易抱怨胃部的症狀。如上所述，每個發展階段對應的自然的客體可表示如下：

40

Ⅰ.嬰兒式依賴：

(1)口腔早期－母親的乳房－部分客體。

(2)口腔晚期－有乳房的母親－完整客體被視為部分客體。

Ⅱ.準獨立期(過渡期)：

完整客體被視為身體的內容物。

Ⅲ.成熟式依賴：

具有性器官的完整客體[2]。

嬰兒式依賴與成人式依賴間的過渡期，其防衛技術及其精神病理學

在上述的表中，過渡階段被稱為「準獨立期」，採用此一名稱的理由，值得特別注意。對分裂傾向個案的研究中可以發現，嬰兒式依賴狀態的最大特徵是對客體之*原初認同*(*primary identification*)。事實上，就心理學上我們可以說，客體的認同與嬰兒式依賴是同一個現象的兩面，而成熟式

41

[1]譯註：當然，目前(2022)對同性戀的一般觀點已迴異於當時。

[2]在可評估的範圍，本表試圖呈現原慾發展的常模；但需特別注意的是，要區別分析個案時所顯現的真正發展過程與此常模的不同處。如此，我們可以清楚地知道在口腔早期的自然客體仍是母親真正的乳房，不管乳房是如何在心理上被攝入而成為內在客體；同樣的，在此時期個體亦確實在生理及情感上依賴著乳房這一外在客體，不論在情感上如何依賴內化的乳房。我們也可以看到，在較晚的原慾發展階段中其天生的客體雖已不是乳房，但乳房仍可能持續地是內在的客體。

的依賴則涉及兩個獨立個體間的關係，在此，個體(individual)是完全分化且互為客體的[1]。這兩種依賴的差別，相當於佛洛依德對自戀式(narcissistic)及依附式(anaclitic)客體選擇(choice of object)的區分。當然，所謂成熟式的依賴關係只是理論上的可能。但的確關係愈成熟，其原初認同的成份也愈少，因為這種認同基本上代表著無法與客體分化。當認同一直持續而犧牲了分化時，個體對其客體的態度中，便會產生一種強迫的因子(compulsive element)[2]，此於分裂傾向個案的迷戀情感(infatuation)中，清楚可見。我們也觀察到，在戰時因為軍隊的需要而必須離開太太或家人時，有憂鬱及分裂傾向的士兵會幾乎無法控制他們想要回去的衝動。對嬰兒式依賴的拋棄，涉及拋棄以原初認同為基礎的關係，而轉向與分化的客體建立關係。在夢中，分化的過程常反映在跨越深淵或裂口的主題上——雖然「跨越」也可能發生在退化的方向，這個過程常伴有相當程度的焦慮，這種焦慮在夢中的典型表現是由高處跌落，懼高症(acrophobia)及懼曠症(agoraphobia)也是這種焦慮的表現。另一方面，擔心分化過程失敗的焦慮則反映在被囚禁，被關在地底下，或被淹沒在大洋中的夢魘裡，也出現在懼閉症(claustrophobia)中。

客體分化過程之特殊重要性，不僅因為嬰兒式依賴有認同的特性，也因為嬰兒式依賴有攝入的口腔傾向，因此，個體認同的客體即等於被攝入的客體，或更極端地說，攝入此個體的客體將被此個體攝入[3]。這種奇特的心理異常現象，可能是許多形上學難題的關鍵，儘管如此，我們常常發現在夢裡，「在客體中」明顯地等於「客體在其中」。例如我有位患者曾夢見自己在一個塔裡，他的聯想毫無疑問的顯示出，這個主題不只代表了對其母親的

42

[1]嬰兒式依賴與成熟式依賴的一個重要不同處是，前者是一種尚未被拋棄的狀態，而後者是一種已經達成的狀態。(譯註：換言之，就發展的觀點，嬰兒式依賴是要逐漸被拋棄的的一種狀態，而成熟式依賴是逐漸實現的一種狀態。)

[2]譯註：這裡的「強迫」應該是一般用法上的意思，指的是非常強烈而無法控制或停止的慾望。如果是指精神病理上的強迫現象，作者通常會用obsessional一詞來描述，而不用compulsive。

[3]譯註：原文是：'the object in which the individual is incorporated is incorporated in the individual.'

認同，也代表了對母親乳房的攝入——並附帶地，攝入父親的陽具。

既然如此，客體分化的任務就變成要排出被攝入的客體，也就是說，要排出身體內容物。此處便涉及許多亞伯拉罕有關「肛門期」的基本原理，從這個方向，我們必須探討許多關於肛門期防衛技術在此過渡期的重要性及所扮演的角色。在此要確定的是，我們沒有本末倒置，要知道並非因為處在肛門期，所以個體才被「排泄」的念頭所盤據(preoccupied)，而是因為在此階段，個體被「排泄」的念頭所盤據了，所以才會說個體處在所謂的肛門期。

現在我們可以理解，過渡期最大的衝突是，欲克服嬰兒式客體認同的進步推力與欲保留這種傾向的退化推力間的拔河，所以在此時期，個體的行為特徵是，既極度地想與客體分離又極度地想與客體再結合——既想「逃離監禁」又想「重返家園」。雖然到後來兩者之中必有其一較佔優勢，但在開始時，是擺盪於此兩者之間的，因為兩者皆會伴隨焦慮。伴隨分離而來的焦慮表現於對孤獨的害怕，而伴隨認同而來的焦慮則顯現在害怕被關住、被囚禁、或被吞噬(「被拘禁、幽禁、拘束」)[1]。這些焦慮，本質上是畏懼式的焦慮(phobic anxiety)，因此我們可以推論，希望與客體分離的進步推力和認同客體的退化誘惑之間的衝突，在解釋畏懼狀態(phobic state)時必須予以重視。

43

由於原初認同與口腔攝入的關係密切，分離與排泄的關係亦然，故過渡期的衝突亦表現在排出與留住身體內容物之間。正如上述分離與再結合的情形那樣，在排出與留住之間亦會出現持續性的擺盪，雖然它們兩者之中必有其一後來會較佔優勢。兩者皆會伴隨焦慮——伴隨排出而來的焦慮是害怕空虛或耗竭，伴隨留住而來的焦慮則是害怕爆裂(此常伴隨著或被取代為對一些內部疾病如癌症的恐懼)。這些焦慮，本質上是強迫式的焦慮(obsessional anxiety)；在強迫狀態(obsessional state)的背後，是想將客體如身體內容物般排出的慾望，與想將客體如身體內容物般留住的慾望之間的

[1]譯註："cribbed, cabined, and confined"引自《馬克白》第三幕第四景。

衝突。

因此，畏懼和強迫代表了對相同基本衝突之不同處理方法；兩種方式的差異，來自對客體的態度不同。以畏懼而言，衝突來自逃離或重回客體。對強迫來說，衝突則表現在排出或留住客體。因此明顯地，畏懼主要是被動的態度，而強迫主要是主動的態度。強迫對客體亦有較明顯的攻擊傾向，因為無論被排出或留住，客體都是被強力控制的。相對而言，畏懼則僅在逃離或屈服於客體的控制之間作選擇。換句話說，強迫在本質上主要是虐待的(sadistic)，而畏懼則是被虐的(masochistic)。

在歇斯底里狀態中，我們可以看到另一種處理過渡期基本衝突的方式，在此情況中，衝突似乎單純地表現在對客體的接受或拒斥。對客體的接受，顯現在強烈的愛情關係(love-relationship)中，這是歇斯底里的特性，但若這種情感關係過分誇張，我們會懷疑這是對拒斥的過度補償(over-compensated)，這種懷疑可在歇斯底里個案之解離傾向中得到證實。在此無需強調解離現象代表的是對性器官的拒斥，但正如之前所提的，分析的結果總是顯示，被拒斥的性器等同於乳房，而被個案視為嬰兒式依賴期的原始原慾客體。故值得注意的是，典型被歇斯底里個案所解離的，是其本身的器官或功能，此唯一的意義是：被拒客體是已被內化的客體，而且個案對此客體有相當程度的認同。另一方面，歇斯底里個案對其真實客體的過度評價，無庸置疑地顯示出其被納客體是一個外在的客體。因此歇斯底里的特徵是：接納外在的客體而拒斥了內在的客體——或換句話說，外化了被納客體而內化被拒客體。

44

若比較偏執狀態與歇斯底里，我們可以發現明顯的對比。歇斯底里會過度評價外在世界的客體，但偏執的個案卻將之視為迫害者；歇斯底里式的解離是一種自我貶抑的方式，但偏執的個案傾向於極度的自誇。故偏執狀態是拒斥外在的客體而接納內在的客體——或換句話說，外化了被拒客體而內化被納客體。

在以接納或拒斥客體的觀點闡釋了歇斯底里和偏執狀態之後，我們亦可以之說明畏懼和強迫。畏懼狀態背後的衝突，簡單說，即逃向客體或逃離客體的衝突，當然在前者，客體是被接納的，而於後者，客體是被拒斥的，然而在此兩種情況，客體都被當成外在客體處理。另一方面，強迫狀態的衝突是排出或留住身體內容物，故被拒及被納客體都被當成內在客體處理。被拒及被納客體，在畏懼狀態兩者皆被當成外在客體處理；在強迫狀態，兩者皆被當成內在客體處理；而在歇斯底里和偏執狀態，則是一個被當成內在客體處理，另一個則被當外在客體處理。在歇斯底里狀態，被當成外在客體的是被納客體，而在偏執狀態，被當成外在客體的是被拒客體。此四種技術的客體關係特質可歸納如下表：[1]

45

技術	被納客體	被拒客體
強迫	內化的	內化的
偏執	內化的	外化的
歇斯底里	外化的	內化的
畏懼	外化的	外化的

嬰兒式與成熟式依賴之間的過渡期之主要特徵，現可簡短摘要如下：過渡期是一個特殊的發展過程，在此過程中，以認同為基礎的客體關係逐漸被取代，成為一種與已分化之客體的關係，所以，此時期發展的圓滿與否，取決於客體分化的過程能否成功，而後者又取決於與客體分離的矛盾課題——一個既渴望又恐懼的狀態。上述四種典型技術，其中之一或

[1]譯註：一般而言，內化(internalization)是指外在客體成為內在客體並與內在心理結構整合的過程。而外化(externalization)則指內在客體或結構投射到外在世界的某個人物上。但作者在這裡說被納或被拒客體的內化及外化，似乎只是說這些客體被主體經驗為(知覺為)在自己的裡面或外面。(參考Rycroft, C., *A critical dictionary of psychoanalysis*. [London: Penguin, 1995]特別是頁52及頁54-55。)

全部——強迫、偏執、歇斯底里、和畏懼——即被利用來處理這個矛盾。若客體關係未滿足，這些技術便易在日後的生命過程中，發展出特殊的精神病理。這些技術不能根據原慾發展的程度來分類。相反地，它們須被視為同一客體關係發展階段中不同的處理方式。至於哪一種方式會被運用，或每一種方式會被運用到什麼程度，似乎大部分取決於之前嬰兒式依賴期客體關係的特質，特別是客體被攝入的程度以及發展中自我與其內在客體的關係模式。

46

嬰兒式依賴期及其精神病理學

之前用了一些篇幅討論過渡期的性質及其特有的防衛方式，現在我們將把焦點放在嬰兒式依賴期及此階段衍生的精神病理現象。

嬰兒式依賴的主要特徵在於，它是一種無條件的(unconditional)依賴，嬰兒全然地依賴其客體，不僅是生存及生理上的理由，也是為了滿足心理需求，當然成熟的客體也會因為需要心理或生理上的滿足而互相依賴。但是，以心理層面來說，成熟式的依賴不是無條件的，相對地，嬰兒的無助狀態，方足以使其依賴成為「無條件的」。我們也注意到，成人的客體關係較為開闊，而嬰兒則傾向集中在單一客體，故客體的喪失對嬰兒而言是極大的傷害。成熟的個體無論失去多麼重要的客體，總是還有其它的客體，他的「雞蛋不是放在同一個籃子裡」，更進一步說，他有選擇客體的能力，他可以拋棄一個客體而選擇另外一個，相對地，嬰兒沒有選擇客體的餘地，他只能選擇接受或拒斥其客體——這種選擇易讓嬰兒覺得是代表生死之間的抉擇。他的心理依賴則因這種客體關係的特質而更被強化，因為正如之前所述，此關係乃基於認同。在子宮內的胎兒，是最極端的依賴，我們可以推想，在心理層面上，此一時期是完全的認同而沒有分化，故認同代表了出生前的關係延續到出生之後；因為認同延續到出生後，所以客體不僅構成了嬰兒的世界，也構成了嬰兒自己。我們須將許多分裂及憂鬱個案對其客體之強迫態度(compulsive attitude)，歸因於這個事實[1]。

正常發展過程的特徵是，與客體逐漸分化而對客體的認同則逐漸減少，然而若嬰兒式依賴一直持續，認同仍是個體與客體之情感關係的主要特徵。嬰兒式依賴相當於口腔依賴——不是因為嬰兒在先天上就是以口腔為主，而是因為母親的乳房是其原始客體。因此，在口腔期，認同是嬰兒與客體之情感關係的主要特徵，這種認同的傾向，會影響到認知的層面(cognitive sphere)，所以有些固著於口腔期的個案，要相信自己得了某種病，必須聽過別人也曾得這種病才行，而在意動的層面(conative sphere)[2]，認同則相當於口腔攝入[3]；情感認同與口腔攝入的結合，構成了嬰兒式依賴之獨特樣貌，這些樣貌的基礎在於，對嬰兒而言被母親抱在懷裡與攝入母親乳房內容物兩者是等同的。

47

自戀(narcissism)，這個在嬰兒期依賴最顯著的現象之一，亦源於對客體的認同；事實上，原發自戀(primary narcissism)可簡單地定義為*認同客體的狀態*，而次發自戀(secondary narcissism)則是*認同內在客體的狀態*。雖然自戀是口腔期的特徵之一，但在口腔早期及晚期，客體之特性是不同的。在口腔早期，自然的客體是*母親的乳房*(the breast of the mother)，但在口腔晚期，自然的客體是*有乳房的母親*(the mother with the breast)。這兩個階段的過渡，主要是由部分客體轉換成完整客體，但同時也伴隨著咬嚼(biting)

---

[1]譯註：關於認同與強迫的關係，亦見頁42及頁47(原文頁數)。

[2]譯註：18世紀德國的官能心理學(faculty psychology，視心靈為多種功能的集合體)，慣將心靈分為三部分：認知(cognition)，情感(affect)，和意動(conation)。認知涉及對資訊的處理、了解、存取等；情感與對人事物的感受及情緒反應有關；意動則是在認知與情感影響下所出現的有目的的行動，類似動機或意志。根據Hilgard, E. R. (1980), The trilogy of mind: Cognition, affection, and conation. *Journal of the History of the Behavioral Sciences* 16 (2): 107–117，官能心理學三分法的影響，透過William McDougall的著作而延伸至20世紀。在本書緒論中，作者提到費爾貝恩早期研究受到William McDougall影響(頁xiv，原文頁數)，這裡可以看出此時影響仍在。

[3]譯註：以上述三個層面而言，在口腔期，認同是在情感和認知的層面，而口腔攝入則屬意動層面。

傾向的出現。因此，於口腔早期只有吸吮的原慾態度，但到了口腔晚期則是吸吮與咬嚼態度抗衡的局面。咬嚼本質上具有破壞的目的，且是之後會分化為各種攻擊方式的原型，故口腔晚期有著相當高程度的情感矛盾。亞伯拉罕將口腔早期描述為「前矛盾」(preambivalent)時期，但這並不表示在此階段客體就不會被拒斥，只是這種拒斥沒有口腔晚期咬嚼式攻擊的成份，這種拒斥不表示矛盾(ambivalence)；而我認為早期口腔攝入的驅力基本上是原慾的驅力，而與分化過的或直接的攻擊無關。了解這個事實對於認識分裂狀態底下的基本問題是十分重要的。雖然攝入的驅力以效果而言是破壞性的，因為被吃進去的東西就必然消失了，但此驅力並不是以破壞為目的。當一個小孩說他「愛」蛋糕，意思當然是蛋糕會消失，會被破壞，此時破壞蛋糕並非小孩「愛」的目的，相反地，從小孩的觀點，他的「愛」使蛋糕消失令他最懊悔。他真正的希望是既能吃掉蛋糕又能擁有它，若蛋糕是「壞的」(bad)，他會吐掉或作嘔，換句話說，他拒斥它；但他不會因為蛋糕是壞的而咬它，這種行為模式是口腔早期的特徵。其特殊之處在於，若客體是好的，其內容物會被攝入；若客體是壞的，則會被拒斥，但不會被破壞。同時，在被剝奪的狀態，小孩會很焦慮，因為他會擔心在無意之中，客體會隨著其內容物一起被攝入而被破壞了[1]。在口腔晚期的情況則有所不同，因為在此階段如果客體是壞的則會被咬嚼，這表示分化過的攻擊和原慾，皆指向同一客體，這是口腔晚期特有的矛盾樣貌。

48

根據上面所述，源自口腔早期客體關係的情感衝突表現於「吸吮或不吸吮」，亦即「愛或不愛」，這是潛藏於分裂狀態底下的衝突。另一方面，口腔晚期的衝突則表現在「吸吮或咬嚼」，亦即「愛或恨」，這是潛藏於憂鬱狀態底下的衝突。所以，分裂個案面對的重大課題是，如何去愛而又能不使愛具有破壞性；憂鬱個案面對的重大課題則是如何去愛而又能不使恨具有破壞性。這是兩個非常不同的課題。

49

當然，潛藏於分裂狀態底下的衝突，較潛藏於憂鬱狀態底下的更有毀

[1]這種狀態在前篇「人格中的分裂因子」裡有較詳盡的論述。

滅性，且分裂反應較憂鬱反應起源於更早的發展階段，故分裂的個案較沒有能力去處理衝突，因為這兩個因素，使得精神分裂症個案的人格障礙遠較憂鬱症個案嚴重。口腔早期衝突的毀滅性乃基於以下之事實：如果因為恨而摧毀了客體是件可怕的事，那因為愛而摧毀客體似乎更加可怕。愛有破壞性這件事對分裂的個體來說，是極大的悲劇，且因為他的愛是如此具有破壞性，所以他很難將其原慾指向外在現實的客體，他害怕去愛，因此在自己和客體之間築起高牆，以疏遠自己和客體的距離；他拒斥其客體，同時把原慾從他們身上撤回來，這種原慾的撤回可能有程度上的不同。原慾的撤回可能到一個程度，以至於所有與他人的情感與肉體接觸都被放棄了，也可能更進一步，以至於所有與外在現實的原慾連結都被放棄，不再對外在世界感興趣，所有的事物都變得無意義。隨著原慾由外在客體的抽離，它將逐漸指向內在客體，而隨著此過程的發生，個案將愈來愈內向(introverted)。有時這種趨於內向的過程，在分裂狀態發生初期十分顯著，而足以讓我們推論「內向」基本上就是分裂。於內在現實中，分裂的個體可重拾其價值感，但對他而言，內在客體的世界常會侵蝕外在客體的世界，這使得他與其真實客體愈行疏遠。

如果分裂狀態的創傷只是喪失真實客體，那分裂個案的處境還不致如此危險，我們要記得，客體的喪失必伴隨著自我(ego)的變化。參考以往文獻顯示，自戀乃由於對內在客體過多的原慾投注，這種自戀在分裂個案中特別顯著；我們常可發現隨著此現象而來的優越感，這種優越感可以不同的程度表現在意識的層面上。但必須注意的是，這種優越感是基於對內在客體的態度，對於外在現實世界的客體，分裂個案的態度基本上仍是自卑的。雖然這種對外在世界自卑可能被一種優越感的表象所掩蓋，這種優越的表象是來自將外在客體等同於內在客體，但無論如何，它[1]都會出現，且它是自我脆弱(weakness in ego)的證據。使分裂個案之自我整合產生缺陷的主要因素，在於原慾指向客體的兩難，因為不將原慾指向客體即等於失去客體；但既然

50

[1]譯註：「它」指的是上述的優越感與自卑感。

分裂的個案覺得原慾具有破壞性，將原慾指向客體也等於失去了客體。我們可以了解，若此兩難夠嚴重，就是個死胡同的結局，而讓自我處在一個完全無能為力的狀態。自我變得無法表達自己，甚至連存在本身都有問題。我一個病人在一次分析治療會談中所說的話可作為例子：「我無法說什麼。我沒有什麼可以講的。我很空虛。我一無所有……我覺得很無能；我一事無成……我冷漠無情；我無法感覺任何事……我無法表達自己；我覺得很無用。」這段話不僅道出了自我無能為力的狀態，也顯示出在分裂的兩難中自我存在的缺陷。此病人的最後一句話或許最能讓人注意到分裂狀態的情感特徵，因為分裂狀態的情感特徵無疑地就是無用感(*sense of futility*)。

其它的分裂現象包括被耗損的感覺、不實在的感覺、強烈的尷尬不安、及覺得自己在注視著自己的感覺等。綜合來說，這些現象均表示自我的碎裂(splitting of ego)已然出現。自我的碎裂比自我的無能或耗竭更深層，而原慾由外在客體的撤回，似乎不只強化了碎裂的過程，亦加深了碎裂的程度。這個事實特別重要，因為自我整合的程度取決於客體關係而非原慾態度。

在急性分裂狀態，原慾從客體關係中的撤回，可能使得原慾從意識的領域(心靈的意識部分是最接近客體的)退出並進入潛意識的領域。當此情形發生時，其結果便如自我本身撤入潛意識一樣，但實際的情形似乎是，當原慾由自我的意識領域撤出時，自我的潛意識部分便接掌了自我的所有功能。在極端的情況，原慾甚至在自我的潛意識領域亦有部分程度的撤回，而留下我們熟知的，克列貝林(Kraepelin)所描述的早發性癡呆(dementia precox)之末期。如此大量的原慾撤回，是否能單純地歸因於潛抑(repression)頗值得爭議，雖然單就「原慾只會從客體關係撤回」這一點來看，似乎是如此。無論如何，我有一個相當聰明的病人，他有相當嚴重的原慾撤回，我很確定其情形與單純的潛抑「感覺非常不同」。無庸置疑地，將原慾從自我的意識部分抽離的效果，是紓解情緒的張力並可緩和行動中突發暴力的危險；在上述個案中，其原慾撤回正是發生於一次突發暴力後。同樣可以確定的是，許多分裂個案的焦慮其實代表著對發生突發暴力的恐懼，這種恐懼常表現在害怕發瘋或害怕大禍臨頭。所以大量原慾抽離的意義似乎是，自我受到災難性的威脅時，拼命地用這種方式，藉著潛抑個體與外界情感接觸的原慾傾向，來逃避與外在客體的所有情感關係。就分裂個案而言，當然，這些傾向基本上是口腔的。若這個努力接近成功，個案會開始告訴我們，他覺得一無所有，好像失去了身分，好像死掉了，或好像已經不存在。事實是，在放棄原慾的同時，自我亦放棄了使其整合的能量；自我因此失落。自我的失落是分裂個案長期的病理災難，他要不斷地努力去避免，不管成功與否，因而需耗盡一切可利用的技術(包括過渡階段的防衛技術)來控制其原慾，所以本質上分裂狀態並非一種防衛，雖然於其中可發現防衛的存在，它代表了無法超越口腔早期依賴狀態的個案，所遭遇的主要災難。

52

如果口腔早期的個案須面臨的最大問題，是如何去愛一個客體又不讓客體被愛摧毀，那口腔晚期的個案須面臨的最大問題，就是如何去愛一個客體又不讓客體被恨摧毀。據此，憂鬱反應既然起源於口腔晚期，故憂鬱個案最大的困難是如何處理他自己的恨，而不是處理自己的愛。無論這樣的困難是多麼巨大，憂鬱的個案尚不致覺得自己的愛是邪惡的，因他的愛似乎是好的，所以他仍有與外在客體維持原慾關係的固有能力，這是分裂的個案所沒有的，他維持這種關係的困難源於他的「矛盾」(ambivalence)。這種矛盾起於以下事實：在口腔晚期，它比分裂個體更成功地以直接攻擊(咬嚼)客體取代單純拒斥客體，然而，在攻擊分化出來之後，下一步的發展，即客體的二分(dichotomy)，卻無法達成。唯有達成這一階段的發展，個案方能將其恨指向被拒客體，而自在地將愛與恨分開並指向被納客體。憂鬱個案沒有達成這一階段，所以他對客體的態度仍處於口腔晚期的狀態，亦即，對於被攝入客體的一種矛盾狀態。這種內在狀態對個案外在適應的影響，遠不如分裂狀態來得嚴重，因為憂鬱並不妨礙原慾向外流動，故憂鬱的個案會與他人建立原慾的互動接觸；若他很滿意這種原慾的接觸，其生命歷程的進展將很平順，但其內在狀態總是存在的；

53 在原慾關係受挫時，此內在狀態重新被喚醒，任何類似的挫折都會立即引發其矛盾狀態中仇恨的因子，而當恨指向其內在客體時，憂鬱反應就產生了。就功能的角度而言，任何客體關係的挫折皆相當於客體的喪失，不管是部分或全部；既然嚴重憂鬱是客體真實喪失(如所愛的人死亡等)常見的反應，客體的喪失(*loss of the object*)應是導致憂鬱狀態的重要創傷。

乍看之下，上面的論述仍無法解釋因身體受傷或病痛所導致的憂鬱反應。身體的受傷或病痛，顯然是一種喪失(loss)，只是真正喪失的並非客體而是自己的一部分。要說這種喪失，如失去一隻眼或肢體，代表了象徵性的閹割，這點需要我們進一步深思，為何被客體喪失所引發的情緒反應亦會被身體某部分的喪失所引發。真正的解釋似乎基於以下事實：在相當的程度上，憂鬱個案仍處在嬰兒式認同客體的狀態，因此對他而言，身體上的喪失，在功能上等於客體的喪失，這種等同會因內在客體的存在而被更形強化，因為這內在客體可以說充滿了個人的身體並給予後者自戀的價值。

如此仍無法解釋更年期抑鬱症(involutional melancholia)，當然，有許多精神科醫師認為更年期抑鬱症與反應性憂鬱症(reactive depression)的病因是全然不同的，但從臨床的角度來看，這兩種情況十分相似，可使我們覺得不需要建構額外的理論來解釋[1]，而事實上，用同樣的原則來解釋這兩種情況亦非難事。定義上，更年期抑鬱症是與更年期(climacteric)有連帶關係的，而更年期本身就是原慾驅力減退的證明，但這並不表示攻擊也相對地減少，故在此時期，原慾與攻擊驅力的平衡被打亂了；此種混亂，與矛盾期個體因客體喪失而引發「恨」的情況是相同的，故對於有憂鬱傾向的54 人，更年期的效應就和在客體關係中喪失客體一樣，皆造成了憂鬱性的反應。所以我們亦不難解釋為何更年期抑鬱症較反應性憂鬱症難恢復，因為後者仍可利用足夠的原慾來恢復平衡，而前者卻不然。由此看來，更年期抑鬱症亦符合憂鬱狀態的理論架構，這更使我們深信，我們無需修正之前

[1]譯註：這句話的原文是「可使我們引用*entia non sunt multiplicanda prœter necessitatemm*原則」。這句拉丁文意思是「若無必要，勿增實體」，是著名的奧坎剃刀原則的一種說法。

的結論——客體的喪失是憂鬱狀態的基本創傷。正如分裂一樣，憂鬱狀態並非一種防衛，相反地，這種狀態是個體想去避免的，因而他需利用各種防衛(包括過渡階段的防衛技術)來控制其攻擊性，它代表了無法超越口腔晚期嬰兒式依賴狀態的個案所遭遇的主要災難。

依上所述，現在我們面對的是兩種基本的精神病理狀態，兩者皆源於嬰兒式依賴期未被滿足的客體關係。第一種狀況，即分裂狀態，是源於口腔早期未被滿足的客體關係，而第二種狀況，即憂鬱狀態，則是源於口腔晚期未被滿足的客體關係。然而，對分裂及憂鬱個案的分析中，我們可以很清楚的看出，當客體關係一直到孩提早期之稍後歲月仍未被滿足時，口腔早期或晚期未滿足之客體關係的病理效應才會出現。所以分裂及憂鬱狀態取決於退化性的再活化(regressive reactivation)，亦即在稍後的孩提時期，口腔早期或晚期的狀態再度被喚起，這兩者的創傷皆因於孩子覺得他沒有真的被視為一個完整的人而被愛，而他自己的愛也不能被接受。若未被滿足的嬰兒式客體關係主要出現在口腔早期，此種創傷將使小孩認為，他不被愛是因為他的愛是壞的且具有破壞性，此即後來分裂傾向的基礎。

55

另一方面，若未被滿足的嬰兒式客體關係主要在口腔晚期，此種創傷將使小孩認為，他不被愛是因為他的恨是壞的且具有破壞性，此即後來憂鬱傾向的基礎。分裂或憂鬱傾向是否會發展成真正的分裂或憂鬱狀態，當然部分是取決於日後的生活環境，但最重要的決定因素是客體在口腔期被攝入的程度。客體被攝入的情況持續存在之結果，造成個案客體關係產生諸多衝突與困境，而過渡期的各種防衛方式(如強迫、偏執、歇斯底里、及畏懼等)便是用來處理這些問題的努力。所以現在我們也可以把這些防衛看作是控制潛藏之分裂或憂鬱傾向的不同方法，用來避免真正分裂或憂鬱狀態的發生。對於分裂傾向的個案，這些防衛是用來避免因自我喪失(loss of the ego)之後產生的精神病理災難；而對於憂鬱傾向的個案，這些防衛是用來避免因客體喪失(loss of the object)而產生的精神病理災難。

當然，沒有人生下來就能享受完美的客體關係，不論是在敏感脆弱的嬰兒式依賴期或之後的過渡期，所以，沒有人能完全脫離嬰兒式的依賴狀態，或不同程度的口腔期固著，亦無人能免除攝入早期客體的需要。因此這暗示著，每個人都有潛藏之分裂或憂鬱傾向，端視其嬰兒式客體關係的主要困難發生於口腔早期或晚期，因此，每個人都可以歸類於此兩種基本心理型態之一，即分裂或憂鬱。雖然這兩種型態只是現象學上的分類，但我們不能忽略遺傳因子的影響力——天生的吸吮及咬嚼傾向的相對強度可能使個人傾向不同的心理型態。

56

這使我們想起榮格的心理型態二分理論。根據榮格，「內向」及「外向」是基本的心理型態，而此分法並不涉及任何精神病理因素。我自己的分類——「分裂」及「憂鬱」——與榮格之不同處不只在於名稱，亦在於包括了精神病理因素的考量。我的觀念與克雷施莫[1]的心理型態二分理論有較多一致之處。克雷施莫在其著作《體質與性格》(*Physique and Character*)及《天才的心理學》(*The Psychology of Men of Genius*)提出兩種基本心理型態——「分裂情緒型」(schizothymic)和「循環情緒型」(cyclothymic)。正如名稱所暗示的，他認為前者易致精神分裂症，而後者易患躁鬱症。由此可見我們理論間高度的相似性，而更令人訝異的是，我的理論基本上源於精神分析，與克雷施莫完全不同。我們的觀點唯一之不同在於，克雷施莫認為心理型態間的氣質差異(temperamental difference)乃基於先天體質之因素，並將日後精神病理的發生傾向歸因於此差異，而我則認為是起源於嬰兒式依賴期的精神病理因素造成了這種氣質差異。然而，我們兩者的一致，已足以為我的兩個結論提供某種獨立的支持，一是：分裂和憂鬱代表兩種基本的精神病理狀態，而其它的精神病理現象都是次發的；二是：以精神病理的傾向來看，每個人皆可用其潛在之分裂及憂鬱傾向的相對強度來分類。

任何一個基本分類的理論皆無可避免地會碰到「混合型」的問題。克

57

雷施莫坦承混合型的存在，並認為混合型乃因兩股拮抗(或是和諧)的生物因素不尋常地平衡作用的結果。根據這裡我所呈現的觀點，混合型的發

[1]譯註：Ernest Kretschmer(1888-1964)，德國精神科醫師。以研究體質與人格之類型而聞名。

生，不以拮抗因素之平衡來解釋，而用各個發展階段固著的相對強度來解釋；如果客體關係的困難主要在口腔早期，表現的是分裂傾向，若客體關係的困難主要在口腔晚期，造成的是憂鬱傾向。然而，若此種困難均勻地分布於上述兩個階段，我們將可發現口腔晚期的固著疊加在口腔早期的固著上，故在憂鬱傾向的背後可發現更深層的分裂傾向，這種情形絕對有可能。而事實上，大部分「正常」人在最深層的心理，皆有分裂的潛質，一樣毫無疑問地，大部分「正常」人在某些情況下，亦會出現憂鬱。分裂的個案並非對憂鬱免疫，而憂鬱的個案有時亦表現某些分裂特質。一個個案會發展成分裂或憂鬱狀態，部分取決於其誘發環境是否涉及真實客體的喪失或其它形式的客體關係困難，在口腔早期與晚期固著相當平衡的情況下，這一點可能是決定因素。然而，最重要的因素仍必然是被誘發的退化程度，這主要取決於固著的相對強度。終究，退化的程度端視個人的主要問題是在處理其愛或恨，但或有少數人會在處理愛和處理恨的時候，遇到相等程度的困難。

58

第三章 壞客體的潛抑與再現

(特論「戰爭精神官能症」)

The Repression and the Return of Bad Objects

(with special reference to the 'War Neurosis')[1] (1943)

1. 客體關係的重要性

佛洛依德早期的精神分析思想，主要和衝動的性質與結局有關——他有名的原慾理論為此做了動人心弦的註腳，因此現今的精神病理學基本上奠基於衝動心理學(psychology of impulse)；而佛洛依德的原慾理論(libido theory)，雖然目前是經過亞伯拉罕根據發展理論修正後才被廣泛接受，但這個理論仍然是龐大的精神分析思想體系裡的一個基石。然而，佛洛依德始終沒有意圖傳達「所有精神病理上的問題都可以用衝動心理學的角度來解決」這樣的印象，且在他後期的思想裡(為求方便起見我們可以從《自我與原我》[*The Ego and the Id*] 的出版算起)，他的注意力主要放在自我的成長和變遷上。如此一來，發展中的自我心理學便疊置在原先已建立的衝動心理學上，並且無論自我心理學在後來的精神分析思想中如何發展，底子裡的原慾理論相對地仍未被質疑。我最近認為，這是最令人遺憾的狀況。59 不幸的是，目前的時機並不允許去檢驗我立論的基礎，而且若說我受臨床及心理治療的影響不亞於受理論的影響，一點也不為過。不過我的觀點可用一句話來表達：過去精神病理探索的焦點，先是集中在衝動，後來轉到自我，我看來現在應該將焦點轉到衝動所指向的客體上。若以更精確且不

[1]本篇最初發表於*The British Journal of Medical Psychology*, Vol. XIX, Pts. 3 and 4，目前版本有小幅修改。

那麼尖銳的方式來說，客體關係心理學的時機已經成熟了，克萊恩的著作已經為這個理論的發展打好了基礎；事實上只有根據她內在客體(internalized objects)的概念，客體關係理論的研究才能在精神病理的領域裡有重大的成果。以我現在的觀點，可說心理學將轉變為研究個體(individual)與其客體之關係的學問，而精神病理學則將轉變為專門研究自我(ego)與其內在客體之關係的學問[1]。這個觀點，我已在〈修正精神病與精神官能症的精神病理學〉[2]一文中做過初步的整理描述。

在上述論文的結論中，有兩點最深遠：(1)和客體關係比起來，原慾的「目標」沒有那麼重要；(2)與客體的關係，而非衝動的滿足，才是原慾奮鬥的最終目標。這些結論將完全改變古典原慾理論，上述論文即試圖完成此項任務，而我現在的任務則是，思考「原慾以客體為取向」的觀點，對古典潛抑理論所隱含的意義。這個工作的重要是無庸多言的，佛洛依德在1914年說的話到現還是對的——「潛抑學說是整個精神分析架構的基石」[3]（雖然我比較喜歡用「理論(theory)」這個字，而非「學說(doctrine)」)[4]。

2. 被潛抑物(THE REPRESSED)的性質

60

我們必須注意，因為早年佛洛依德的思想，注意力主要集中在衝動的性質與結局上，所以他極為強調被潛抑物；另一方面，在《自我與原我》中，他把注意力轉到自我的性質和成長之議題上，他的思慮自然從被潛抑物轉到潛抑的執行。然而，若原慾(一般而言即「衝動」)其實基本

[1]譯註：在這裡費爾貝恩認為，原慾的「自然客體」就是一個外在客體。當原慾的追求受挫時才會以內化的方式處理，因而才有內在客體與內在客體關係，這才進入精神病理的範圍。

[2]譯註：本書第一部第二章。

[3]《佛洛依德全集》*Collected Papers* (1924), Vol. I, p. 297.

[4]譯註：可能因為doctrine帶有「教條」的意思。

上是導向客體(而非導向享樂)，那麼現在對我們來說，正是一個適當的時機，把注意力再次轉回被潛抑物的性質上，因為如果1923年[1]佛洛依德可以正當地說：「病理研究已將我們的興趣過度集中在被潛抑物上了」[2]，那我們現在也同樣可以說，我們的興趣已過度集中在自我的潛抑功能上了。

佛洛依德在《自我與原我》中，曾用以下一段話來討論自我的潛抑功能：「我們知道，自我總是為了服務超我或服從超我的命令而執行潛抑」[3]。如果客體關係真像我所說的那麼無可比擬地重要的話，這段話就更有特殊的意義，因為如同佛洛依德所說，若超我代表了「原我最早期的客體選擇所遺留下的沈澱物」[4]，那麼這個內在精神結構[5]基本上必然是一個內在客體，並且與自我有關係，佛洛依德正確地指出，這個關係奠基於認同(identification)的過程。當然，自我對於超我的認同絕少完成，但只要這個認同存在，潛抑就必須被視為自我與「好」的內在客體間關係的功能。在這個點上，我必須承認之前引述自佛洛依德的那段話，被我故意斷句以使我可以堅持己意。將某段話自前後文中抽離出來引用的作法是相當誤導且聲名狼藉的，因此，既然我一手造成的破壞已達到目的，我就急於想修正。原先的完整句子如下：「然而，超我*不只是*原我最早期的客體選擇所遺留下的沈澱物；它同時也代表*對抗那些選擇的一種活躍的反向作用*」。全文引用之後，自我和內在客體間的關係是否可以完全地用自我和超我間的關係來描述，現在變得頗值得懷疑[6]。我們注意到，超我對自我而言仍然是一個「好」的客體，不論是認同強烈而自我屈服於超我的要求，或是認

61

[1]譯註：《自我與原我》1923年初版。

[2]《自我與原我》*The Ego and the Id* (1927), p. 19.

[3]同上，頁75。

[4]同上，頁44。

[5]譯註：「這個內在精神結構」即指超我。

[6]譯註：因為上述引言指出，超我不只是「好」的內在客體，也是在對抗某些內在客體。這暗示有「好」的內在客體之外，也有「壞」的內在客體。因此自我和內在客體的關係除了與「好」客體的關係外(亦即與超我的關係)，亦有與「壞」客體的關係。

同薄弱而自我不為超我的要求所動。相應而升的問題是，是否也存在著「壞」的內在客體，而自我或許也以各種不同的程度認同它們。梅蘭妮·克萊恩的著作讓我們確信，這些「壞」客體存在於心靈之中。因此，對於客體關係心理學的需要將迫使我們做以下的推論：如果潛抑執行機制的線索存在於自我與「好」客體之間，那被潛抑物之性質的線索則存在於自我與「壞」客體之間。

回想佛洛依德最初有關潛抑概念的論述中，他認為被潛抑物由無法忍受之記憶所組成，而潛抑是自我的一種防衛方式，用來對抗這些記憶帶來的不愉快。這個防衛所針對的核心記憶，當然，佛洛依德發現其本質上是原慾的；而為了解釋本應是愉悅的原慾記憶為何會變成痛苦的，他求助於以下的概念：被潛抑的記憶是痛苦的，因為它們會引發愧疚。而為了解釋原慾記憶為何引發愧疚，他回溯到伊底帕斯情境(Oedipus situation)的概念。後來他陳述其超我的概念時，他把超我描述成潛抑伊底帕斯情境的工具，並認為超我乃源於自我對抗亂倫衝動的需要。依照這個觀點，他說被潛抑物在基本上由罪惡的衝動組成，他並解釋記憶之所以被潛抑的原因，是這些記憶會保存那些讓衝動之惡運作的情境。然而，從之前提出的觀點，我們會質疑：是否佛洛依德早年有關被潛抑物性質的概念並不那麼正確，是否衝動的潛抑與記憶的潛抑相較，後者也不是較次發的現象。現在我大膽地提出以下的觀點：*最初被潛抑的既非無法忍受的罪惡衝動，也不是無法忍受的不愉快記憶，而是無法忍受的、壞的內在客體*。因此，如果記憶被潛抑，那只是因為涉及那些記憶的客體被等同於壞的內在客體；如果衝動被潛抑，那只是因為這些衝動驅使個體與某些客體發生關係，而這些客體從自我的角度而言是壞的客體。事實上，有關衝動潛抑的地位，似乎是這樣：如果衝動是對著壞客體，該衝動也變成壞的。如果這些壞的客體被內化，那對著這些壞客體的衝動也被內化；於是內在壞客體的潛抑便涉及一個伴隨的現象：衝動的潛抑。然而，必須強調的是，最初最主要被潛抑的是壞的內在客體。

62

3. 被潛抑的客體

一旦我們承認潛抑的首要對象是壞客體，這個事實可呈現某些常被忽略也最不易被發現的顯著現象之整體樣貌。我曾一度有檢查問題兒童的經驗，我深深記得，性侵受害的孩子非常不願[1]談及任何有關他們曾經經歷過的創傷經驗，最令我感到困惑的一點是，受害者愈是無辜，回憶的阻抗就愈大。相對地，在檢查性侵加害者時，我從未經歷過任何同等的困難。當時，我覺得這些現象只能用一個假設來解釋：在抗拒創傷記憶甦醒時，性侵的受害者被愧疚感所驅使，而此愧疚感乃因被自我拒絕並潛抑的原慾衝動得到意外的滿足所致，然而性侵的加害者卻沒有同等程度的愧疚感，於是也就沒有相等程度的潛抑。我一直對這種解釋相當懷疑，但這在當時卻是所有說法中最好的一種。從我現在的觀點來看，這個說法似乎有所不足。以我目前的體悟，性侵受害者之所以抗拒創傷記憶的再現，主要是因為這個記憶象徵一份與壞客體之關係的記錄，除非是有受虐傾向的個案，否則很難理解這種被侵犯的經驗可以產生任何的滿足。對一般的個體來說，這樣的經驗比較是「壞」的而不是愧疚的，無法令人承受的主要理由，不是它滿足了被潛抑的衝動，而是如同小孩會驚慌失措地逃離闖進屋內的陌生人一樣。它之所以無法承受，是因為壞客體總是令人無法承受，而與壞客體的關係永遠無法被平靜地凝視。

63

觀察中很有趣的是，小孩覺得與壞客體的關係，不僅是無法忍受的，也是羞恥的(shameful)。於此我們可以推論，若一個孩子為自己的父母感到羞恥(這相當常見)，則他的父母對他而言是壞客體；同樣，「性侵受害者會因受侵犯而感到羞恥」這個事實也必須從這個方向來解釋。與壞客體的關係之所以是羞恥的，只有一個假設可以提供令人滿意的解釋：在兒童早期，所有的客體關係都奠基於認同[2]。若是如此，那麼如果小孩的客體們以

---

[1]譯註：這裡的「不願」(reluctance)是潛意識層面而非意識層面的。

[2]佛洛依德已經覺察到所有客體關係一開始都奠基於認同，這可從他的話看出來：「起初，個體在最原始的口腔期時，客體灌注（object-cathexis）和認同兩者很難區分。」（《自我和原我》(1927)，頁35）。我在「修正精神病與精神官能症的精神病理學」一文中(譯註：本書第一部第二章)，花了一些篇幅討論這個主題，並確實也形成了一個我設想的修正精神病理學的基礎。

壞呈現在他面前，他會感覺自己是壞的；而同樣真實的是，如果孩子感覺到壞，這代表他有壞的客體。如果他表現得壞，同樣的想法仍可應用，這就是為什麼有行為問題的孩子，總是有壞父母(從孩子的觀點來說)　。我們在此面對著另一個明顯卻鮮少被注意到的現象：我曾經一度要負責去檢查頗大量的行為問題兒童，這些兒童來自即使是最漫不經心的觀察者都很難不注意到的「壞」家庭——例如，酒癮、爭吵、以及肢體暴力當道的家庭，然而，我記得只有在很少數的情況下(以及那些徹底的道德敗壞和自我崩解的情況下)，這些小孩才會在引導下承認他們的父母是壞客體(自願承認的則更是少了)。所以，很顯然的，這些小孩的壞客體被內化並潛抑了。這些應用在行為問題小孩的理論也可以應用在行為問題的成人——不止是行為問題成人，也包括精神官能症和精神病，就此而言，它也可應用在表面「正常」的人身上。任何人都不可能經歷童年而沒有內化並潛抑的壞客體[1]，因此內化之壞客體在每個人的心靈深處都存在。一個人是否會出現行為問題，精神官能症，精神病，或單純的「正常」，主要取決於以下三個因素的運作：(1)壞客體植入潛意識的程度，以及它們壞的程度，(2)自我認同內在壞客體的程度，(3)自我防禦這些客體的防衛機轉之性質和強度。

64

4. 對壞客體的道德防衛

如果行為問題兒童不願意承認自己的父母是壞客體，他絕對不會不願意承認自己是壞的，所以，這變得很明顯，小孩寧願自己是壞的也不要有壞的客體；於是我們有理由猜測，他變壞的動機之一是為了要讓客體是好的。在變壞的過程裡，他真的承擔了原本屬於其客體的壞特質到自己身上，他試圖用這個方法洗淨他們的壞；並且，他如此做得愈成功，他就獲得愈多來自環境中好客體所給予的安全感。我們說小孩承擔原本屬於其客

[1]這或許可以真正解釋典型的早期童年事件之大量失憶。只有在自體崩解的個體才沒有這種失憶(例如：精神分裂症初發之個案)，他們常常表現出顯著的能力可使早年兒童期之創傷重現，如同頁77(譯註：原文頁數)所舉的例子。

體的壞特質到自己身上，當然，就等於說他內化(internalize)壞客體，然而，此內化過程所帶來的外在安全感，很容易被此過程帶來的內在壞客體損害。用內在的不安換取了外在的安全感，而他的自我從此受到一群內在的第五縱隊或迫害者的擺佈。為了抵抗他們，自我必須動員防衛，起初是倉卒地建立，之後則努力地鞏固。

在這場奮不顧身試圖處理內化之壞客體的行動中，發展中的自我所採取的最早的防衛形式必然是最簡單，同時也是最容易運用的，亦即，潛抑。壞客體被徹底地趕到潛意識中[1]，只有在潛抑無法充分地防衛內化之壞客體，以致於這些壞客體開始威脅到自我的時候，四個典型的精神病理防衛機轉才會開始作用，亦即畏懼(phobic)，強迫(obsessional)，歇斯底里(hysterical)，以及妄想(paranoid)的防衛[2]。然而，我們應該要特別注意，還有另一種形式的防衛一直支持著潛抑的工作，我稱之為「超我的防衛」(the defense of superego)或「愧疚的防衛」(the defense of guilt)或「道德防衛」(the moral defense)。

我前面說過兒童「承擔原本屬於其客體的壞特質到自己身上」，當時我說此過程相當於壞客體的內化，然而在此必須區分兩種不同的壞，我想將它們分別稱為「無條件的」和「有條件的」壞(unconditional and conditional badness)。我必須在此說明，當我說一個客體是「無條件的壞」時，我的意思是「從原慾觀點而言的壞」(bad from a libidinal standpoint)，而當我說一個客體是「有條件的壞」時，我的意思是說「從道德觀點的壞」(bad from moral standpoint)。兒童內化的壞客體是無條件的壞，因為他們單純的是迫害者，如果小孩認同這些內在的迫害者們，或(因為嬰兒式的關係以內化為基礎)如果小孩的自我與他們有關係，那麼他也是無條件的壞。為了矯正這個無條件壞的狀態，他採取了一個非常顯明的做法；他內化他的好客體，這些好客體隨即擔任起超我的角色。一旦這個情勢被建立起來，

[1]為了向我的個案解釋潛抑的過程，我發現下述說法是有幫助的：壞客體埋在門戶深鎖的心靈地窖中，個案不敢打開門，因為他害怕看到櫥櫃裡有骨骸，或看到鬼魂在地窖縈繞。

[2]這些防衛的性質和重要性，以及它們彼此的關係，在我的論文「修正精神病與精神官能症的精神病理學」中皆有描述。

我們要面對的現象是有條件的壞和有條件的好。若小孩靠向他內在的壞客體，對他內在的好客體(亦即他的超我)而言，他會變成有條件的(亦即道德上的)壞；若小孩抗拒內在壞客體的引誘，對他的超我而言，他就變成有條件的(亦即道德上的)好。顯而易見的，有條件的好比有條件的壞更好；但若欠缺有條件的好，那麼有條件的壞要比無條件的壞來得好。如果問為何有條件的壞比無條件的壞來得好，最有說服力而中肯的答案可能是以宗教辭彙構成的，因為這些措辭最能夠對成人的心靈呈現小孩所面對的情境。以此種措辭所構成的回答是，在上帝的國裡當罪人，勝過住在撒旦的世界裡。上帝的國度裡的罪人或許是壞的，但卻永遠有一定的安全感，因為周圍的世界是好的：「上帝居於祂的天堂——世間一切安好」[1]；無論如何總有救贖的希望。[2]在撒旦的世界裡，個體或許避免了作為罪人的壞，但他依然是壞的，因為圍繞著他的世界是壞的，再者，他不會有安全感也沒有救贖的希望，唯一的前景是死亡或毀壞。[3]

5. 壞客體之影響的動力學

在此有一事值得思考，壞客體自何處得到它們對個體的影響力？如果小孩的客體是壞的，他為何要內化它們？為何他不拒絕它們就如同他拒絕玉米布丁或「壞」的蓖麻油？事實上，孩子通常很難拒絕蓖麻油，我們之中有些人可能有此經驗。如果可以的話他會拒絕，但他並不被允許有機會拒絕，對於其壞客體也是如此，無論他有多想拒絕它們，他就是擺脫不了它們。它們強加自己在他身上，而他無法抗拒，因為它們對他有影響力，此

[1]譯註："God's in His heaven——All's right with the world!"語出英國維多利亞時代詩人Robert Browning(1812-1889)的詩'Pippa Passes'。大意是說上帝自在天堂，萬物則循序運行。

[2]譯註：如果壞是有條件的壞，那麼就有機會能夠成為有條件的好而恢復與好客體的關係。

[3]在此，一個有趣的觀察是，在深度分析的過程裡，當個案的阻抗減弱而必須面對壞客體將自潛意識解放出來時，他們會提到死亡。我們一定要牢記在心：對個案而言，阻抗的維持確實至關生死。

時他被迫去內化它們以設法控制它們。但試圖用這種方法控制它們時，他內化了在外在世界裡對他極有影響力的客體，而這些客體在內在世界中仍保有對他的影響力。簡言之，他被它們宰制了(possessed)，如同被惡靈所宰制，然而這還不是全部。孩子內化他的壞客體，不只是因為它們強加在他身上而他試圖要控制它們，同時更重要的是，因為他*需要*它們。如果孩子的父母是壞客體，他不可能拒絕他們，即使它們未曾強加自己在他身上，因為他不能沒有他們。即使他們忽視他，他也沒辦法拒絕他們，因為，他們的忽視使得他對他們的需要更為增加。我一位男性個案的夢可以做為兒童這種核心窘境的適切例證：夢中他站在母親身旁，眼前的桌上有一碗巧克力布丁。他餓極了，但知道布丁有著致命的劇毒，他覺得自己如果吃了那布丁，他會被毒死，但不吃卻會餓死。問題就在這。結局如何呢？他吃了那布丁。他吃下有毒的乳汁，因為他實在太餓了。經由這個夢，讀者不難了解，困擾個案的症狀之一是：他害怕他的身體因為中了腸道毒素影響心臟，而導致心臟衰竭。然而，他心臟真正的問題顯露在另一個精采的夢：夢中他看到他的心臟在一個淺盤上，而他母親正用湯匙將它舀起來(亦即，正準備吃下去)。因為他將母親當作一個壞客體內化了她，所以他覺得自己的心臟得到致命的病；而即使對他來說母親是壞的，他還是內化了她，因為作為一個孩子他需要她。無論如何小孩都需要父母，不管對他而言他們有多壞，這迫使他去內化壞客體，且因為這種需要，在潛意識裡仍附著在這些壞客體上，使得他無法與它們分離；正是他對它們的需求，賦予了它們對他真正的影響力。

67

6. 愧疚感作為對壞客體解放之防衛[1]

在剛才的離題之後，我們現在要再次將我們的注意力移到道德防衛上，

---

[1]譯註：在本章裡，尤其第四與第六節，作者將愧疚感視為一種防衛方式，即道德防衛。在其他地方，如第一部第二章(原文頁37)，作者認為愧疚感與伊底帕斯情境之小孩的愛被拒絕有關，或如第一部第四章(原文頁92)作者提到憂鬱與愧疚感的關係等，愧疚感都是一種心理現象而不是防衛。

這種防衛的基本特徵(事實上也是其基本目的)是，將孩子被壞客體圍繞的原始情境，轉化為壞自己面對好客體的新情境。當然，相較於原始情境，如此所導致的道德情境屬於更高的心智發展層次，這個層次在特質上屬於一個「文明」的層次。這是超我運作以及自我與超我互動的層次，在這個層次，可以只用愧疚感和伊底帕斯情境來做分析式的詮釋，而看來心理治療似乎也常只在此一層次進行。心理治療只能在此層次進行是不好的，因為，如同之前的論證中所清楚呈現的，愧疚現象(當然，是從一個嚴格的精神病理觀點)帶有防衛的性質，簡而言之，*愧疚感在心理治療中是一種阻抗*，因此，以愧疚感來做詮釋[1]，實際上可能會落入個案阻抗的圈套。很明顯地，較高壓而道德化的心理治療形式必然會造成這種結果，因為一個高壓而道德化的心理治療師，無可避免地會成為個案的壞客體或是個案的超我形象；如果他成為個案的壞客體，個案會離開他，或許會帶著更嚴重的症狀離開。然而，如果他成為個案的超我形象，那麼他可能藉由支持個案自己的超我及增強潛抑作用，而使症狀有暫時的改善。另一方面，大多數分析取向的心理治療師被期待將他們的目標放在止息個案嚴厲的超我，而減緩愧疚感與焦慮，這樣的努力常得到優異的治療效果。儘管如此，我仍然無法不覺得這樣的結果，至少部分必須歸因於以下的事實：在轉移情境中，個案實際上被賦予一個罕見的好客體，在此情境，個案可冒險將其內在之壞客體從潛意識裡解放出來，而使得灌注在這些壞客體的原慾分解掉——雖然他也可能利用與分析師間的「好」關係作為防衛而不想去冒這個險。不過，分析太過專注於愧疚感或超我的層次，也可能容易造成負向治療反應(negative therapeutic reaction)，因為去除個案的愧疚防衛，可能會伴隨著補償性的潛抑增強，而使得阻抗變得無法穿透。連同稍後會提及的另一個因素，我現在確信，阻抗最深的源頭是，害怕壞客體自潛意識中解放出來，因為當這些壞客體解放出來之後，個案周遭的世界便會充滿邪惡，讓他太恐懼而無法面對。個案在接受分析時之

---

[1]譯註：在這一節裡，要區分「以愧疚感來作詮釋」和「在愧疚感與超我的層次作詮釋」。前者是以愧疚感的概念來解釋個案的臨床現象；後者是把愧疚感視為一種阻抗，試著對它詮釋，希望減少此一阻抗，進而讓壞客體得以釋放。

所以如此敏感，反應如此極端，主要就是這個原因。也是這個原因，我們不能輕忽「轉移關係官能症」(transference neurosis)的解釋。同時，我目前也毫無疑問地認為，心理治療師應該將壞客體自潛意識的解放視為治療的主要目標之一，即使是以嚴重的「轉移關係官能症」為代價，因為只有當內在的壞客體從潛意識中被釋放，對它們的灌注才可能被化解掉。然而，分析師必須成為個案夠好的客體之後，壞客體才可能被安全地釋放，否則所造成的不安全感是無法忍受的。在令人滿意的轉移情境中，我認為，要謹慎地在愧疚感或超我的層次做詮釋，才能促進治療性的、適當的壞客體釋放。雖然這些詮釋可以減緩愧疚感，它們卻可能實際上有增強潛抑內在壞客體的效果，因而使得對這些客體的灌注無法化解[1]。我相信，所有精神病理發展的最終源頭，並不在超我的領域，因為對所有精神官能症和精神病的個案來說，如果真正的彌撒在教堂的高臺上進行，那麼黑彌撒[2]就是在地窖進行的。因此，顯然心理治療師是驅魔師真正的繼承者，他所關心的不只是「罪的赦免」，也關心「驅除惡魔」。

69

7. 撒旦的協定

在此我必須抗拒誘惑，以免著手研究有關惡魔的附身與驅除的秘密。如果我可以證實，精神病理學基礎是於內在壞客體的領域而非內在好客體的領域(即超我的領域)，這些研究一定有用又有趣。遺憾的是，目前狀況不允許我如此離題，但我仍忍不住要把讀者想尋求一個有趣床邊故事的注意力，轉向佛洛依德一篇迷人的文章：「十七世紀一個惡魔附身的精神官能症案例」(A Neurosis of Demoniacal Possession in the Seventeenth Century)[3]。這篇文章紀錄了一個故事及相關的精神分析評論，在故事中，一位名叫克里斯多夫

[1]愧疚感的減緩會伴隨潛抑的增強，這種現象只能用之前提到的結論來解釋，即超我的防衛與潛抑的防衛是兩種不同的防衛。

[2]譯註：黑彌撒(Black Mass)，是相傳與撒旦崇拜有關的儀式。

[3]《佛洛依德全集》*Collecting Papers*, Vol. IV pp.436-72。(譯註：在《佛洛依德全集英文標準版》[S. E.]中，此文標題是'A seventeenth-century demonological neurosis')

70

(Christoph Haitzmann)[1]的潦倒藝術家，因父親逝世而陷入憂鬱狀態時，與惡魔簽下了合約。由客體關係的精神病理學角度來看，簽約的行為生動地顯示出精神官能症或精神病患者與壞客體分離的困難，因為如同佛洛依德讓我們清楚了解的，與之簽約的惡魔和克里斯多夫死去的父親有非常密切的關聯。有趣的是，克里斯多夫的症狀在他訴諸好客體的幫忙時才得到緩解，而且瑪麗亞采爾(Mariazell)教堂的聖母也親手將此一褻瀆的合約，撕成四片交還給他作為鼓勵。但他真正從反覆發病中獲得解脫，則是在被一宗教團體接納，並以服侍上帝的莊嚴誓言取代與魔鬼的約定之後，這或許是一次道德防衛的勝利；但佛洛依德對於治癒的意義之評論，與他對疾病的意義之評論一樣，並不適切公正(後者之意義乃基於窮畫家被內在壞客體「附身」之事實)。佛洛依德在這篇文章前言中所寫的無疑是正確的：「儘管與近代『精確』科學對身體的概念大相逕庭，黑暗時代的惡魔學理論，長期以來自成一格。惡魔附身的案例，即相當於現代精神官能症。」但佛洛依德對兩者間主要的對應點卻語焉不詳，他說：「以前被認為的邪靈，對我們來說是卑鄙而邪惡的慾望，是被拒斥及潛抑的衝動衍生物。」古典理論認為原慾以追求快樂為目的，而這段評論正反映出此概念的缺失，因為與魔鬼簽約，事實上涉及到與壞客體的關係。從克里斯多夫的合約來看，這一點十分明顯，因為在悲愴憂鬱的情緒中，他想從撒旦那兒得到的不是享受美酒、女人、和歡唱的能力，而是一種允許，如合約本身所載明的，允許「成為他責無旁貸的兒子」[2]。

---

[1]譯註：應該是'Christoph Haizmann'。Haizmann(1651/52-1700)是德國畫家，自述在1668年父親過世後，在撒旦誘惑下簽了兩張合約，載明以撒旦為父，並須於9年後將肉體與靈魂給予撒旦。合約一份以墨水簽名，一份以他自己的血簽名。9年後(1677)他前往瑪麗亞采爾朝聖，並在那兒接受驅魔儀式，向惡魔拿回血簽下的合約。隔年他又接受一次驅魔，取回墨水合約。之後他加入聖若望的修會至過世。記錄這個過程的手稿在1920年代初重新出土，當時佛洛依德是第一個分析這份文件的人。

[2]譯註：'sein leibeigner Sohn zu sein'。'leibeigner Sohn'字面的意思是「像奴隸般的兒子」。根據佛洛伊德全集標準版，這句的全文是'Ich verschreibe mich disen Satan ich sein leibeigner Sohn zu sein, und in 9. Jahr ihm mein Leib und Seel zuzugeheren.'，標準版的英譯是'I sign a bond with this Satan, to be his bounden son and in the ninth year to belong to him body and soul.'。

因此他出賣永恆的靈魂所獲得的，並不是滿足，而是一個父親，雖然這個父親對童年的他而言是一個壞客體。當他的父親還活著的時候，兒童時期內化的壞父親形象所產生的不良影響，明顯地被現實上真正父親的某些補償優點所矯正；父親死後，他只能任由內在的壞父親擺佈，他若不接受這個壞父親，就需處於一個無客體而被拋棄的狀態[1]。

71

8. 對壞客體的原慾灌注是阻抗(resistance)的來源

我已說明我為何及如何試圖修改原慾理論，我認為修正原慾理論使之符合現有的觀念有其迫切之需要；因為，儘管原慾理論不只在歷史上，更在啟蒙上有著不容抹滅的重要性，但以今日的發展而言，這個理論已捉襟見肘，再也無法促進精神分析思潮的進展，反而成為絆腳石。原初的原慾理論中會產生許多錯誤的推論，而克里斯多夫的案例，提供了我們絕佳的機會去審視其中之一，這是一個攸關潛抑概念的錯誤推論。從古典的原慾理論可明確地推論，原慾總是在愛慾帶目的所決定的活動中尋求表現，若無法成功，則必有某種形式的抑制在阻止它這麼做，而最後就是被潛抑所阻止。根據這一觀點，被潛抑的原慾只能以偽裝的形式來表現，如藉由症狀、昇華、或人格特質所決定的行為舉止(亦即，橫跨症狀與昇華之間的行為)。進一步說，從這個觀點來看，任何上述表現之形式皆取決於原本愛慾帶目的的性質。然而，如果原慾基本上是尋求客體的，它會循最方便的管道去追求而不依賴愛慾帶的目的決定。依此觀點，愛慾帶的意義僅在於它是原慾尋求客體的方便管道而已。同樣地，所謂原慾表現的阻礙，主要也只是指對尋求客體之抑制，若是如此，當客體已被內化及潛抑時，就會產生一種奇特的狀態，因為在這些情況下，原慾尋求的是一個潛抑的客體，這個事實對自戀觀念的意義在此毋需強調。我要強調的是，在此情況下，

72

[1]我不是說克里斯多夫對父親的攻擊慾望所產生的愧疚感與其憂鬱的形成無關，但從病因學的觀點，我認為這只是次要的因素。

就實際上的目的而言，原慾與潛抑的作用方向是一樣的，它被潛抑的客體迷住，因著潛抑客體的誘惑，它尋求客體的動力，也驅使它本身進入潛抑的狀態。因此，當一個客體被潛抑時，客體灌注即造成阻抗；在分析治療中遇到的阻抗，不止來自潛抑的執行者[1]，亦來自原慾本身的動力特質。

上述結論與佛洛依德的說法是相互矛盾的，他說：「潛意識的——亦即『被潛抑的』——材料，對治療工作是沒有任何阻抗的；事實上，治療唯一目標就是努力除去潛意識材料上的壓力，讓它進入意識，或讓它以某些實際的行動宣洩。」[2]然而上述的結論是以「原慾基本上是追求客體」的觀點所得到的必然結果，它的好處是可以讓我們更進一步了解負向治療反應(negative therapeutic reaction)，現在我們可以知道，負向治療反應的重要性主要來自以下事實：若客體是被潛抑的客體，則原慾作用的方向和治療的方向是相反的。簡言之，負向治療反應涉及原慾不願放棄其被潛抑的客體，而且，即使沒有負向治療反應，在了解阻抗強大的頑固性時，我們也不應忽視這個方向的解釋。因此，要克服這種潛抑[3]對分析師而言相對容易，更困難的是要克服個案對潛抑客體的情感投注——此一情感投注很難克服，因為這些客體是壞客體，所以個案不敢將它們釋放到意識層面。是故，我們可臆測在二十世紀的會談室中，以精神分析治療可憐的克里斯多夫可能會遇到一些難以克服的障礙。我們可以確定，要解除他和撒旦的合約不是一件容易的事，亦不難想像，他將出現頑強的負向治療反應。

73

畢竟，即便聖母瑪麗亞介入，也不足以建立穩固的治療基礎，唯以上帝的誓言取代魔鬼的合約之後，他才能真正從症狀中解脫。這似乎寓意著，求助好客體對化解內在壞客體的情感灌注是不可或缺的因素，而轉移關係的重要性亦部分源於此一事實。[4]

---

[1]譯註：例如超我。

[2]《超越享樂原則》*Beyond the Pleasure Principle* (1922), p.19。

[3]譯註：這裡的潛抑，指的應該是阻礙原慾表現的力量。原慾無法表現主要不是因為它被某種力量阻礙了(如古典原慾理論所認為的)，而是因為它本身往潛意識的方向投注。

[4]有趣的是這篇文章發表後，與魔鬼簽約的主題在我許多個案的治療中明顯地增加了。

9. 化解壞客體的情感灌注

依上所述，分析技術的目標應包括(1)讓個案由其潛意識的壞客體中解放出來，這些壞客體被內化是因為在生命早期它們是不可或缺的，而被潛抑則是因為在生命早期它們是無法忍受的；(2)幫助個案切斷與這些不可或缺的壞客體之原慾連結(libidinal bonds)。以達成這兩個目標來考量，分析技術的原則包括：(1)這些狀態必須被詮釋，但不能用慾望滿足的角度，而應以客體關係的概念為之(當然，包括與內在客體的關係)；(2)須呈現給個案的是，原慾的努力，終究是由客體愛所主導的，所以基本上是「好」的；(3)原慾的「壞」(badness)應關聯於對壞客體的灌注(希伯來人的觀念裡，追隨異端是「罪」(sin)，而基督徒則視對魔鬼之臣服為罪)；(4)「罪咎」情境應經由詮釋來與「壞客體」情境產生關連；(5)以攻擊的觀點作詮釋須非常小心，或許只有憂鬱的個案可除外，這種個案在分析技術上是一個特殊的難題[1]。

74

10. 壞客體的病理性再現

說來奇怪，若分析的目的是促使被潛抑的壞客體從潛意識中釋放出來，那也正是對這種釋放的恐懼驅使個案開始尋求分析的幫助。在意識上，他渴望症狀的抒解，而大多數的精神病理症狀皆肇因於對「被潛抑物之再現」(return of the repressed)的防衛(亦即，阻止被潛抑客體之再現)，但通常是當他的防衛變弱，無法阻遏被潛抑客體之威脅性釋放時所產生的焦慮，才使他尋求分析的協助。所以，就個案的觀點來說，分析治療的作用正是在助長那個他想逃離的狀態[2]。

---

[1]以攻擊的觀點作詮釋易讓個案不必要地認為分析師覺得他「壞」。當被潛抑的客體釋放得愈多，這種詮釋的需要性也愈少；因為在此情況下，個案對自己的攻擊就已經夠多了，故分析師此時的任務是指出個案之攻擊背後所隱藏的原慾因素。

[2]我一個女病人的夢是個好例子。在夢中，她看到父親的一個朋友在泥地挖掘。當她的目光落在挖過之處，鬆軟而纖維狀的泥土吸引了她的注意力。然後，當她靠近前去，卻看到一大群老鼠從樹根和纖維的隙縫中爬出來，她嚇壞了。不管這個夢有什麼其他的含意，它必定呈現了分析治療的作用。在泥地挖掘的男人就是挖掘她潛意識的我，老鼠就是被潛抑的壞客體(當然，事實上是陽具)，因為我的挖掘而被釋放。

因此，轉移關係官能症的現象，一部分是防衛被潛抑壞客體的釋放，一部分是對此釋放之情感反應。然而，在分析治療中這些客體所獲得的釋放，不同於它們自發性的釋放(spontaneous release)，因為前者有治療性的目的——基本上，治療的效果乃因為這種釋放是由分析師所控制，並由轉移關係情境提供的安全感所保護。但這種細微的差別，個案在當時很難體會到，不久之後他才會了解，他是被以毒攻毒的方式所治療的[1]。當他不再害怕被釋出的壞客體之後，他才能真正體會到心理免疫治療法(mental immunization therapy)的價值。這裡要注意的是，我所說的釋放被潛抑客體並不是內在壞客體的外化，後者是偏執防衛技術的特徵。[2]我指的是壞客體從潛抑的情感連結中逃離。這種現象發生時，個案將面對一種可怕的情境，這種情境在此之前都是在潛意識中的。隨後，涉及壞客體關係的潛抑情境於個案的外在情境中找到了對應。因此，這種現象不是投射現象(projection)，而是一種「轉移」現象(transference)[3]。

75

11. 壞客體的創傷性釋放(traumatic release)——特論軍中的個案

被潛抑客體的自發性及病理性釋放(相反於引導性及治療性釋放)，在戰時軍隊中的個案特別容易觀察到，在他們之中，上述現象可被大量地研究。在此我須補充，當我說到被潛抑客體的「自發性」釋放時，並不表示在現實上沒有促發因子(precipitating factors)的運作，相反地，這些因子的影響非常重要，涉及內在壞客體的潛意識狀態很容易被外在現實的情境活化，只要這些

[1]譯註：'cured by means of a hair from the tail of the dog that bit him'. 作者在此引用的典故源自治瘋狗咬傷最好的解毒劑是此瘋狗尾巴的毛。

[2]偏執防衛技術(paranoid technique)並非一般認為那樣是被潛抑的衝動之投射，而是被潛抑的客體以迫害者的形態被投射出來。

[3]譯註：投射是偏執個案對抗內在壞客體一種常見的技術，亦即將壞客體外化而投射到外界對象。轉移則是以內在世界的客體關係去經驗外在世界的關係(見第一章第3頁[原書頁數]之譯註)，故內在關係之變化(如潛抑客體之再現)，會轉移至外在世界。這裡也可以看到作者用'transference'指的不只是情感的轉移(「移情」)。見上述第一章第3頁[原書頁數]譯註之討論。

外在現實情境對潛意識情境產生情緒上的意義，這些外在現實中的促發情境須視為創傷性情境。當然，使外在情境成為創傷情境的情緒強度與特殊性(specificity)，會因內在精神狀態的經濟及動力因素而有所不同。在軍中，創傷情境常由砲彈的爆炸或車禍所引發——而且這與腦震盪無關；其他引起我注意的創傷情境例如：在魚雷運兵船船艙中受到攻擊，目睹難民被機槍從空中掃射或在擁擠的市場被轟炸，被迫勒死敵人的步哨以逃離俘虜營，被上級軍官貶抑，被控訴有同性戀，妻子分娩卻無法回家等等。對許多個案而言，戰時的軍隊生活本身就是一種創傷經驗，此經驗近似創傷情境，也會讓軍隊生活中一些小小的偶發事件變成創傷情境。在戰時精神官能症和精神病士兵的抱怨，雷同程度令人稱奇，諸如「我不能忍受被咆哮」，以及「我吃不下軍中的伙食」(接下來的話則常是「而我吃得下妻子煮給我的任何東西」)等。這類創傷經驗和創傷情境導致潛意識壞客體的釋出，此效應在這些士兵的夢中表現得最清楚。如所預期，這類的惡夢最常見的包括：被敵人追殺或掃射，及被敵機(常以「黑色大飛機」的形象出現)轟炸。但壞客體的釋出亦可以其他形式的夢呈現，如被重物壓碎，被某人勒死，被史前怪獸追殺，遇到鬼魂，或被士官長咆哮等，這些夢的出現有時會伴隨著孩提時代潛抑記憶的復甦。在我的經驗中，有一個精神病態性人格的(psychopathic)士兵個案，這種情形最明顯；他被徵召後不久即進入分裂狀態(schizoid state)，之後開始夢到史前怪獸、形狀飄忽的東西、以及一雙瞪得大大的似要把他穿透的眼睛。他的行為變得很孩子氣；同時他的意識也被一大堆早已遺忘的兒時回憶所淹沒，而其中最盤桓不去的一幅影像是他在月台上，坐在娃娃車裡目送媽媽帶哥哥一起上火車。事實上，當時是媽媽送哥哥上火車，但在個案創造的印象裡，卻是媽媽也一起上車而把他遺棄在月台上。當然，被母親拋棄的潛抑記憶之復甦代表了壞客體由潛意識中釋放。在他告訴我這些回憶的幾天後，他的一間商店被炸彈炸毀了，他因此獲准離營二十四小時去處理相關業務。當他看到那間受損的店時，他感受到一種冷漠隔離的分裂狀態(schizoid state of detachment)，但當晚回家睡覺的時候，他覺得好像快窒息了，並有一股強烈的

76

77 衝動想要打爛房子並殺掉太太和小孩們。他的壞客體以復仇的姿態再現了。

12. 對強迫性重覆(repetition compulsion)的註解

上述創傷情境引發戰時士兵精神病理反應的討論，很自然地會讓人想起佛洛依德在《超越享樂原則》(*Beyond the Pleasure Principle*)中對創傷性精神官能症(traumatic neuroses)的看法，但如果本文中所呈現的觀點有充分理由支持，我們就毋需「超越享樂原則」地去假設一個原始的「強迫性重覆」，以解釋創傷情境為何持續存在個案的心理生活中。如果原慾真的是在追求客體而不是追求享樂，那當然沒有什麼享樂原則要超越，但即使不管這一點，我們亦不需要用強迫性重覆來解釋創傷情境的復甦。相反地，若創傷情境的作用是從潛意識中釋放壞客體，那個案的困難就是如何擺脫這些壞客體[1]。事實上他被這些壞客體所纏身，而且既然這些壞客體以創傷事件為背景，他也會被這些事件纏上。若沒有藉由治療來解放他對壞客體的灌注，他就只能利用潛抑再將壞客體驅逐到潛意識中，方可獲得解脫。那些經歷創傷情境的士兵們就常利用這種方法來埋葬他們的鬼魂，創傷性回憶即使沒有從夢中消失，也從他們清醒的生活中消失了。當我詢問他們這段經驗時，有位士兵的回答最具代表性：「我不想再談這些事了。我只想回家，把這一切統統忘掉。」

13. 對死亡本能的註解

我們對佛洛依德強迫性重覆的看法也適用於其死亡本能的觀念，因為兩者密切相關。如果原慾真的是在追求客體，那死亡本能的觀念就顯得多餘，我們已知道，原慾不僅會連結到好客體，也會連結到壞客體(像克里斯多夫與魔鬼的合約)，再者，我們也知道原慾會連結到被內化及潛抑的壞客78 體，所以與壞客體的關係很難沒有虐待(sadistic)或被虐待(masochistic)的特

[1]佛洛依德會認為強迫性重覆的表現兼具本能及惡魔的特質，並非偶然(見《超越享樂原則》[1922]，頁43)。(譯註：因為惡魔即壞客體的呈現)

質，佛洛依德描述的「死亡本能」因此大部分是，與內在壞客體的被虐關係。與內在壞客體的虐待關係亦會有死亡本能的表現。事實上，這種關係常是混有虐待及被虐的性質，但較偏向被虐的一端，但無論如何它們都是原慾的表現。我有位個案足以為例：她的壞客體以陽具的形象出現來糾纏她，經過一段時間之後，乳房慢慢取代陽具的角色，成為揮之不去的壞客體。後來這些壞客體變成許多怪物，這些怪物很明顯的是乳房和陽具的擬人化，再後來，這些怪物又被惡魔的形象所取代。惡魔隨後換成許多具有雙親特質的人物，而最後這些人物又被具體的雙親影像取代。他們似乎用死的痛苦來威脅她不許表現任何的感情；她常說：「如果我露出一點情感，他們就會殺了我」。因此，當轉移關係形成後，她也開始請求我殺了她。「如果你還關心我的話，就殺了我吧！」她哭泣地說：「如果你不殺了我，就表示你一點都不在乎我！」這個現象，最好不要詮釋為死亡本能的運作，而應詮釋為原慾的轉移，雖然這時原慾仍存有她與其原始(壞)客體的被虐情結。

14. 戰爭精神官能症與戰爭精神病[1]

本文最後須對戰時的精神官能症與精神病作一註解。軍中個案的經驗，讓我毫不懷疑地相信，使士兵精神崩潰的主要誘發因子(predisposing factor)是他們對客體的嬰兒式依賴(infantile dependence)[2]。同時我的經驗也讓我深信他們精神崩潰的最主要特徵是分離焦慮。分離焦慮在戰時的民主

79

---

[1]譯註：本節有關戰爭精神官能症亦見第三部第三章，有關民主國家與極權國家士氣問題亦見第三部第一章。

[2]事實上，對平民的個案也是如此，而且不僅是戰時，在平時亦復如是；我在「修正精神病與精神官能症的精神病理學」一文中提出的主要論點之一，就是所有的精神病理發展都基於嬰兒式的依賴態度。當我開始治療大量的軍中個案時，我私人執業中的個案材料剛好讓我得到上述之結論；所以我的結論恰好有大量的資料來肯定。軍中的個案特別有啟發性乃基於兩個理由：(1)對一般的個案，症狀的探索如同以高倍的精神分析式顯微鏡在狹小的視野中搜尋，而在軍中的個案裡，這些現象可用低倍數的透鏡在較廣的視野中觀察；(2)戰時的軍隊中，許多人被迫與其客體分離，這是一個很值得觀察的「實驗狀態」。

國家勢必是個重要的問題，因為在民主政治的體制下，依賴成性的個人在軍中無法找到可替代他習以依賴的客體(相較於一個體貼的妻子，士官長是個很差的替代對象)。在極權政治體制下，上述士兵分離焦慮的問題，可能藉由利用嬰兒式依賴而變比較少，因為極權統治的技巧之一就是犧牲對熟悉客體的依賴，而代之以對極權體制的依賴，在極權主義者的眼中，對熟悉客體的依賴是種「民主政體的墮落」。然而，極權統治的技巧亦有其弱點，它取決於國家的成功，唯有國家的成功才能讓這個政權保持好客體的形象。國家失敗的時候，對個人而言，它就變成了壞客體，因此在危急存亡之秋，分離焦慮造成的社會崩解效應就會開始顯現。另一方面，在失敗挫折時，就可看出民主政體的優點；在民主政體中，個人對國家的依賴較少，因此較不會受到國家神話幻滅的影響，同時，因國家挫敗而對熟悉客體造成的威脅(如果這種威脅不是太具毀滅性的話)，將成為個人奮戰不懈的動機，這是在極權政體所缺乏的。因此，就團體心理學的觀點來看，極權國家的士氣在失敗時會面臨重大考驗，而在民主國家這考驗則在於國家成功的時候[1]。

80

士兵精神崩潰的主要特色除了分離焦慮之外還有一項；站在國家的角度，這個特色也非常重要，而它須以道德防衛的觀點視之方能有正確的體認。任何讀過佛洛依德《團體心理學與自我的分析》(*Group Psychology and the Analysis of the Ego*)的人都會肯定超我是團體士氣的一個決定因素。因此很明顯地，超我除了讓個人用來防禦壞客體之外，應還有其他功能，其中最重要的是，透過超我的權威特性，個人與團體的連結得以鍛鍊及維持。同時要注意的是，超我源於對壞客體的防禦方式，因此，壞客體的再現不只表示潛抑防衛的失敗，亦表示道德防衛的失敗以及超我權威性的崩塌，以故戰時精神崩潰的士兵除了分離焦慮之外，另一個特色是，促使個人從軍報國的超我力量，被因壞客體釋出所產生的急性焦慮取代。因此從現實來看，對他而言，軍隊沒有發揮超我的功能，反而是回復到壞客體的

[1]現在(1951)來看，這段文章的結論於不僅可證諸之前的事件，亦可證諸之後發生的事件。

狀態，正因如此，精神官能症與精神病的士兵無法忍受士官長的咆哮與軍中的伙食，因為在其眼裡，每一句命令都等於一個惡毒父親的攻擊，而每一匙來自伙房的「油膩」燉湯，都是從一個惡毒母親的乳房裡流出的毒汁。難怪「戰爭精神官能症」如此頑強！也難怪從這一群精神官能症與精神病士兵獲得的經驗中，讓我深信「這些人需要的不是精神分析師，而是傳教士」，因為從國家的觀點，戰爭精神官能症較不是心理治療的問題，而是團體士氣的問題[1]。

81

[1]譯註：因此作者認為，戰爭精神官能症的核心是士氣問題，而士氣問題就是部隊個別成員與部隊這個團體間關係的問題。

第四章　客體關係觀點的內在精神結構
Endopsychic Structure Considered in terms of Object-Relationships (1944)[1]

以客體關係理論解釋客體之內化

在先前的文章中(1941)[2]，我試圖重新建構原慾理論(libido theory)，並勾勒出以此新架構為基礎之精神病理學系統，當時的基本概念是，原慾基本上乃是追求客體的(並非古典理論所稱之追求享樂)，而自我發展過程中客體關係之障礙，乃是所有精神病理狀態的最終源頭，至今我仍相信此觀念。這個觀念對我而言，不僅較佛洛依德原來的原慾理論更接近心理學的事實及臨床的資料，更代表現階段精神分析思想的一個合理的成果，也是日後精神分析理論發展之必要階段。特別是，對我而言它可以闡明內在客體的概念，此內在客體的概念已由梅蘭妮．克萊恩充分地發展，但她的概念是源於佛洛依德的超我理論(佛洛依德認為「超我」這一內在精神結構乃源於客體的內化)。

即使撇開我之前論文中的觀點或由之引申出的其他觀點，我們仍可以說：客體的內射，尤其是內射客體會持續存於內在現實的過程，正暗示著原慾基本上是追求客體的，因為口腔衝動本身，不足以解釋為何對客體有如此深刻的情感投注。同樣的理由亦可解釋，為何伊底帕斯狀態會持續存在潛意識中？因為不斷對客體的情感投注正是此狀態的特質。然而現下內化客體概念的發展，卻沒有對原慾理論有任何的修正，似乎兩者之間無些

[1]本篇最初發表於*The International Journal of Psycho-Analysis*,Vol XXV,Pts 1 and 2。

[2]譯註：本書第一部第二章。

許的不相容，即使在提出超我理論之後，佛洛依德自己亦從未想要系統地修正原初的原慾理論；但同時在其作品中，卻有無數的段落顯示，他把「原慾乃是追求客體」視為理所當然。事實上，在許多段落裡，此觀點已由隱而顯——例如他曾直接了當地說(1929)：「愛即是尋求客體。」[1]這是出現在他提到本能理論的段落，於同段中他寫道：「因此首次出現自我本能(ego instincts)與客體本能(object instincts)之不同。後者的能量我特別將之稱為原慾(libido)；自我本能與原慾本能對客體的傾向正好相反。」佛洛依德進一步指出，這兩種本能的差異可整合於他「引進自戀的觀念，亦即，原慾將情感灌注於自我本身。」由這段引言來看，「原慾基本上在追求客體」這一說法並不那麼有顛覆性，特別是，正如我之前論文中所提出的，如果我們將自戀看成是自我認同客體的狀態時。[2]

雖然精神分析的研究逐漸聚焦於客體關係，但卻未曾修正原來的理論：原慾基本上是追求享樂的，以及連帶的，「心理活動的過程亦不自主地被『享樂原則』所控制」(佛洛依德，1920)[3]。若不修正此理論，我們勢將面臨許多難題；顯著的難題之一是，如何解釋精神官能症個案對痛苦經驗的持續依附？享樂原則很難解釋此一現象，這迫使佛洛依德在「超越享樂原則」(1920)中退回「重覆性強迫」(repetition compulsion)的觀念中。但若原慾是追求客體的，就不必如此大費周章。在最近一篇文章中(1943)[4]，我企圖說明如何用「與壞客體之關係」的觀點來解釋依附痛苦經驗的傾向；於同一文中我亦欲闡述，原始「死之本能」概念(不同於原始攻擊傾向的概念)所涉及的困難，若用「與壞客體之原慾關係」的所有意涵來考慮將可以避免。

[1]《文明及其不滿》(*Civilization and its Discontents*)(London,1930)，頁95。

[2]撇開這種想法不說，「原慾基本上是追求客體的」與「原慾灌注於自我」兩者之間並不必然不相容；因為某部分的自我將另一部分的自我視為客體是完全可能的——在考慮自我的碎裂(splitting of ego)時，此種可能性尤其不能忽略。

[3]《超越享樂原則》(*Beyond the Pleasure Principle*)(London,1922)，頁1。

[4] 譯註：本書第一部第三章。

衝動心理學(Impulse Psychology)及其限制

事實上，我目前的「客體關係」觀點，來自於當初為了環境的需要，想要更了解分裂傾向之個案(亦即，那些客體關係上有著特殊困難的一群人)所呈現的問題；在此附帶的，我想大膽地說，近晚的精神分析研究之缺陷在過分著墨於抑鬱型憂鬱症(melancholic depression)的問題。然而，在形成上述論點之前，我已對「衝動心理學」的侷限性有深刻的印象，並或多或少懷疑所有認為「本能可以單獨存在」[1]的本能理論之解釋價值。從治療的務實觀點，特別容易感受衝動心理學的限制，因為以辛苦的分析揭露病人「衝動」的特質是一回事，而他能知道如何處理這些「衝動」又是另一回事。一個人應該如何處理衝動，顯然是客體關係的問題，它當然也是人格的問題；但人格問題(除了體質因素之外)密切關聯於自我與其內在客體的關係——或者應該說(其理由稍後會提及)，是自我各個部分與內在客體的關係以及各部分把彼此視為客體的關係。簡言之，我們不能單獨思考「衝動」而不管以衝動為能量來源的內在精神結構，及由此結構建立的客體關係；而相同地，我們也須將「本能」當成只是組成這些內在精神結構動力的能量形式。

84

從實際的心理治療觀點來說，分析「衝動」而不考慮結構，勢必徒勞，特別是對分裂傾向明顯的個案。對於這類個案，以衝動為主軸的詮釋，有時確可輕易地解開聯想的思緒(例如以口腔虐待幻想的形式)，而讓人對潛意識的表現有深刻印象，但卻只能漫漫無期地原地踏步，而無法對整合的實際行動及治療進展產生確定的助益。此情形似乎是因為自我(我覺得較好的說法應該是中心自我[*the central ego*])並不參與這種幻想而僅作壁上觀。當此狀況發生時，中心自我好像是坐在包廂裡，敘述著內在現實的舞台上所演出的劇情，而本身卻沒有情感的投入。這同時也會衍生出相當的自戀滿足，因為它是重大事件的記錄者，並透過對分析師的認同而成為觀察者，卻又比僅僅是觀察者的分析師優越：因為它不僅在觀察，也提供

[1]譯註：'instincts are treated as existing *per se*'。作者認為本能與內在結構不可分，所以本能不會獨立存在。見本段稍後的敘述。

了可被觀察的材料；這個過程真是傑出防衛技術——分裂傾向的個案對此非常熟悉，知道在最合適的時機使用，當分析師的詮釋太著重「衝動」時，他們幾乎都會禁不起誘惑而使用這個技術。這種技術是患者逃避治療焦點的最好方法——治療的焦點應該是如何在現實脈絡下，釋放這些所謂「衝動」的動能。在社會秩序中，這個問題顯然是客體關係的問題。

對於衝動心理學的缺失，我的意見可經由下述的案例來闡述，我目前的觀點也是根據這些案例發展而來的。此個案是一未婚女性，具有分裂特質，雖然其臨床表現以畏懼、歇斯底里、及廣泛焦慮為主，但仍可看出此特質。她的潛抑與高度未釋放的原慾張力(libidinal tension)相關。當此張力在治療中被喚起時，她常抱怨有想吐的感覺。這種噁心感無疑是一種轉移的現象，其基礎是對母親及母親乳房的態度，此態度則經由父親及父親陽具之中介而形成，這些都是內在客體；但因其聯想從開始就有許多口腔的題材，使人易以口腔衝動的角度來詮釋。然而，她噁心的主要意義似乎不在於此反應的口腔特質，而在於以下兩個因素讓此反應加諸其客體關係所造成的影響：(1)對母親乳房的原慾固著，及(2)對其原慾需求之客體的拒斥態度。當然，此反應的口腔特質的確與性器性慾(genital sexuality)的嚴重潛抑有關；而且當她不只一次大膽地認為自己有性交冷感時，她極可能是對的(雖此臆測從未驗證過)。同時，她無法發展到性器態度的問題，以口腔期固著的觀點來了解，不如把它理解為對父親陽具拒斥的結果；此一拒斥部分是基於把陽具等同於壞乳房，部分是基於對乳房過於固著，而部分也由於對父親這完整客體(whole object)的情緒反應是「壞」的(badness)。對性器態度的排斥會因另一個因素而更加強：口腔態度較不需與客體建立承諾，反而較能控制客體。在會談中個案常常說：「我想上洗手間。」第一次這似乎就是字面上的意義；但在之後的分析中，這愈來愈意味著，當下她因為轉移情境的引發，而出現一股想要表現原慾的渴望。在此再次地，尿道期或肛門期的衝動性質並非此現象的主要意義；其主要意義是客體關係的性質。「上洗手間」與「想吐」一樣，明顯地象徵著將原慾客體視為身體內容物並將之排斥；然而與「想吐」相較，前者拒斥的程度較低，因

85

86 為雖然兩者都涉及原慾張力的發洩釋放，但「上洗手間」所釋放的內容物是經過同化(assimilated)的內容物，這代表個案較願意於外在客體面前(*before* an external object)表達原慾情感，雖然這種方式不如性器態度那樣，可以直接向客體(*towards* an object)表達原慾情感。

一個心理學理論的科學效度(validity)，不能單以心理治療的成功與否來論斷，因唯有確知過程，方能評估療效。衝動心理學亦不例外，但重要的是，以精神分析而言，現在大家一般認為治療的結果與轉移現象密切相關，亦即個案與分析師所建立的一種特殊的客體關係。另一方面，一個被廣為接受的精神分析技術原則是，分析師應該刻意地隱藏自己。如我們所知，有很好的理由讓分析師採取這種態度；但如此無可避免地，從個案的觀點，這會使得分析師與個案間的客體關係變得單向(one-sided)並因而造成阻抗。當然，在精神分析的情境中，必然有某種程度的單向治療關係；但自我隱藏的態度若再加上以衝動心理學為基礎的詮釋模式，勢將更嚴苛地考驗個案建立滿意客體關係的能力(而個案這種能力其實已經不好了，因為個案畢竟是個案)。在此同時，除了其他的防衛方式，個案也很容易使用前面提過的防衛技術，亦即，敘述著內在現實的舞台上所演出的劇情，但中心自我卻無有意義的參與，也沒有與分析師建立有效的客體關係。我有一位個案是使用這種技術的箇中老手，有一次，在理智而完整地詳述他覺得自己的衝動張力狀態之後對我說：「那麼，對於這狀況你打算怎麼辦？」回應的時候我向他解釋，真正的問題是他自己要打算怎麼辦。這個回答讓他倉皇失措，這也是我原先的目的。他倉皇失措是因為他忽然必 87 須面對他在分析中及生命中的真正問題。一個人如何處置其衝動張力，如前所述，是客體關係的問題，但也是人格的問題，因為客體關係必然涉及一主體及一客體。因此客體關係理論無可避免地會導向一個立場：若不能只考慮「衝動」而不涉及客體，無論是外在或內在的客體，那麼同樣地也不可能只考慮它們而不涉及自我結構(ego structures)。事實上，只考慮「衝動」而不涉及自我結構甚至更不可能，因為唯有自我結構才能尋求與客體的關係。因此我們回到先前的結論，即「衝動」只是內在精神結構的動力面向，不能獨立於此結構而存在，不論此結構如何地不成熟。總之，「衝動」僅僅是自我結構所構成之生命的活動形式。

結構心理學(Structure Psychology)及結構的潛抑[1]

一旦獲致上述觀點，很明顯地我們必須更新心理裝置(mental apparatus)的理論。尤其是，佛洛依德以「原我、自我、超我」描述心理結構的方式，若沒有修正還能維持多久將會是個問題。這個問題首先與原我的狀態被懷疑有直接關係；因為如果「衝動」不能獨立於自我結構之外而存在，那原我與自我便無從區分了。因此，佛洛依德認為「自我作為一個結構，其起源乃發展於心靈之表層，目的在調節原我衝動與現實」這個觀念，將被另一個觀念取代，亦即自我自始就是衝動張力的來源。當然，這樣將原我包含於自我之中，並不影響佛洛依德對自我之功能的看法，自我仍有調節衝動張力釋放以順應外在現實條件的功能。然而，在此觀點下，「衝動」將以現實為導向，並自始即或多或少遵循著「現實原則」。因此，舉例而言，孩童最早的口腔行為從一開始就是導向乳房的；根據這個觀點，享樂原則將不再是基本的行為原則而只是輔助的行為原則，在客體關係貧乏時才會隨著現實原則失靈的程度而逐漸運作起來，不管這種失靈是由於自我結構的不成熟或由於現實原則本身的發展障礙。「現實原則凌駕享樂原則到何種程度」這個問題，將被「原來不成熟的現實原則可以發展到何種成熟度」的問題所取代；而「自我有無能力調節原我衝動以順應現實」這個問題，將被「帶著衝動張力的自我結構，在何種程度上依現實原則而組織，以及在缺少現實原則時，在何種程度上需藉享樂原則來組織」的問題所取代。

佛洛依德認為潛抑是自我執行的一種功能，用來處理從原我而來的衝動，但如果「衝動」始終與自我結構不可分，那麼佛洛依德的觀念會變成

---

[1]回顧起來很明顯地，本節及上一節的某些結論，已早在我1931年的一篇文章〈一位生殖器異常患者的分析〉(亦收錄於本書)裡略見概梗。

怎樣呢？我先前(1943)[1]已思考過我的客體關係理論與潛抑概念之間的關連，當時我認為，潛抑之運作基本上不是為了對付痛苦或「壞」的衝動(正如佛洛依德最後的觀點)，也不是要對付痛苦的回憶(正如佛洛依德早期的觀點)，而是要對付壞的*內在客體*。目前我仍同意這個觀點；但有關潛抑其他方面的看法，我已有所改變。尤其是，我逐漸認為潛抑不只作用於內在客體(附帶一提，內在客體必須被視為內在精神結構，雖然它不是自我結構)，亦作用於「自我」中那些會與這些內在客體產生關係的部分。這裡讀者或許會質疑，既然潛抑是一種「自我」的功能，這個觀點將涉及自我潛抑其本身的反常現象。自我如何能潛抑自我？此問題的答案是，雖然無法想像「自我」作為一個整體可以潛抑其本身，但某部分帶有動力能量的「自我」去潛抑另一部分帶有動力能量的「自我」卻是可以想像的。當然，此一論點相當不同於「某一組衝動可潛抑另一組衝動」的觀念——這個觀念在佛洛依德建構其心理裝置理論時即已正確地被排除了。在解釋潛抑時佛洛依德發現他必須設想一個能夠推動潛抑的*結構*——亦即超我。因此，設想有被潛抑的結構存在，只是在同一方向上再前進一步而已。除了這些理論上的理由之外，臨床上也有很好的理由做這個假設，其中最明顯的是，病人難以「昇華」(sublimation)其原慾「衝動」的現象。把這種困難歸諸「衝動」積習已久且與生俱來的頑固，是不足以解釋的，尤其一旦我們只將「衝動」視為自我結構支配的能量形式時更是如此。相反地，要滿意地解釋這種現象，就必須假設被潛抑的「衝動」與一確定型態的自我結構不可分割；此假設的正確性可由多重人格的現象得到證實。在多重人格中毫無疑問地，被潛抑的「衝動」必關連於一隱藏的自我結構；而這種關連亦以一種較輕微的形式出現於解離現象(dissociation)中，這在歇斯底里的個案非常典型。因此為了解釋潛抑，我們必須假設自我的多重性(multiplicity)。對熟悉分裂個案所呈現之問題的人來說，這個觀念不難了解。在此我們會再想到，近晚精神分析理論發展的諸多限制，乃由於

89

[1]譯註：本書第一部第三章。

過分重視抑鬱型憂鬱症的現象所致。

分裂位置(Schizoid Position)

佛洛依德之心靈結構理論有很多是基於憂鬱現象之考量，這一點很難逃過《自我與原我》(*The Ego and The Id*，1923)的讀者注意，此文是闡述理論的經典；而與此事實一致的是，在其「哀傷與憂鬱」(1917)[1]一文中，我們即發現此一思緒鏈的最終連結。相同地，在梅蘭妮．克萊恩及其同仁的觀點中，「憂鬱位置」(depressive position)亦佔有重要的地位。但在此我必須承認，以憂鬱位置為中心的觀念，很難與我的臨床經驗相配合。當然，我們不能否認在處理真正憂鬱症或憂鬱型人格之個案時，憂鬱位置的重要性。但就我的經驗而言，這類病人在分析師的個案群裡比例並不高，在一般精神科門診反而比較常見。若考慮那些受苦於焦慮狀態、精神官能症症狀、及人格異常而持續接受分析治療的個案，我覺得分裂位置才是其重心，而非憂鬱位置。

在此我覺得必須再次強調之前(1941)[2]我提及的一個區分，即憂鬱的情感特徵「憂鬱情緒」(depression)及分裂的情感特徵「無用感」(sense of futility)兩者的不同。以觀察者的角度來看，這兩種情感有許多表面的相似處，以致於在很多個案難以區分，特別是分裂的個案常常用「憂鬱」來形容自己；結果「憂鬱」這個熟悉的字眼在臨床上，常被套用在應該以無用感來描述的個案。此情形易造成區分上的混淆，致使許多原應屬分裂型的精神官能症個案被歸諸憂鬱型。除了上述原因外，另一個因素是，「精神官能症」個案由於其精神官能症的防衛強度及導致的明顯之精神官能症症狀(如歇斯底里的症狀)，常會讓人忽略他們的基本分裂狀態。但當我們考慮詹納(Janet)在闡述歇斯底里作為一臨床疾病之概念時所描述的個案，我們很

---

[1] 'Mourning and Melancholia'，見全集(倫敦，1925),Vol. IV, pp.152f.

[2]譯註：本書第一部第二章。

難不認為很多個案都有分裂的特質；這些個案在當今的精神科門診中，許多可能被診斷成精神分裂症。在此可以附帶地說，我對歇斯底里個案的研究讓我堅信，「歇斯底里」的解離現象所涉及的自我的碎裂(split)，基本上即相當於「分裂」(schizoid)這個詞在語源學上所傳達的意義。

91

「回歸歇斯底里」

此時我們應可想起，最早佛洛依德對精神病理的研究，幾乎皆來自歇斯底里現象(而不是憂鬱現象)，並由此奠定了精神分析理論及實務的基礎。我們無需想像若歇斯底里現象仍像最初那樣佔有佛洛依德研究之中心位置時，精神分析理論的發展將會多麼不同；但至少可以推測，憂鬱位置的重要性大部分將被分裂位置所取代。當佛洛依德的研究，由被潛抑物轉移到潛抑的作用時，憂鬱便驅逐了歇斯底里而佔據著研究的中心位置。這種結果並不難理解，因為一方面(a)愧疚感與潛抑似乎關係密切，而另一方面(b)愧疚感在憂鬱狀態中很明顯。儘管如此，佛洛依德的超我理論顯然試圖在伊底帕斯情境中追溯愧疚感之生成與潛抑之運作的共同源頭。此一事實使得佛洛依德對潛抑起源之觀點與亞伯拉罕的原慾發展的「分期」理論(phase theory)之間，產生嚴重的矛盾；因為佛洛依德用來解釋潛抑的伊底帕斯情境基本上是一性器的情境(genital situation)，但他所認為可推動潛抑作用的超我之起源，卻是一口腔情境(oral situation)，也就是說，根據「分期」理論它必須是前性器期的(pregenital)。當然，梅蘭妮．克萊恩認為伊底帕斯情境之起源遠早於之前大家所設想的發展階段，因此她對上述矛盾的解決方式勢必犧牲掉「分期」理論。這個理論之前我已有詳細的批判(1941)[1]。同時我逐漸認為，潛抑的來源，不僅在性器態度之外，亦在伊底帕斯情境之外，甚至在超我的層次之外。因此我在另一篇文章中(1943)[2]，

92

[1]譯註：本書第一部第二章。

[2]譯註：本書第一部第三章。

不僅試圖說明潛抑基本上是來自對「壞的」內在客體的防衛(而不是對「衝動」——無論是性器意思下的亂倫或其他——的防衛)，也試圖說明愧疚感是來自對內在壞客體之相關情境的一種附帶的(*additional*)防衛。據此觀點，愧疚感的產生主要是因為小孩覺得，自己有條件的(亦即，道德上的)壞，比起其雙親無條件的(亦即，原慾上的)壞，前者比較可以忍受。為了描述這種從前者到後者態度轉變的過程，我引進了「道德防衛」(moral defense)一詞；根據我的觀點，唯有藉由「道德防衛」，超我方可建立[1]。因此超我之建立代表了結構組織的新層次，而舊層次則存於其下。因此，依我之見，在中心自我面對超我這個有道德意義之內在客體的層次下，還有一個層次；在此層次，部分的自我需要面對的內在客體，從中心自我的原慾觀點而言，不僅沒有道德意義，而且是無條件的壞，無論此內在客體的角色是激動或是拒斥客體(兩者都是內在的迫害者)。所以，雖然抑鬱型憂鬱症的主要現象，可以從超我的層次得到滿意的解釋，但某些伴隨的現象，就沒那麼容易解釋了。因此在抑鬱型憂鬱症中常見之偏執與慮病傾向，即針對著那些全然不「好」的、無條件的(亦即，原慾上的)壞內在客體；對於憂鬱症個案初期常出現之強迫現象，亦可用相同的道理來解釋。強迫防衛基本上不是道德防衛；相反地，它是用來對抗「惡運」(unlucky)，亦即，對抗那些與無條件的壞(內在)客體有關的情境。要在超我的層次滿意地解釋「歇斯底里」的症狀也同樣困難——我們有足夠理由認為在「歇斯底里」，原慾抑制的發生所佔的份量遠重於愧疚感的表現。因此，既然佛洛依德解釋歇斯底里現象的努力導致精神分析的誕生，重新思考此一問題，並非無用，「回歸歇斯底里」的口號正有鼓舞之效。

93

---

[1]要補充說明的是，我認為，於初始被內化的總是「壞」客體，因為沒有什麼動機去內化令人滿足的「好」客體。如果沒有內化，小孩就能與母親的乳房維持完美的關係，乳房亦可滿足小孩的攝入需求，那內化就沒有意義了。依此思路，只當乳房無法滿足其生理及情緒需求而變成壞客體時，小孩才需內化之。在此之後，好客體才會被內化來保衛小孩的自我，抵抗已經內化的壞客體；超我就是這樣的一種「好客體」。

自我的多重性(Multiplicity)

我們已注意到，雖然佛洛依德最後仍認為被潛抑物基本上由衝動所組成，但在解釋潛抑的起因時，他不得不藉助結構的概念(自我及超我)。簡言之，佛洛依德對潛抑的觀念大致是：(a)潛抑的執行者是自我，(b)超我(內化的雙親形象)對自我的壓力推動並維持著潛抑的進行，(c)被潛抑物基本上是原慾的衝動所組成，(d)潛抑是一種防衛，用來對抗與伊底帕斯情境有關、且在超我的壓力下被自我視為「罪咎」的衝動。將潛抑的執行者和推動者視為結構，而將被潛抑物視為衝動，其實是很反常的，只是它常被人忽略。要了解這反常的程度問題，最好是從以下的事實：超我被認為是潛抑的推動者，但它本身大部分又是潛意識的；這產生的難題在於，是否超我本身也會被潛抑？佛洛依德沒有忘記這個問題，並坦承超我在某種程度上可能被潛抑，當然超我的潛抑代表了一種結構的潛抑。因此結構被潛抑的可能性是為佛洛依德所認可的；故回到先前的思考，我們有理由質疑，為何被潛抑物不能從一開始就一直是結構的？若是如此，則上述的反常就可以避免。

94

我之前(1943)曾提出，潛抑基本上乃針對內在的壞客體，這其中實已暗示著被潛抑物基本上是結構；因為若不假設內在客體是結構，那麼這種客體的存在是完全沒有意義的。由於有了更多的經驗，我的「潛抑基本上乃針對內在的壞客體」這個觀點的闡述方向，最終讓我修正了對精神結構的概念。實際上讓我踏出這個方向最主要一步的契機，是分析我一個個案的夢，這個個案是位已婚婦女，起初是因性冷感來找我分析。她的性冷感毫無疑問地是歇斯底里的解離現象(陰道的歇斯底里麻木合併歇斯底里輕癱[1])；但如同所有這類的現象一般，此表現僅為其廣泛人格問題的一部分。夢的本身很簡單，但讓我驚奇的是，在科學的歷史上，真理常隱於簡單的示例中，這個夢就是其一。

這個(顯)夢是一個簡短的場景，作夢者看到自己被一位著名的女演員

[1]譯註：'hysterical anæsthesia combined with hysterical paresis of the vagina'

凶狠地攻擊著，她們置身於一幢古老的房子，而她的家族擁有這幢房子已歷數代。她的丈夫在一旁觀看，但顯得相當無助而不能保護她。攻擊之後女演員轉身離開，繼續上台表演，好像她是在幕間休息時，短暫地離開來攻擊她。之後個案發現自己正凝視著自己的身軀流著血躺在地板上，但在凝視時，她發現這軀體突然變成一個男人的軀體。之後這軀體即不斷地交換變成自己或此一男人，直至她十分驚恐地醒來。

95

從個案的聯想中，我並不訝異得知，其軀體所變換的男人穿著的外衣很像她丈夫最近買的一套新衣服，而且，雖然這套衣服是在她的鼓勵之下買的，但他卻帶著「他的一個金髮女郎」去試穿衣服。這個事實，再加上在夢中丈夫面對攻擊是個無助的旁觀者，我們馬上能肯定，這攻擊不只針對個案也同樣針對丈夫。進一步的聯想，更肯定了這個看法，但在此就不多詳述。在聯想的過程中，亦證實了另一個假設：發動攻擊的女演員與被攻擊的自己，皆屬於個案人格的一部分。在現實上，女演員的形象與她本身的某些面向相當契合，因為她基本上是一個封閉退縮的人，很少對別人顯露真正的感受，但她很會表面功夫，這使得她看起來很誠懇，還讓她頗受歡迎。她所經驗到的原慾情感，從她小時候起，即表現於一秘密的幻想世界裡，而此世界充滿著被虐情結的色彩，但於外在現實生活中，她十分投入其扮演的角色——例如好妻子，好母親，好的女主人，以及好的女實業家。從這個事實來看，夢中她丈夫的無助有另一層意義，因為，雖然她扮演好妻子的角色非常成功，但她真實的個性卻不為丈夫所了解，他所認識的好妻子大部分只是那個好的女演員。這種情況不僅在情緒關係的層面，在婚姻關係的層面也真的如此，因為，雖然在性交中冷感，她卻有能力表達性興奮與性滿足的意念。更進一步，正如分析所明確揭露的，其性冷感代表的不只是對自己原慾成分的攻擊，亦是對丈夫這個原慾客體的敵意態度，因此，很清楚地，某些對丈夫的潛藏性攻擊，由夢中的女演員所扮演；從夢中我們亦清楚可知，在原慾的範圍裡，她和她丈夫一樣都是她自己攻擊的對象。在此需指出的是，這個夢發生的時候，她的丈夫是軍中

96

戰鬥部隊的一員，正好休假回家，他回來的那個晚上，剛好在夢發生之

前，病人開始喉嚨痛。這些事一起出現，在以前也常發生，所以這次不可能是巧合，而這也肯定了她認同她的丈夫這個被她攻擊的客體，因此夢中所呈現的情境是，作夢者在某一個至今尚不明確的角色上，將攻擊直接地發洩到處於另一個角色(亦即原慾角色[libidinal capacity])的自己，同時她也將攻擊間接地發洩到做為原慾客體的丈夫。當然在表面層次上，此夢境可以解釋成：作夢者對丈夫的態度是矛盾的，而她將此矛盾態度中的攻擊成份從丈夫轉移到自己身上，因為根據抑鬱型態，她對其攻擊有愧疚感。然而，在這個夢發生的治療期間，我覺得這個解釋，即使是在表面層次上，也不透徹。

當然很明顯地，關於夢中呈現的情境，一定有一個比上述說法更深刻的詮釋。剛剛描述這個情境是作夢者在某一個至今尚不明確的角色上，將攻擊直接地發洩到處於原慾角色的自己，同時她也將攻擊間接地發洩到做為原慾客體的丈夫。這樣的描述當然是不完全的，因為我們不知道她表現攻擊時的角色是什麼，而唯有了解此角色之性質，夢的深層意義才會顯得重要。根據顯夢的內容，夢中發動攻擊的是女演員，而我們已經知道這女演員適切地代表了她敵視原慾關係的面向，但在分析中有充分的資料顯示，這女演員也同樣適切地代表了作夢者的母親——她是一個做作的女人，既不會對她的小孩表現自然而自發的情感，也不喜歡他們如此對她，她的一生大部分時間都在追求時尚，因此很容易可看出，在女演員這個角色上，作夢者緊密地認同母親這個鎮壓者的形象。若將母親以「超我」的形象引進這齣戲中，馬上會產生的問題是，以伊底帕斯情境的觀點是否能更深層地詮釋這個夢？而且我們也會自然地要問，她的父親是否也出現在夢中。在現實中，她的父親已於1914-18的大戰中陣亡，當時她年僅六歲；分析中顯示，她對父親這個讓她激動又拒斥她的原慾客體相當憎恨(此憎恨的感覺特別集中在一個早期對更衣室情景的回憶)。如果我們在夢中尋找其父親的表徵，我們的選擇明顯地只有一個——即與作夢者這個被攻擊的對象交替出現的男人。當然，之前我們已經看到，這個男人代表其丈夫，但於分析中已顯示，經由轉移關係，她的丈夫非常地等同於父親；這個及其

97

他一些無需詳述的理由，我們可以安全地推論，在更深層的詮釋中，被攻擊的這個男人即代表了她的父親，因此，在這個層次，這個夢可以詮釋為一個幻想：她和父親都被母親殺了，因為他們有罪惡的亂倫關係。同時，這個夢同樣也可以用心理結構的觀點來詮釋：在以母親為模型的超我之推動下，她亂倫地依附於父親的原慾被潛抑了。然而對我來說，這兩種詮釋都不能適切地符合分析的材料，雖然，結構觀點的詮釋似乎是能夠提供比較豐富有效的取向。

在此我需要說明一下我對幻想及夢的看法是如何演變的。多年前，我有一個機會去分析一位非常特別的女性，她是一個多產的作夢者[1]，這位女性所記錄的夢中，有許多是無法用「願望滿足」(wish-fulfillment)的理論來解釋的，後來她自己主動地用「事態」(state of affairs)的夢來描述它們，以暗示它們代表著真實存在的內在精神情境。這無疑讓我印象深刻。無論如何，很久之後，在佛洛依德的心理結構理論廣被熟悉之後，在梅蘭妮．克萊恩闡述其精神現實及內在客體的概念之後，也在我對分裂現象的盛行及重要性有深刻印象之後，我曾一度認為，夢中出現的人物皆代表著作夢者人格的一部分(以自我、超我、及原我的概念來設想)或自我所認同的對象。由此觀點進一步推演就是，夢其實基本上並非願望之滿足，而是內在現實情境的戲劇化表現或一部「短片」(以電影製片的觀點來說)。夢基本上是內在現實情境的「短片」這個看法，仍符合本文的整體思路，但若以夢中的人物來考慮，上述看法將須有所修正；我認為這些人物代表著「自我」的一部分或內在客體。因此根據我目前的看法，夢中刻劃的情境正代表著內在精神結構之間的關係，這個看法也適用於清醒時的幻想所刻劃的情境。若考慮我的客體關係理論，以及內在客體須為內在精神結構才有意義之事實，則上述結論的產生是很自然的。

---

[1]此個案在我的一篇文章〈一位生殖器異常患者的分析〉(見本書第二部分第二章)中，有詳細的描述。她也是我另一篇文章〈國王之死對分析中之個案的影響〉(見本書第二部分第三章)中所描述的第三個個案。雖然此個案的症狀以躁鬱為主，但回顧起來，我認為她基本上有分裂的人格特質。

現在我必須帶著上述的結論回到之前所討論的夢，並試圖解決一些理論上的問題。如前所言，雖然結構式的詮釋提供了較豐富的取向，但沒有一種詮釋是能令我滿意的。讀者當記得我對精神結構的看法，亦可憶及我所提出的一個觀點：所有的精神病理現象皆起源於超我出現之前的階段，而且這些現象都在超我運作的層面之下進行，因此我們無法依據超我或原我來解釋這個夢。相反地，雖然我接受結構式的觀點，但我將單純地從夢本身所提供的資料來揭示其意義。

99

在顯夢中，實際的戲裡出現了四個人物：(1)被攻擊的作夢者；(2)與作夢者交替變換的男人；(3)發動攻擊的女演員；(4)作夢者的丈夫，一個無助的旁觀者。然而當我們先入為主地將之當成實際的戲劇時，我們不能忘記還有一位目睹情節的唯一目擊者——作夢者本身，即觀察自我(observing ego)；包括她，總共有五個人。在此我要大膽地說，如果夢早幾秒鐘結束，即使把夢中的「我」算進去，也只有四個人，因為男人與被攻擊的作夢者形象互換時，才有第五個人物出現。這是個值得深思的問題，因為在男人出現之後我們才知道被攻擊的是個混合的人物。這個現象值得注意的是，因為我們很有理由相信女演員也是個混合的人物——即作夢者與其母親。所以，我有一個更大膽的想法——若夢多持續幾秒鐘，可能會有六個人物出現，而非五個。無論如何，在隱夢的內容裡，會出現六個人物的推論是安全的，且這畢竟以詮釋的目的而言是重要的。那麼假設夢中有六個人物，讓我們思索這些人物的特質，我們首先會發現到，這些人物可分成兩類——自我結構與客體結構。有趣的是，每一類中有三個人。屬於自我結構的有(1)觀察自我或「我(I)」；(2)被攻擊的自我；及(3)發動攻擊的自我。屬於客體結構的有(1)觀察客體(observing object)，即作夢者的丈夫；(2)被攻擊的客體；及(3)發動攻擊的客體。這讓我們有第二個發現——自我結構會自然地與客體結構相配對。有三個這樣的配對：(1)觀察自我與作夢者的丈夫，他也是一個觀察者；(2)發動攻擊的自我與發動攻擊的客體，後者代表個案的母親；(3)被攻擊的自我與被攻擊的客體，後者代表個案的父親(此點需涉及較深層的詮釋)。

100

記住這兩個發現後，現在讓我們考慮，當我嘗試對這夢做出滿意詮釋時會有什麼結論？敘述如下：夢中三個自我形象是各自獨立的，這確實代表著個案心靈中的自我結構是各自獨立的。因此作夢者「自我」是碎裂的，這正與分裂位置一致；它分裂成三個各自獨立的自我——一個中心自我(central ego)及其他兩個次自我(subsidiary ego)。這兩個次自我中，一個是另一個攻擊的對象，因為被攻擊的自我與作夢者的父親密切相關(並透過轉移關係而與其丈夫密切相關)，我們可以安全地推論，這個自我被賦予高度的原慾，故可適當地稱之為「原慾自我」(libidinal ego)，因為發動攻擊的自我與作夢者母親這個鎮壓者形象密切相關，故其行為相當符合傳統對伊底帕斯情境中對超我的描述。然而，因為此攻擊的特質是報復的而不是道德的，而且它所引發的情緒亦非愧疚感而是明顯的焦慮，所以沒有正當理由(撇開先入之見)把攻擊的自我與超我劃上等號。無論如何，如我之前所提的，有理由認為，任何精神病理的重要性皆可關連於超我功能運作層次之下的層次。同時夢中的情節顯示，作夢者與其丈夫的原慾關係有嚴重的受損；就這個夢來考慮，很清楚地這種受損與攻擊的自我有關。因此，將攻擊自我描述為一個「內在破壞者」(internal saboteur)可能是最恰當的。為了揭示此夢所要表達的，並且決定夢中所表達的內容之結構性意義，我決定放棄以「自我、原我、超我」來分類精神結構的傳統，而採用自我結構的碎裂來分類。在此，自我結構裂成三個部分——(1)中心自我(即「我」[I])，(2)原慾自我，(3)攻擊性或迫害性的自我，即我所稱之內在破壞者。日後的經驗讓我發現這種分法有普遍的適用性。

101

中心自我與次自我的客體關係

這就是我對這個夢裡所呈現之自我結構的結論，接著讓我們考慮我對這些自我結構之客體關係的結論。如上所述，這三個自我皆會自然地與特定的客體做配對。中心自我的特定客體是作夢者的丈夫；考慮作夢者的中心自我對他的態度，應該是個不錯的開始，因為中心自我是這個夢的觀察者「我」，並且與之後描述此夢時清醒的「我」是相連續的，所以我們可安全地推論這個自我大部分是前意識的(preconscious)——無論如何，一般所認為的冠以「中心」之名的自我理應如此。進一步支持此推論的事實是，於外在現實中，作夢者的丈夫是一個極為重要的客體，而且在此夢發生的那個晚上，作夢者的丈夫充斥在她的意識思想中。雖然在夢中代表他的人物必然是內在客體，但與夢中其他客體相較(如孩提時代內化的雙親客體)，此客體在心靈上明顯地必佔據在更為表層的位置，且必與外在現實中相對的客體有更密切的對應。因此，作夢者對其丈夫這個外在客體的態度，就我們現下的目的而言相當重要；這個態度基本上是矛盾的，特別是考慮到婚姻關係時，然而，對他的攻擊明顯地沒有主動表現出來。同樣地，她對他的原慾依附也有嚴重被潛抑的跡象；而且在對這個夢做聯想的時候，她責備自己沒有對他付出深情，也沒有把自己獻給他，而她在意識上補救這些缺憾的方法是盡力當個「好妻子」。因此問題是，既然她對丈夫潛藏的攻擊和對丈夫潛藏的原慾需求，在夢中沒有直接的表現出來，它們是否會以某種間接的方式來呈現？這個問題會使我們馬上想到被內在破壞者攻擊後，原慾自我的變形(metamorphosis)。原慾自我變成一個男人，然後與之交替互換，這個男人雖然在深層代表著作夢者的父親，但與其丈夫亦有密切的關係。所以明顯地，她的攻擊沒有直接指向丈夫這個外在客體，絕大部分的攻擊是指向其原慾自我，以及與原慾自我密切連結的內在客體。同樣明顯地是，這攻擊不是由中心自我支配而是由內在破壞者所支配，那麼她的矛盾態度中的原慾成分呢？如我們所知，她對丈夫的原慾態度是很枯竭的，儘管在意識層面上她很想投注。所以明顯地，發生在其攻擊的現象也會發生在其原慾上，這些原慾絕大部分也不是由中心自我支配，這部分原慾所指的對象是很清楚的。就這個夢而言，這對象肯定是與原慾自我交替互換的那個被攻擊的男人，但與攻擊不同的是，這原慾不是由內在破壞者所支配；相反地，它必須由原慾自我支配[1]，這也正是我將之稱為「原慾自我」的原因。在此需要陳述一個在讀者心

102

[1]譯註：從這些敘述可發現，對於攻擊和原慾，作者似乎將之視同如能量一般，有方向性並且(純就理論上而言)可以量化。所以攻擊和原慾可以被支配和分配。這在以下的敘述中將更明顯。

中勢必已經存在的懷疑——雖然在夢中以不同方式呈現，但是否內在破壞者對原慾自我的攻擊只是次發的，對原慾客體(即與原慾自我交替互換的客體)的攻擊才是主要的？假設這樣的懷疑是對的，則我們須視原慾自我所受的苦難乃代表著原慾自我完全地認同於被攻擊之客體，並對其有非常強烈之原慾依附，這可用來衡量原慾自我熱愛其客體而準備承受「痛苦」的程度。作夢者醒來後所經驗到的焦慮，亦可用此道理來詮釋；事實上，我大膽地認為，這種焦慮代表著原慾自我所受的「痛苦」侵入意識的層面。在此我們當會憶及佛洛依德原初對精神官能症焦慮(neurotic anxiety)的概念，亦即焦慮是轉變成痛苦的原慾[1]。我曾一度在理論上難以接受這種觀點，但以我目前的觀點而言，我會贊同，而且相較佛洛依德後來修正的觀點(我認為是很不容易接受的)，我更接受他原來的觀點。

103

現在，夢中出現的三個自我的客體關係已有了一些澄清，但澄清的過程尚未完全。目前呈現的態勢如下：作夢者對丈夫的前意識態度是矛盾的，而這也是其中心自我對其外在客體及此外在客體之內在表徵的態度。然而，中心自我之客體關係中的原慾及攻擊成份，絕大部分是被動的；另一方面，作夢者主動的原慾大部分由原慾自我支配並指向一內在客體，為了命名，我們可將此客體稱為「(內在)的激動客體」([internal] exciting object)。同時，她的攻擊大部分由內在破壞者支配，並指向(a)原慾自我，及(b)激動客體(即原慾自我的客體)。然而，我們勢必會注意到尚有某些內在精神關係未被論及——特別是(1)中心自我與其他自我的關係；(2)內在破壞者與某內在客體的關係，此客體與內在破壞者密切相關，並以女演員形象中的母親成份來呈現。首先考慮後者，我們可以容易地看到，既然夢中的女演員是作夢者自己及其母親的組合體，內在破壞者必然緊密地認同其客體，所以必然對此客體有強烈的原慾依附。為了描述，我們須給這個客體一個名字，我稱之為「(內在)拒斥客體」([internal] rejecting

[1]譯註：例如在《性學三論》中，佛洛依德說，「精神官能症焦慮起源自原慾，它是原慾的一種轉變，就像酒變成醋那樣。」(*Standard Ed.*, 7, 224.)

object)。我選擇這個詞的主要理由，容後再述；在此我的理由是，作夢者的母親，作為這個內在客體的原始模型，基本上是一個拒斥的形象，而且可以說，內在破壞者即藉此客體之名將攻擊指向原慾自我。至於中心自我與其他自我的關係，對於其性質我們最重要的線索是，雖然中心自我是由前意識、意識、及潛意識的元素構成，但其他的自我基本上只是潛意識的。由此可推論，原慾自我與內在破壞者皆被中心自我所排斥；而證明此一推論的事實是，如我們所知的，相當大部分不再被中心自我支配的原慾及攻擊，現在被次自我所支配。因此，若次自我被中心自我排斥，此一排斥的動力便需要探討。很明顯地，此排斥的動力不可能是原慾，故沒有其他選擇，必然是攻擊；攻擊必然是中心自我對次自我的態度中，最主要的決定因素。

104

現在我已完成用動力結構的觀點，解釋我如何重構此個案夢中呈現之內在精神情境，這樣的解釋是以邏輯上有效的陳述形式呈現的，它也多少顯示了我的觀點：夢基本上是內在現實的「短片」(而非願望的滿足)。然而，我讓讀者花費許多注意力在這個夢的原因，主要不是為了證實我對夢的一般觀點，相反地，是因為這個夢對我來說，呈現了內在精神情境的典型規則以及典型的角色，而可將之視為所有內在精神情境的典範。為了方便，我們用下頁的圖示來表示此情境的一般特徵。

105

基本內在精神情境及以此為基礎的心理結構修正理論

我相信上述的內在精神情境是潛藏於佛洛依德的「原我、自我、超我」心理裝置底下的情境，以此內在精神情境為基礎，我建構心理結構的修正理論，而此理論是以「中心自我、原慾自我、內在破壞者」來敘述的。大家可能很自然地會想到佛洛依德與我目前的理論之間的對應，從功能的角度而言，「中心自我」與佛洛依德的「自我」十分類似，但兩者在概念上有很大的差異；和佛洛依德的「自我」不同的是，「中心

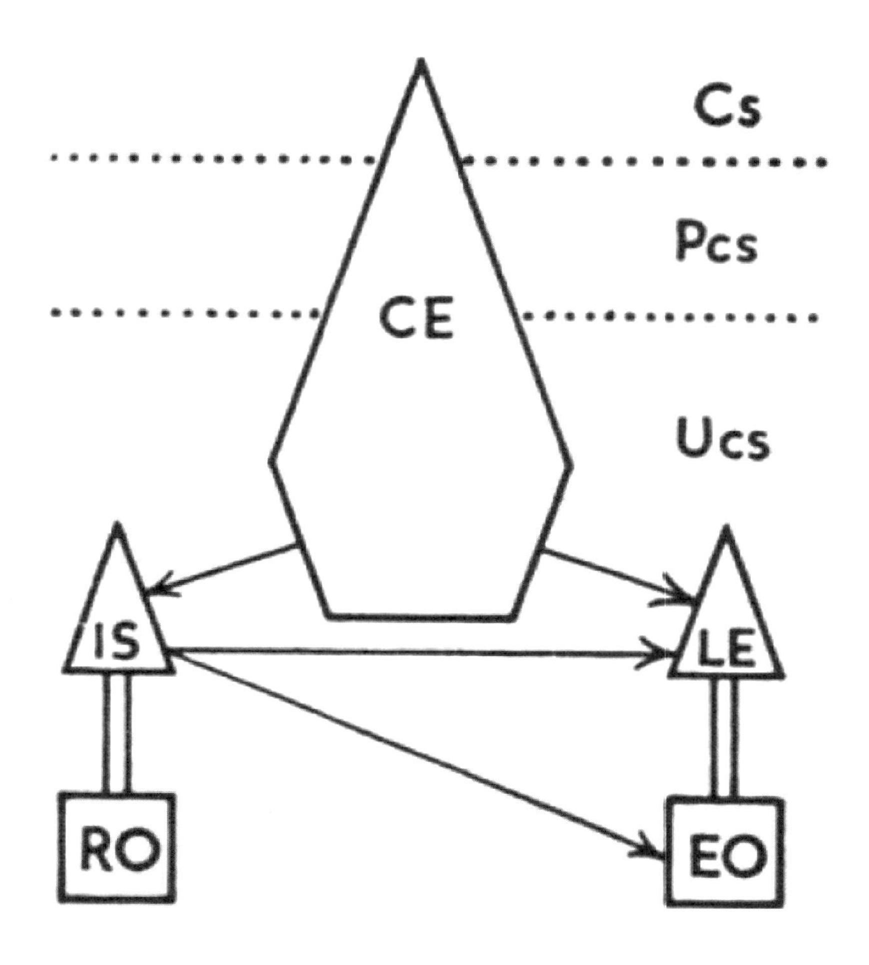

CE，中心自我；IS，內在破壞者；LE，原慾自我；RO，拒斥客體；EO，激動客體；Cs，意識；Pcs，前意識；Ucs，潛意識；→，攻擊；==，原慾。

自我」並非源於其他事物(即「原我」)，亦不是一種依附於原我表面並依賴原我衝動的被動結構[1]。相反地，「中心自我」是一基本而具有動力的結構，而且，之後我們將會看到，其他的心理結構皆由此出。「原慾自我」，當然，可與佛洛依德的「原我」對應，但按照佛洛依德的觀點，「自我」源於「原我」，而按照我的觀點，「原慾自我」(對應於「原我」)是源於「中心自我」(對應於「自我」)。另外，「原慾自我」不同於「原我」亦在於其不僅是本能衝動之儲藏所，而是像「中心自我」一樣的動力結構，雖然它與後者有許多不同，例如，它較有嬰孩的特質，較無組織，對現實的適應程度較小，而較易投注於內在客體等。「內在破壞者」與「超我」也有很多地方不同；首先，「內在破壞者」並非內在客體，它完全是一自我結構，雖然如我們所見，它與一內在客體的關係很密切，事實上，「超我」也沒有像「內在破壞者」那樣能與其相對應的客體(如夢中的女演員)合而為一。同時，「內在破壞者」本身完全沒有道德上的含意，此亦與「超我」不同，因此，我不將愧疚感歸因於「內在破壞者」的活動，雖其活動無疑是許多焦慮之源，當然這種焦慮可能與愧疚感融合，但這兩種情感在理論上是完全不同的。在此需一提的是，雖然引進了內在破壞者的概念，但我並不打算像拋棄原我的概念那樣拋棄超我的概念，相反地，對我來說，沒有超我的話，似乎不可能滿意地解釋愧疚感，但超我須被視為是源於比內在破壞者運作層次更高的心理結構層次；這兩個結構的活動之間明確的關聯為何目前尚待探討。有關我最近對超我起源及功能的觀點，請讀者參閱我之前的論文(1943)[2]。

106

[1]當然，佛洛依德對自我的概念是借自葛羅戴克(Groddeck)；但是，如果在下文的結論中有什麼真確性的話，那就是：自我(譯註：這裡作者指的應是中心自我)這個概念乃基於潛抑導致之內在精神情境；因此以佛洛依德的觀點而言這是個怪異的說法，因為這個說法暗示，自我的起源是因於潛抑。(譯註：在《自我與原我》中，佛洛伊德說的是「原我」這個詞沿用自葛羅戴克。「佛洛依德對自我的概念借自葛羅戴克」似乎是作者的推論。)

[2] 譯註：見本書第一部第三章。

自我的碎裂與潛抑是
分裂與歇斯底里狀態中，同一運作過程的不同面向

在思考我所謂「基本內在精神情境」(the basic endopsychic situation)的起源之前，我必須說明一些由此狀態的性質推衍出來的一般結論；首先也最明顯的結論是：自我是碎裂的(split)。故以此觀之，目前顯現的基本內在精神情境與分裂位置(schizoid position)的形式是一致的——正如之前所提，我認為分裂位置是核心(而非憂鬱位置)。當然，佛洛依德的心理裝置理論是基於憂鬱位置而發展的，梅蘭妮．克萊恩也在相似的基礎上發展其理論；相反地，分裂位置則是我目前心理結構理論的基礎。進一步要指出的是，不僅與分裂位置的形式一致，

107

我的個案夢中呈現的內在精神情境亦可滿意地從動力結構來解釋此病人歇斯底里的性冷感。在此我們想起歇斯底里症狀與潛藏的分裂態度間的一般關連——此關連之前已述及。因此這提供了我們第二個結論的良好基礎——歇斯底里的發展自始即奠基於潛藏的、基本的分裂位置。我們第三個結論則來自之前所提的中心自我對次自我的攻擊態度，大致而言，分裂位置所觀察到的自我碎裂，是由於某些仍被中心自我支配的攻擊在運作，這種攻擊提供了次自我與中心自我分離的動力。當然，次自我一般是潛意識的，而它們的潛意識狀態馬上會讓人懷疑它們是否被潛抑？這在原慾自我(對應於佛洛依德的原我)是很明顯的，而如果一個次自我會被潛抑，我們沒有理由認為另一個次自我就能免於如此。所以我們的第四個結論是，內在破壞者(此於功能上大致對應於佛洛依德的超我)亦如原慾自我般的被潛抑，乍看之下，這個結論似乎與我之前的觀點(1943)有矛盾，後者認為潛抑基本上只針對內在壞客體；然而這沒有真正的不一致，因為我認為次自我的潛抑是次發於內在壞客體的潛抑，此情形與內在破壞者攻擊原慾自我的情況類似。如前所見，這種攻擊基本上是針對與原慾自我關係密切的激動客體，對原慾自我的攻擊是次發的，同樣地，我認為中心自我對原慾自我的潛抑亦次發於對激動客體的潛抑。根據上面的觀點，我們的第五個結論毋庸再詳細解釋；這結論是，潛抑的動力

108

是攻擊。我們的第六個也是最後一個結論，同樣來自之前的結論，它是：自我的碎裂與次自我被中心自我潛抑，這兩者基本上是同一種現象，只是以不

同的觀點來考慮。在此我們當可憶起，自我碎裂的概念是布洛伊勒(Bleuler)所提出以解釋「早發性痴呆」的現象，直到後來他引入「精神分裂症」[1]一詞來取代，而潛抑的概念則是佛洛依德所提出以解釋歇斯底里的現象。所以最後這個結論可以證實，歇斯底里症狀產生的背後，基本上是分裂位置。

基本內在精神情境與自我多重性的起源

現在讓我們把注意力回到我的個案，夢中經典呈現之基本內在精神情境的起源。依之前的觀點，很明顯地，不管對此情境起源的解釋是什麼，它亦可用來解釋分裂位置的起源，潛抑的起源，以及各種基本內在精神結構的分化。如前所見，此個案對丈夫這個外在客體基本上是矛盾的，而其基本內在精神情境乃起源於早年對客體的矛盾狀態。當然，嬰兒的第一個原慾客體是母親的乳房，雖然很快地，母親這個人的形式會繞著這個母性器官的原初核心形成。在理論上的完美狀態下，嬰兒與母親的原慾關係將十分圓滿而不會有原慾的挫折，之後嬰兒對其客體亦不會出現矛盾。在此我必須先解釋，雖然我認為攻擊是一基本的動力因素，因為它似乎不能用原慾來解析(例如像榮格那樣尋找如何解析它)，但同時我也認為它最終應從屬於原慾，不只是形上學上，心理學上亦然。因此，在沒有挫折的情況下，我不認為嬰兒會攻擊其原慾客體；我對動物行為的觀察亦證實了這個看法。要附帶說明的是，在自然狀態下，嬰兒不會經驗到在文明情境中那種母親與嬰兒的分離。事實上可以推論，在自然的狀態下，嬰兒很少被人從母親的懷抱及乳房剝奪，直到正常發展過程中嬰兒自己漸漸的離開它們[2]。然而這種完美的狀態對出生於文明社會的人類嬰兒來說只是理論上可能；事實上嬰兒與母親

109

[1]譯註：'schizophrenia'一詞台灣目前譯為「思覺失調症」，但考慮作者要表達這個詞所傳達的分裂(splitting/ schizoid)意含，在此仍採舊譯名「精神分裂症」。參考第一部第一章第二個譯註。

[2]當然，我們必須承認，在任何狀況下，嬰兒在出生時，必然深刻地經驗到分離及安全感之喪失，我們可以假設，除了焦慮之外，某種程度的攻擊會被此經驗喚起。但沒有理由相信，在無進一步原慾挫折的情況下，此經驗本身會造成嬰兒的矛盾狀態。

的原慾關係從一開始就有許多挫折，雖然受挫的程度因人而異。原慾受挫的經驗將喚起嬰兒對原慾客體的攻擊，因而導致矛盾狀態。但僅以「矛盾」來描繪嬰兒此種狀態只是部分而不完全的；因為這完全是從觀察者的觀點來描繪的。從嬰兒自己主觀的角度來看，是他的母親變成了一個矛盾客體，也就是說，一個既好又壞的客體。嬰兒無法忍受一個好客體同時也是壞的，所以解決之道就是將母親形象分裂成兩個客體。能夠滿足其原慾的，就是「好」客體，無法滿足其原慾的，就是「壞」客體。但嬰兒會發現，自己現在面對的情境反而使其忍耐力及適應力承受莫大的考驗。於外在現實中，這種情境是他無法控制的，所以他需尋求一種可以自己支配的方式來減緩痛苦。他可以支配的方式十分有限；而他可採用的技術也多少要臣服於這個限制。故唯一可行之道是，既然外在現實似乎無法改變，他就盡其所能地將此情境中的創傷因素轉移至內在現實的領域，因為在其中他較能控制這情境。這意味著他內化了母親這個「壞」客體。在此我要提醒讀者，就我的意見，於初始被內化的總是壞客體(在此階段，即無法令人滿足的客體)；因為(如同之前附註中所提的)[1]我發現從嬰兒的觀點而言，在初始並沒有什麼動機讓他內化令人滿足又順從的「好」客體。當然，有人會認為，在被剝奪的狀態，依據慾望滿足的原則(wish-fulfilment principle)，嬰兒會很自然的內化好客體；但我認為客體的內化基本上是一種強制高壓的手段，而嬰兒想要壓制的並非令人滿足的客體，而是那個不能令人滿足的客體。在此我用「令人滿足的客體」(satisfying object)及「不能令人滿足的客體」(unsatisfying object)，而不說「好客體」(good object)及「壞客體」(bad object)，是為了避免誤解。因為好客體及壞客體可能會被認為是「渴求的客體」(desired object)及「不想要的客體」(undesired object)。然而很明顯的，一個壞客體(亦即「不能令人滿足的客體」)，有可能是嬰兒渴求的。事實上，就是因為這個壞客體是嬰兒渴求的，所以才會被內化。但問題是在內化之後這個客體還是壞的，亦即它仍然不能令人滿

110

[1]譯註：這裡指93頁(原文頁數)的註腳。

足。這裡有一個重要的關鍵。與「令人滿足的客體」不同的是，「不能令人滿足的客體」有兩個面向。它令人受挫，亦誘人垂涎。事實上，它的「壞」正是因其揉合了誘惑與挫折。而且在內化之後，它仍保有這些特質。所以，在內化了不能令人滿足的客體之後，嬰兒會發現情況反而雪上加霜。為了控制這不能令人滿足的客體，他將之引入內在世界，但此客體仍不斷地挫折他的需求，並不斷的刺激誘惑他。因此他發現自己面臨另一個無法忍受的處境——這次是內在的。他要怎麼應對呢？如前所見，起初嬰兒處理無法忍受的外在處境時，他的方法是將母親客體分裂成兩個客體，即(a)「好的」及(b)「壞的」客體，然後內化壞客體；他處理隨後出現之無法忍受的內在情境時，也用了類似的方式。他將內在的壞客體分裂成兩個客體——(a)被需求或激動的客體(needed or exciting object)以及(b)挫敗或拒斥的客體(frustrating or rejecting object)；然後他潛抑此兩種客體(當然，他運用攻擊來當作潛抑的動力)。然而，在此出現了新問題；因為客體被分割了，他原先對客體的原慾依附也被分割了——雖然不是均等的分配。結果是，在潛抑這些客體的過程中，自我伸出了偽足[1]，藉此與被潛抑的客體維持原慾的依附關係。這些偽足的發展，代表了自我分割的最初階段。隨著客體潛抑的進行，自我最初的分割亦隨之完成。這兩根偽足因為連結到的是被排斥的客體，所以也被處於中心位置的自我所排斥；它們與其相連結的客體一樣，遭到被潛抑的命運。如此，這兩個次自我，即原慾自我與內在破壞者，就從中心自我分裂出來，而形成了自我的多重性。

111

以「分而治之」(Divide et impera)的技巧來處置原慾和攻擊

上述過程所造成的情境，即我所稱的「基本內在精神情境」之結構模式。但此情境的動力模式，除了一個重要面向——即內在破壞者對原慾自

[1]譯註：這裡用的是佛洛依德在「論自戀」一文中的比喻，亦即將自我的原慾連結形容成變形蟲伸出的偽足。

我及其關連的客體(激動客體)有攻擊的態度——其餘我們尚未探討。為了解釋此情境起源的風貌，我們必須從一個新的角度思考起初嬰兒對母親的矛盾狀態。這次我們不從認知的面向[1]，而是從情感的面向來思考小孩的反應。小孩不僅有衝動的天性，他更會以一種明確的方式表達自己的感受。他對客體的主要印象，就是透過表達他的感受而形成的。但當矛盾出現時，他對母親感受的表達，會讓他處於一種非常不安的狀態。於此須指出的是，從嚴格的認知觀點而言，母親所帶給他的挫折，若以嚴格的情感的觀點來看，將會十分的不同。從後者的觀點，他所經驗到的，是一種缺乏愛的感覺，是母親在情緒上的拒斥。但在小孩眼中，對母親這個拒斥客體表達恨是件非常危險的事。一方面這會讓母親更排斥他，因而增強了她的「壞」，而讓她壞客體的角色更加真實。另一方面，這會讓母親愛他更少，因而減弱了她的「好」，而讓她好客體的角色更不真實(亦即，摧毀了她)。在此同時，面對母親的拒斥，就小孩而言表達對她的原慾需求(亦即對她的原始的愛)也是危險的事；因為那相當於將原慾釋放到情緒的虛無空間。這種釋放將伴隨著十分悲慘的情感經驗。對大一點的小孩來說，這是一種愛受到貶抑的強烈屈辱經驗。在深一點的層面(或早一點的階段)，這是一種需求的表現被忽視或貶抑的羞恥經驗。由於這些屈辱和羞恥的經驗，他覺得自己無用，匱乏，像乞丐一般。他的自我價值感受到威脅；在「卑下」的感受中，他覺得自己是壞的。當然，這些經驗的強度與其需求的強度成正比；而由於他認為自己的需求有「要求太多」的性質，這需求的強度本身亦會加深他覺得自己的壞。同時這種壞感受也因他經驗到的全然無力感而進一步被加強。在更深的層面(或是更早的階段)，小孩所經歷到的，可以說是一種徒勞的發怒以及原慾完全空虛的經驗。因此這是一種崩解及瀕臨精神死亡的經驗。

112

因此我們可以了解，當面臨母親的拒斥時，不管向她表達攻擊或原慾的情感，對小孩來說都是多麼不安的事。簡單說，小孩發現自己所處的狀況是：如果他表現攻擊，將會面臨失去好客體的危險，但如果表現原慾需求，

[1]譯註：認知的面向應是指上節所討論的有關令人滿足/ 不能令人滿足的客體等之面向。

則會面臨失去原慾(這對他來說就是失去自己的好)的危險，而最終就是失去自己所賴以組成之自我結構的危險。這兩種威脅中，前者(即失去好客體)會引發憂鬱之情感，此即日後發展成抑鬱狀態的基礎，對這些人而言，處理攻擊比處理原慾困難。另一方面，後者之威脅(即失去原慾及自我結構)則引發無用感，此即日後發展成分裂狀態的基礎，對這些人而言，處理原慾比處理攻擊困難。

113

就憂鬱及分裂狀態的病因而言，與上述相似的觀點在我之前的文章中(1941)[1]已有論及。但在目前的情況我們關心的是，當小孩面對被母親拒斥的經驗時，他如何避免因表達情感(無論是原慾的或攻擊的情感)而帶來的危險。我們之前說過，他試圖處理矛盾情境的方法依次有(1)將其母親的形象分裂成兩個客體，一個好的與一個壞的；(2)內化壞客體以力圖控制；(3)將內化的壞客體分裂成兩個客體，即(a)激動或被需求的客體，以及(b)拒斥客體；(4)利用某些份量的攻擊作動力來潛抑這兩個客體；(5)利用另外份量的攻擊做動力，將與上述兩個內在客體有原慾連結的次自我由中心自我分裂出來並加以潛抑。這些以內化及分裂技術為基礎的方法，可讓小孩在面對母子關係的挫折經驗及母親的拒斥時，減輕嚴峻的痛苦；但除非在最極端的情況，這些方法並不能消除小孩對母親這個外在客體的需求，也無法抹殺母親的重要性——若這樣倒也不錯。與此事實一致的是，小孩的原慾及攻擊並沒有在上述的過程中完全被吸收；結果，他仍需對付向母親這個拒斥客體表達原慾或攻擊情感時的危險。因此上述方法需要補強。事實上它們由一種很明顯的技術所補強，這種技術很類似眾所皆知的「分而治之」(Divide et impera)原則[2]。小孩為了避免對客體表達攻擊或原慾情感時之危險，他的方法是，用自己最大量的攻擊去壓制自己最大量的原慾(*using a maximum of his aggression to subdue a maximum of his libidinal need*)。藉此他降低了向外表達

114

[1]譯註：即本書第一部第二章。

[2]譯註：Divide et impera是拉丁格言，原意是divide and rule或divide and conquer，亦即分化對手勢力，再收服個別的小勢力，有「分而治之」或「各個擊破」的意思。進一步引申的意思是讓分化後的勢力彼此因利益或想法的矛盾而互相攻擊，類似「以夷制夷」的意思。在此作者是用後面這種引申的意思。

的情感(包括原慾的和攻擊的情感)的量。當然，如前所提，原慾和攻擊都不能離開結構而存在。因此我們現在要確定的是，小孩多餘的攻擊及原慾是分配於上述哪些自我結構。這個問題的答案很明顯。多餘的原慾由原慾自我接收；而內在破壞者則接收多餘的攻擊。所以小孩用攻擊去壓制原慾需求的技術，就轉變成內在破壞者對原慾自我的攻擊。而原慾自我也將身上多餘的原慾加諸其相對應的客體，即激動客體。另一方面，內在破壞者對此客體的攻擊代表了小孩對母親這個誘惑者原初的憎恨，因為她激起他的需求，卻又無法滿足他，並因此而束縛他——事實上，這正如內在破壞者對原慾自我的攻擊代表著小孩對自己的憎恨，因為他的需求使他不得不依賴。要附帶說明的是，這個補強的方式與上述五種過程是同時進行的，只是為了要清楚論述而分別地描述它們。

直接潛抑，原慾阻抗及間接潛抑

現在我們已描述了內在破壞者對原慾自我及激動客體攻擊態度的根源，所以我們也完成了對基本內在精神情境動力模式過程的解釋。然而，現在尚需對潛抑的特質及根源作一些補充說明。就之前的思路，潛抑過程是源於未分割的自我(undivided ego)對激動客體及拒斥客體的排斥。而這個原發性的潛抑過程伴隨著一個次發性的潛抑過程，即自我進行分裂，並排斥分裂出去的部分，因為這些部分與之前被潛抑的內在客體相連結。結果是，中心自我(即未分割自我的剩餘部分)的排斥態度，不只針對激動客體與拒斥客體，亦針對與其相連結的兩個次自我，即原慾自我與內在破壞者。中心自我的排斥態度構成了潛抑；而排斥的動力是攻擊。到目前為止一切順利。但對於潛抑的特質及根源，這樣的解釋並不完全，因為它沒有說明在上述技術中(即用最大量的攻擊壓制最大量的原慾來減少攻擊及原慾對外在客體的表現量)，涉及了什麼。如前所述，這種技術可分解為兩個過程：(a)多餘的攻擊由內在破壞者接管，並將之投諸原慾自我；(b)多

115

餘的原慾由原慾自我接管，並將之投諸激動客體。當思考這過程的整體意義時，我們可以清楚看到，內在破壞者對原慾自我無情的攻擊，必然是助長潛抑的一個強力因素。事實上以動力的角度而言，這個因素甚至是維持潛抑的最重要因素。明顯的，佛洛依德理論中的超我及其潛抑功能即以上述現象為基礎；因為佛洛依德刻劃的超我對原我衝動的堅定敵意正符合內在破壞者對原慾自我的堅定攻擊態度。相似地，佛洛依德觀察到抑鬱個案的自責最終是針對所愛的客體，這也符合內在破壞者對激動客體的攻擊態度。

在此無需重覆之前對佛洛依德超我及原我相關概念的批判。但值得注意的是，在描述潛抑時，佛洛依德完全忽略了我所描述的原慾自我與激動客體之間連結的現象。如前所述，這種連結吸收了相當多的原慾。甚者，這些原慾所指向的客體是被內化且潛抑的，故無可避免地也是遠離外在現實的。在此情況下，原慾自我的客體追尋即形成一種阻抗，這種阻抗有力地加強了直接由潛抑造成的阻抗；而這種阻抗對治療目標的干擾，並不亞於後者[1]。我之前論文(1943)[2]中的觀點準用於這個主題。在此我加上「準用」[3]一詞是因為，在寫那篇論文的時候我尚未形成目前我對內在精神結構的觀點；但後來的觀點是原來主題的擴充而非不同的主題。當然，這個主題與佛洛依德的陳述(1920)[4]有直接的衝突。他說「潛意識的——亦即『被潛抑的』——材料，對治療工作是沒有任何阻抗的。」但如果原慾的本質是尋求客體，而此客體又是被潛抑的內在客體時，我毫無疑問地相信，原慾自我對激動客體頑固的連結及其不願放棄此客體的態度，是阻抗難以克服的主因——也是所謂負向治療反應(negative therapeutic reaction)的重要決

116

[1]譯註：在本書第一部第三章中，作者甚至認為前者造成的阻抗比後者所造成的阻抗更難克服。見原文頁73。

[2]譯註：本書第一部第三章。

[3]譯註：「準用」，'mutatis mutandis'，是指兩件或多件事雖然細節不盡相同而需做一些修改，但其基本的要點是相同的。

[4]超越享樂原則Beyond the Pleasure Principle(London,1922),p.19。

定因素。上述的連結關係是原慾的，所以不能將之視為一種潛抑現象；但一方面它是中心自我潛抑作用的產物，一方面它也有力地助長此潛抑過程。當然，內在破壞者對原慾自我之客體(即激動客體)的攻擊，亦加深了原慾自我與其客體之連結，因為此客體一直受到威脅。在此我們好像瞥見了羊皮下原來的狼；亦即，我們瞥見到各種偽裝下一直存在的原初矛盾情境；因為原慾自我與與激動客體的頑強連結，以及內在破壞者對激動客體的頑強攻擊，真正代表著原初矛盾態度的頑固性。真相是，不管事實如何被偽裝，人總是非常不願放棄孩提時期對原初客體原初的恨與原初的需求。這對精神病或精神官能症的個案而言特別是如此，更不用說那些精神病態人格(psychopathic personality)的個案了。

117

如果原慾自我與激動客體的連結會有力地助長潛抑，同樣的道理也適用於內在破壞者對此內在客體的攻擊。但就潛抑的實際過程而言，兩者有一重要的差別；因為後者不只促進潛抑，它亦與潛抑有相同之實際運作過程。在攻擊激動客體時，內在破壞者是中心自我的友軍[1]，因為後者對激動客體之潛抑，如前所述，正是攻擊的表現。內在破壞者更進一步協同中心自我攻擊原慾自我，而幫助了中心自我潛抑原慾自我。由此觀點，我們可以說，內在破壞者對原慾自我及激動客體的攻擊代表一種間接形式的潛抑(*indirect form of repression*)，它協助並加強了中心自我對這兩個結構的直接潛抑。

如前所見，次自我由未分割的自我分裂而來；但由前亦可知，在地形學觀點(topographic standpoint)中單純的自我分裂，以動力學的觀點來看，卻涉及了中心自我對兩個次自我之主動拒斥與潛抑。因此要注意的是，雖

[1]譯註：原文這裡是，「...(the internal saboteur) performs a function which constitutes it a co-belligerent, albeit not an ally, of the central ego,...」。Co-belligerent(此處譯為友軍)和ally(盟友)不同，前者是在戰爭期間面對共同敵人時沒有正式簽約的盟友關係。如二戰時芬蘭曾與德國一起對蘇聯作戰，兩國即為co-belligerent。但相對地，德國與義大利的關係則為盟友(ally)。相較於ally，co-belligerent之間對於作戰目的可能會有很大的差異。在此作者用co-belligerent來形容中心自我與內在破壞者的關係，暗示著兩者有相同的攻擊目標，即激動客體，但引發攻擊的原因並不相同。

然原慾自我與內在破壞者皆受到中心自我的直接潛抑，但只有原慾自我受到間接的潛抑。當了解直接及間接潛抑的差別後，我們可以清楚的看出，佛洛依德所描述的潛抑過程十分接近我所描述的間接潛抑而比較不像我所描述的直接潛抑。無論如何，比較佛洛依德的潛抑概念與我對整體潛抑現象(包括直接與間接潛抑)的概念，相同的地方是——心靈中的原慾成分被潛抑得比攻擊成分多。當然毫無疑問的，攻擊的成分是被潛抑了，但用佛洛依德的心理裝置理論很難解釋此現象。在其理論中，衝動與結構是分離的，所以只有原慾會受潛抑；因為以佛洛依德的觀點，對攻擊的潛抑勢必涉及以攻擊潛抑攻擊的吊詭。相反地，在我的觀點中，衝動離不開結構，它只是代表結構的動力面，因此說明心靈中攻擊成分的潛抑，不會比說明原慾成分的潛抑困難。所以關鍵不在於攻擊潛抑攻擊，而是一個自我結構以攻擊去潛抑另一帶有攻擊衝動的自我結構。因此，在我的觀點中，中心自我潛抑內在破壞者及原慾自我的現象，可充分的解釋攻擊成分的潛抑。同時，原慾成分比攻擊成分被潛抑得更多的事實亦可用間接潛抑的概念來解釋。事實似乎是，如果*潛抑原則*(*the principle of repression*)主導多餘原慾之配置多於主導多餘攻擊之配置，那麼*地形學再分配原則*(*the principle of topographical redistribution*)則主導多餘攻擊之配置多於主導多餘原慾之配置。[1]

伊底帕斯情境的意義

以攻擊克服原慾的過程，佛洛依德的「潛抑」理論與我自己的「間接潛抑」概念不謀而合，這點我已充分說明。但對此作用的起源，我和佛洛依德的看法不同。佛洛依德認為，此作用的起源是為了避免或減少在伊底帕斯情境中對異性親代(the parent of opposite sex)表現原慾(亂倫)衝動及對

[1]譯註：全書中作者並沒有特別說明這兩種原則為何，不過從上文脈絡看，這裡的地形學再分配原則應是指以攻擊處理攻擊，即內在破壞者從原來未分割的自我分裂出去的現象；而潛抑原則應是指以攻擊處理原慾，即直接與間接潛抑。亦可見頁173(原文頁數)的敘述。

同性親代(the parent of similar sex)表現攻擊(弒親)衝動。另一方面，依我之見，此作用起源於嬰兒期，嬰兒為了減少對母親這個唯一有意義且完全依 119 賴的客體投予過多的原慾及攻擊。這個看法上的分歧可由下述事實正確地解釋：我已不像佛洛依德那樣把伊底帕斯情境視為一種解釋的概念。就佛洛依德而言，伊底帕斯情境是最終的原因，但我現在也無法同意這一點。我現在認為，佛洛依德歸給伊底帕斯情境的那個最終原因，應該歸給嬰兒式依賴(infantile dependence)。而伊底帕斯情境代表的不是原因而是最終產物。它不是一種基本情境，而是衍生自一個不管從邏輯上或時間上皆優先於它的情境。這個優先的情境直接源自嬰兒對母親的生理及情緒依賴，這種呈現於嬰兒與母親關係中的情境，遠在父親成為有意義客體之前就出現了。在此不適合詳述我現在對伊底帕斯情境的觀點——這觀點在之前的文章中(1941)[1]已略有述及。但為了以伊底帕斯情境的觀點來比較前述我與佛洛依德潛抑概念的不同，我必須簡短的說明我如何把此古典的情境放在我提出的廣泛架構中審視。讀者想必知道，我不把伊底帕斯情境視為一解釋的概念，不只是因為我對潛抑起源之看法，也是因為我對基本內在精神情境之形成的看法，以及對內在精神結構分化的看法。這些看法曾完全用以下面向來論述：在嬰兒時期固有的矛盾情境中，嬰兒如何處理與母親這個原始客體的關係困境。嬰兒嘗試處理此矛盾情境的各種方法，在伊底帕斯情境發展之前就都已經被使用了。正是在與母親的關係中，嬰兒建立了基本內在精神情境，完成了內在精神結構的分化，並開始有了潛抑；當這些 120 發展都發生之後，小孩才要面對伊底帕斯情境的特殊難題。所以伊底帕斯情境不是一種解釋性的概念，而是一種可以用已經發展出來的內在精神情境去解釋的現象。

跟外在現實一樣，伊底帕斯情境對小孩世界最新的衝擊是，他現在需面對兩個不同的親代客體，而非之前的一個。無可避免的，小孩與新客體(即其父親)的關係，必相似於先前與母親關係中所經驗到的變化——特別

[1]譯註：本書第 一部第二章。

是在需求、挫折、及拒斥的變化。由於這些變化，對他來說父親成為一個矛盾客體，同時他對父親的態度也是矛盾的。因此在與父親的關係中，他所面臨的適應問題，和之前與母親關係中所遇到的相同。原初的情境再度出現，雖然這次是與一新客體有關；很自然的，他會藉由對付原初情境困難時所採用的一系列技術，來對付此再現情境之困難。他把父親形象分裂成一好客體與一壞客體，內化壞客體，並把內化的壞客體分裂成(a)伴隨原慾自我的激動客體；及(b)伴隨內在破壞者的拒斥客體。需補充說明的是，新的父性激動客體(paternal exciting object)會部分地疊加及部分地融合於舊的母性激動客體(maternal exciting object)，同樣的，父性拒斥客體也會部分地疊加及部分地融合於母性的拒斥客體。

當然，小孩與父親關係中所需要調適的，在一個重要面向上不同於與母親之關係。在情緒的層面兩者有程度上的差異。這新的調適幾乎完全是情緒上的；因為在與父親的關係中，小孩必然沒有乳房餵食的經驗(亦即無生理上之依賴)。由此我們可引申出小孩與父親及母親關係調適中另一個重大的差別。他的父親是男的，而他的母親是女的。然而，若說小孩首次體認到父母的不同，是由於了解父母生殖器有差異，這種看法著實可疑。較可能的應是由於了解到父親沒有乳房。因此最初父親呈現於小孩面前的是一個「沒有乳房的親代」(a parent without breasts)；這也是為什麼與母親關係相較，與父親的關係比較建立在情緒層面的主因。另一方面，正是因為小孩與母親之乳房有生理關係的經驗，而且在此關係中也經驗了各種程度的挫折，致使小孩對母親的需求總是頑固地潛藏在對父親的需求及之後的所有性器需求之下。當小孩逐漸了解父母間性器的差異，且在發展過程中他的生理需求也逐漸流經性器官(雖然程度各有不同)，他對母親的需求開始包括了對其母親陰道的需求。同時，他對父親的需求亦開始包括了對其父親陰莖的需求。然而，對雙親性器的生理需求強度反比於其情緒需求的滿足程度。因此，與雙親的情緒關係愈滿足，對他們性器的生理需求也愈不迫切。當然，後一種需求是永遠無法滿足的，雖然有一些

121

替代的滿足方式，如對性好奇的滿足等。結果，小孩對於母親陰道及父親陰莖，必然會發展出某種程度的矛盾。這種矛盾恰巧反映在原初場景(primal scene)的性虐概念中。然而在面對原初場景時，父母彼此的關係對小孩而言已經變得很重要；他逐漸會因為另一個親代而嫉妒某個親代。當然，小孩嫉妒的對象，部分取決於他的生物性別；但也取決於他與父親或母親個別的情緒關係。若是如此，現在小孩需同時面臨兩個矛盾困境；而他也用其熟悉的技術來因應。結果是，他內化了一個壞的母性性器形象(bad maternal genital figure)及一個壞的父性性器形象(bad paternal genital figure)；並分別將之再分裂成兩個形象，再將這兩個形象分別埋到激動客體與拒斥客體的結構中。由此可見，孩子尚小時，這些內在客體就已經有複雜的複合結構。這些結構的建立，部分是基於一客體疊加於另一客體上，部分是基於客體的融合。當然，每個人內在客體的建構中，基於*層積*(*layering*)或*融合*(*fusion*)的程度各有不同；層積或融合何者為主似乎是重要的事[1]。除了生物的性別因素之外，這個因素，再加上內在客體中各個成分客體比例的因素，似乎在決定個人心性傾向時扮演重要角色。同樣地，這個因素，再加上內在客體中各個成分客體比例的因素，似乎也是性倒錯之病因學的主要決定因素。我們因此可用客體關係心理學來構想性倒錯的病因學。

122

要注意的是，雖然上面的論述中，小孩的人稱代名詞都是男性，但這並不表示此論點僅適用於男孩。對女孩亦同樣適用；使用男性代名詞只是因為使用某一性別的人稱代名詞比使用非人稱別代名詞方便，儘管這種說法很含糊。我們也要注意，此時典型的伊底帕斯情境尚未浮現[2]。在前面所描述的階段，雖然父母彼此的關係對小孩來說變得很重要，但基本上他對雙親都是矛盾的。然而如前所見，小孩以一系列的過程處理這兩種矛盾情境，結果

[1]譯註：在本書中，或就譯者可查到的作者其他論文中，均沒有特別解釋層積與融合的不同。因此似乎應該把這兩個詞當成一般的描述用詞。「融合」意味著各成分整合為一體的程度較高，而「層積」似乎暗示組成的成分仍保有各自不同的性質。

[2]譯註：所謂典型的伊底帕斯情境是指渴求某個親代而憎恨另一個親代。

是雙親的性器形象具體表現在其激動客體及拒斥客體的結構中。當然我們須承認，小孩的生物性別在決定他對雙親個別的態度上有部分的影響力；但在倒置型及混合型伊底帕斯情境(inverted and mixed Oedipus situation)中，可以明顯看出這絕非唯一的決定因素。以我所提的觀點來思考，這些倒置型及混合型伊底帕斯情境必然取決於激動客體及拒斥客體之組成。因此，我們只要在相同方向更進一步，即可獲致正向伊底帕斯情境(positive Oedipus situation)之結論。所以事實是，*伊底帕斯情境其實完全不是一種外在情境而是一種內在情境*——但它會以不同的程度轉移到真實的外在情境中。一旦將伊底帕斯情境視為一內在情境，我們不難看出，兩種內在客體中的母性組成(maternal component)，在起初皆遠比父性組成(paternal component)占優勢；這不論對男孩或女孩皆如此。當然，母性組成的強勢地位，乃肇因於兩個內在客體的核心皆源自小孩原初對母親及其乳房的矛盾。與此看法相符的一個事實是：*對伊底帕斯情境充分的深度分析，總是顯示此情境乃建築於一個內在激動母親(internal exciting mother)及一個內在拒斥母親(figures of internal rejecting mother)的形象*。佛洛依德是以歇斯底里現象為基礎來論述伊底帕斯情境；而根據亞伯拉罕的「分期」理論('phase' theory)，歇斯底里的源頭可溯至性器期(性蕾期)的固著。關於亞伯拉罕的「分期」理論，我之前已有諸多批判(1941)[1]；所以我只再提一點，那就是至今我分析過的歇斯底里個案，無論男女，在內心深處沒有一個不是頑固的乳房追求者(breast-seeker)。我大膽的認為，對正向伊底帕斯情境的深度分析主要發生在三個層次。第一個層次主要是伊底帕斯情境本身。下一個層次主要是對異性親代的矛盾；而最深的層次主要是對母親的矛盾。這些階段都可在經典話劇「哈姆雷特」找到蹤跡；但毫無疑問的，不管是扮演激動與誘惑客體的角色或拒斥客體的角色，劇中的皇后都是個大反派。實際的情況似乎也如此。小孩無法忍受單一的矛盾客體；但要面對兩個的時候，他發現這更難忍受。因此他試圖簡化這個要面對兩個激動客體及兩個拒斥客體的複雜情境，將之變成只需要面對單一的激動客體與單一

123

[1] 譯註：本書第一部第二章。

的拒斥客體；故他集中了某個親代的激動面向，以及另一個親代的拒斥面向；當然，在這目標上他多多少少是成功的。因此就實際的目的來說，他把某一親代客體等同於激動客體而另一個則等同於拒斥客體；由此小孩建構了自己的伊底帕斯情境。然而在背後，對雙親的矛盾仍持續著；而在最深層，仍是源於其母親形象的激動客體及拒斥客體。

124

精神官能症的焦慮與歇斯底里的痛苦

我之前提過用分而治之的技術來降低向外情感表達(不管是原慾或攻擊)的需求量；在此時細思下述問題應是適切而有益的：當內在破壞者對原慾自我的攻擊無法充分的壓制原慾以符合中心自我的需求時，亦即，無法將原慾情感的量降低到可以處理的範圍時，會有什麼情況？然而在此不可能詳細討論這個大題目。簡要的說，當上述技術無法降低足夠的原慾情感的量，因而無法達成其主要功能時，它會表現一種次要功能，它會改變那些堅持要浮現的原慾情感的性質，並因而隱藏了原初情感的性質。因此，當原慾自我內動力的張力超過一個閾值，過多的原慾需求強烈而迫切地要嶄露時，浮現出來的原慾情感將轉變成(精神官能症的)焦慮，這種轉變是內在破壞者對原慾自我的攻擊所造成的。當原慾自我內動力的張力持續上升超過更高的閾值時，原慾的釋放將無可避免；此時內在破壞者對原慾自我的攻擊會在這無可避免的釋放過程中，給予原慾情感痛苦的性質。無論如何，這似乎就是歇斯底里式的情感表現過程——在此過程中原慾需求的表現必須是痛苦的經驗。

動力結構的心理學及其科學上的背景

就上述有關(精神官能症的)焦慮生成，可以看出在焦慮的性質上，我的觀念和佛洛依德很接近，我們都認為它是未釋放的原慾的一種變形。這

裡只是以下顯著事實的一個例子：如果我現在的立場偏離了佛洛依德晚期
125 的某些觀點，那我的觀點有復甦他早期某些觀點(這些觀點後來被摒棄了)的效果。這種現象或許是因為，雖然在每個出發點我們的觀點都很相似，但之後理論的發展卻逐漸分歧。這種思路的分歧只有一個原因——即某些基本理論原則的差異。最主要的差異有兩點。第一，雖然佛洛依德整體的思想系統是關於客體關係，但他在理論上堅信原慾是追求享樂的，亦即它是沒有方向的(directionless)。相反地，我堅信原慾基本上是追求客體的，亦即它有方向性。同樣的，我認為攻擊亦是有方向的，但佛洛依德(隱約地)認為攻擊，和原慾一樣，理論上是沒有方向性的。第二，佛洛依德認為衝動(即精神能量)在理論上與結構是分開的，但我並不接受此一區分並堅持動力結構(dynamic structure)的理論。在這兩點核心差異中，後者更為基本；事實上前者乃基於後者。佛洛依德認為原慾是追求享樂的，這個觀點直接來自他把能量與結構區分開來；因為，能量一旦脫離結構，唯一可被視為愉悅而非煩惱的精神變化，就只有靠能量之變化以求得力量的平衡，亦即，這是一種無方向的變化。相對地，如果我們認為能量與結構不可分，則唯一可以明瞭的變化是結構性關係(structural relationships)的變化以及結構間關係(relationships between structures)的變化，而這種變化是有方向性的。

沒有人能自外於其當代的科學背景，即使是最偉大最有原創性的人；佛洛依德亦不例外。在此我們必須回顧十九世紀佛洛依德身處的科學氛圍。當時思潮的主流是亥姆霍茲(Helmholtz)的觀點，認為物理宇宙是由一團惰性的、不變的、且不可分割的粒子組成；而使粒子運動的，是與粒子
126 分開的、有固定總量的能量。上述能量被認為，基於某種未知的原因，在開始的時候分布不平均，之後經歷能量漸漸再分配的過程，最終力量趨於平衡，而粒子也不再運動。這是當時物理學界盛行的理論，所以不難了解當走在時代前端的佛洛依德想要為混亂不堪的精神病理學整理出一個頭緒時，充分受到當時科學氛圍的影響，而認為衝動(精神能量)與結構分開，並以「尋求平衡」(equilibrium-seeking)的模式來建構其原慾理論。但我認

為，此一外在的影響限制了他的思想，否則其理論對當時心理學領域盛行的概念而言將是個歷史性的突破[1]，也可能更符合目前新的科學精神；因為到了二十世紀，物理宇宙的科學概念已有極深的改變。過去被認為構成宇宙的惰性而不可分割的粒子或原子，現在我們知道有極複雜的結構並蘊含極大的能量——沒有這些能量，結構將不可辨識，但不考慮結構，亦難解釋能量。 最明顯的例子就是輻射；人們發現必須藉由輻射才能說明一些無法用古典波動理論解釋的光學現象。有趣的是，輻射已被證明至少具備了一種之前認為只有實體物質才有的特性，亦即，質量；且輻射的發生會影響發射及接收輻射之原子的結構。此外，宇宙本身也被認為是不斷變化的過程，而不是一個封閉系統內的平衡狀態。宇宙似以驚人的速度擴張。而主要的作用力則是引力和斥力(試比較原慾和攻擊)；雖然引力可使物質在局部凝聚，但在目前，斥力仍是主要的作用力。故宇宙不是達到無方向性平衡的過程，而是不斷擴張的過程，直至無法進一步擴張，此時萬物變得非常稀薄而不再相互影響，也不再能發生甚麼事。當代這樣的科學背景讓我覺得，或許我們的心理學，也應以動力結構為基礎的關係心理學來重新建構。

127

動力結構心理學的解釋系統

作為一種解釋系統，我提出的動力結構心理學有許多好處，其中一個優點是，它在解釋團體的現象上，比其他心理學模式更令人滿意。但這個主題，如同本文觸及的其他某些主題一樣，無法在此多談。但我仍想要說說我這個特殊的心理結構理論優於佛洛依德古典理論之處。從地形心理學的觀點來看，顯然佛洛依德的理論只有三個操作因子(原我、自我、及超

[1]譯註：這裡可能會讓人誤解作者否定佛洛依德的理論在歷史上有突破性的地位。譯者覺得作者在這裡是針對佛洛依德的原慾理論來說的，並不是泛指佛洛依德的所有理論。作者認為佛洛依德思想體系的核心是客體關係，但在重要的原慾理論上卻受限於當時思潮而忽視客體的重要性，實為可惜。

我)來決定各種我們熟知的臨床狀況。相對地，我的理論有五個操作因子(中心自我、原慾自我、內在破壞者、激動客體、拒斥客體)——即使不算入我意味下的超我。以故，我的理論提供更多可能的病因。在實務上，就病因可能性而言，兩個理論的差異甚至比乍看之下還大；因為佛洛依德理論中的三個因子，只有兩個(自我和超我)是真正的結構，第三個(原我)只是能量的來源。從原我而來的能量，佛洛依德認為有兩種——原慾和攻擊。所以在佛洛依德理論中，作用的是兩個結構因子和兩個動力因子。我的理論中也有佛洛依德的兩個動力因子，但我的結構因子有五個而不是兩個。

128

以五個結構因子和兩個動力因子，我的理論可排列組合出更多不同的可能性。在概念上更進一步限制佛洛依德理論對可能病因之包容性的是他對超我功能的想法，他認為超我不僅有攻擊的特性，也有反原慾(anti-libidinal)的特性。所以，就佛洛依德的觀點，大部分內在精神的戲碼都可被解讀成扮演原慾角色的自我與扮演反原慾角色的超我之間的衝突。因此佛洛依德最早關於潛抑之觀點裡的二元論，在其後的心理結構理論中，並沒有受到實質的影響。這種內在精神戲碼的觀念不僅過度地限制了它在社會心理學上的意涵(例如認為社會組織基本上是潛抑的)，也限制了它在精神病理學及個性心理學領域的解釋力。在這些領域中，解釋被化約成扮演原慾角色的自我面對超我時的態度。相對地，在我的理論中，各種精神病理學及個性心理學現象皆可用各種結構間豐富的關係變化來描述。此理論另外一個好處是，既然精神病理學症狀皆可直接用結構組態的觀點來解釋，這毫無疑問的證明了種種症狀只是整體人格的表現，而不是各自獨立的現象。

在此需指出(若前文中未能充分顯現)，我所描述及強調的基本內在精神情境，以經濟的觀點而言，絕非不能改變。以地形學的觀點而言，它必然是比較無法改變的，雖然我認為精神分析治療的主要目的之一是藉著心理領域的調整(territorial adjustment)來改變內心的地形形態。因此我認為精神分析治療最重要的功能有二：(a)讓中心自我儘量收復割讓給原慾自我及內在破壞者的領域，藉此減少原初自我的分裂；(b)把激動客體

129

與拒斥客體儘可能地帶到中心自我可影響的層面。但這種改變的程度似

乎相當有限。相對地，從經濟的角度來看，基本內在精神情境可以有很大程度的修改。若由此觀點，我認為精神分析治療的主要目標是儘可能的減少(a)次自我與其相對應客體間的連結；(b)中心自我對次自我及其客體的攻擊；(c)內在破壞者對原慾自我及激動客體的攻擊。另一方面，在精神病理學的方向上，基本內在精神情境無疑地也可以有相當程度的修改。如前所述，基本內在精神情境的經濟模式，正是歇斯底里狀態的主要模式。對這一點我毫無疑問。然而我曾遇過一些歇斯底里的個案，卻有明顯的偏執特質(甚至有些之前曾被診斷為偏執狂)。在分析中，我發現他們在歇斯底里及偏執的態度之間擺盪。這種擺盪似乎伴隨著內在精神情境之經濟模式的改變——偏執時期的特徵是，它偏離了我所謂的*基本*內在精神情境的經濟模式。現在我沒辦法說偏執狀態的基本內在精神情境經濟模式是甚麼；但我要大膽建議，每一種臨床狀態皆有特定對應的內在精神情境經濟模式。當然我們要承認，各種模式可能並存或重疊。我們亦需承認，基本內在精神情境的經濟模式既非僵化不變也非變動無常——過度僵化或易變都是不好的。同時要強調的是，*基本*(且原初的)內在精神情境出現於歇斯底里狀態中。與此想法一致的是，我認為最早的精神病理症狀都有歇斯底里的特徵；我也以此解釋嬰兒突發性的尖叫。如果我的看法是對的，那麼佛洛依德選擇歇斯底里現象為建立精神分析理論的基礎，真是卓越的洞見。

130

從上面提出的觀點我們可以了解到，雖然基本內在精神情境是歇斯底里狀態背後的情境，但它本身是原初自我碎裂的產物，因此它是一種分裂現象。故雖說歇斯底里是最早的精神病理*症狀*，但分裂(schizoid)才是最早的精神病理*過程*。潛抑本身即為一種分裂的過程(schizoid process)；而自我的碎裂更是一種普遍的現象，雖然每個人碎裂之程度有別。然而這並不表示明顯的分裂狀態是最早發展出來的精神病理狀態。相反地，最早出現的狀態具有歇斯底里的特質。真正的分裂狀態是更晚期的發展——只有在分裂的過程到達了一定的程度，情感大量被潛抑甚至連歇斯底里式的情感表現都不可行時才會如此。就是因為大量的情感被潛抑而使個案過度疏離且經驗到明顯的無力感。但分裂狀態發展所涉及的問題，在此無法再進一步討論了。

內在客體的動力性質

佛洛依德心理裝置理論中最大的違常，至今還未討論到。那就是：在他描述的中，只有超我較接近動力結構的模式。原我是能量的來源但沒有結構；而自我是被動的結構卻沒有能量，除非取自原我。相對地，只有超我是擁有能量的結構。超我的能量亦被認為源於原我；但佛洛依德仍認為超我有其獨立的功能活動。他認為超我與原我之活動在目的上是完全對立的，而自我則搏鬥於二者之間。但奇怪的是，超我其實只是一個由外在現實進入個人內心世界的歸化移民。重要的是超我基本上是一個內在客體。在佛洛依德理論中，心靈裡唯一具有動力結構的，竟是一個內在客體，這個違常感大到讓我想提出另一種心理結構的理論。很明顯的，在論述另一種理論時，我循著一條與佛洛依德相反的路線：佛洛依德認為內在客體是心靈中唯一具有動力的結構，但我認為內在客體是心靈中唯一不具有動力的結構。我認為內在客體單純只是動力的自我結構的客體罷了，也就是說，它們本身是一種沒有動力的內在精神結構。我這樣說是有目的的，不只為了避免論述上的困擾，也為了要將焦點集中在自我結構的活動上，因為我們必須以自我結構的活動為前提，且必須儘量避免低估這些活動的基本重要性；因為，畢竟要透過這些活動，客體才可能被內化。然而為了一致性，我現在必須對我的動力結構理論下一合理的結論並承認，既然內在客體是個結構，那麼它至少在某種程度上必須是動力的。我如此的結論及坦承，並不只是遵守佛洛依德的說法，而是為了符合更多心理學上的事實，例如在夢中及偏執現象中的發現。這更向前的一步[1]，藉由排列組合引入更多可能的內在精神情

[1]譯註：亦即上述之把內在客體視為有動力的內在精神結構。

131

境，將可增進我這個心理結構理論的解釋價值。但我也須承認，在實務上，很難區分內在客體的活動及其對應之自我結構的活動；若要避免怪力亂神之說出現，或許過度重視自我結構活動的偏見反而較過度重視內在客體要來得明智。但無論如何，在某些情形下，內在客體的確可能獲得不容忽視的獨立動力。毫無疑問的，對人類的萬物有靈論，我們必須從這個方向去尋求基本的解釋，這萬物有靈論縱使潛藏在文明及科學的裝飾下，卻常在最精巧的藝術作品中洩露出來。

132

補遺(1951)

如「前言」[1]所述，本書第一部分的諸篇文章(包括上面這一篇)，並非對一完整觀點的系統論述，而是呈現一個思想的發展進程。在此情形下，無可避免的在後來文章中的某些觀點會與之前文章中所提的有衝突甚至矛盾。事實上，這樣的矛盾多不甚嚴重，因為在大部分情況下，若後來的觀點取代了前者，在論述後來之觀點時，皆有清楚地說明取代前者的理由。然而不幸的是，情況並非都是如此；在回顧時，我不得不承認，本篇中的一些觀點與之前「修正精神病與精神官能症的精神病理學」(A Revised Psychopathology of the Psychoses and Psychoneurosis)一文中的觀點，有兩個嚴重的牴觸。在之前文章中，我對四種「過渡期」防衛技術的分類，是以兩個不同的內在客體(我分別稱之為「被納客體」與「被拒客體」)為基礎的；而各種防衛技術的特徵就在於各自有獨特的方式處理這兩個客體(分別或者一起將兩者視為內在或外在客體)。在後來的文章中，描述「基本內在精神情境」時，我沒有提到「被納客體」與「被拒客體」；而是談論「激動客體」與「拒斥客體」。我們注意到，之前用「被接納及被排斥」來描述內在客體時，是以自我對這些客體的態度來考慮它們的狀態；而用「激動及拒斥」來描述內在客體時，則是以它

[1]譯註：本書或本篇文章都無作者所說的「前言」。後面的話只見於第一部分第五章的第一段。

133

們對自我之呈現方式為出發點來考慮它們的狀態。這兩個角度是不同的，但並非不相容，因為自我結構對客體的態度必與客體的呈現方式有關。但「被納」與「被拒」的對比並不平行於「激動」與「拒斥」的對比；因為雖然「拒斥」與「被拒」相反，但「激動」並不相反於「被納」，因為「激動客體」是「不能令人滿足的」(unsatisfying)，所以是「壞」(bad)客體。所以為了系統的一致性，這些觀點須要做一些調整；因為我既不想犧牲激動客體與拒斥客體的概念，也不想放棄我對過渡期防衛技術的分類。

現在，我們可以把注意力放在第二個，也是更為嚴重的一個矛盾。之前提過，激動客體與拒斥客體是由內在的「壞客體」或不能令人滿足的客體分裂而來，而此「壞客體」是最先被內化的客體，所以是最原始的內在客體。然而，在之前文章中述及「被納」與「被拒」客體時，我假設已經有一個「好」客體與一個「壞」客體被內化了。當然，要解釋這個明顯的不一致我可以說，在這兩個文章脈絡中，我談論的是不同的發展階段；因為即使以後來文章中的觀點，我亦認為「好」或令人滿足的客體，會在起初「壞」或不能令人滿足的客體內化之後被內化，以補救後者所造成的內在影響。而當我提到「被納」與「被拒」客體時，我討論的發展階段是「過渡期」——此階段是在「激動」與「拒斥」客體分化之後才出現的。同時，將這兩個概念關聯起來並不容易。乍看之下，「不能令人滿足的客體」似乎等於「被拒客體」；但當我談論「被拒客體」時，根據我後來的觀點，在這個階段「不能令人滿足的客體」其實已經分裂成「激動」與「拒斥」客體了——所以沿著這些思路似乎無法解決這個難題[1]。

---

[1]譯註：在第二章作者說，口腔晚期內在客體的二分，形成了為愛所求的被納客體及為恨所指的被拒客體(見原文頁35)。但如果最初只有不能令人滿足的壞客體會被內化(見原文頁110-111)，那麼內在客體的二分就只能是激動客體與拒斥客體(如本段所述)；如此一來被納客體就不是來自內在客體的二分了。這是第二章與第四章之間的一個嚴重矛盾，因此作者在下一段提出修正的觀點，試圖調和這個矛盾。

然而，現在我了解到，若修正以下觀點就可以解決這個難題：最初被內化的客體，並非外在客體中全然「壞」的或不能令人滿足的面向，而是前矛盾客體(preambivalent object)；事實上這是我在更早的一篇文章「人格中的分裂因子」(本書第一章)中的假設。[1]前矛盾客體會被內化是因為它在某種程度上不能令人滿足，但在某種程度上又可以令人滿足。依此假設，矛盾狀態最初是一種出現於原始未碎裂的自我與被內化的前矛盾客體之間的狀態，而不是與外在客體之間的狀態。其結果是未碎裂的自我面對內在矛盾客體的情境。[2]在此需要回想的是，我所構想的基本內在精神情境中，從中心自我的角度來看，激動客體與拒斥客體都是「被拒客體」，雖然前者被原慾自我「接納」而後者被內在破壞者「接納」。記住這點後，我們便可知道內在情境的下一步發展，亦即內在客體的分裂，是以下述方式進行的。既然內在(矛盾)客體中，過度激動(*over-exciting*)與過度挫敗(*over-frustrating*)的成份都不被原始自我所接受，這兩種成份都將由客體的主要部分中分裂出來並被潛抑而形成「激動客體」與「拒斥客體」。對此二客體的原慾灌注，在它們被排斥後仍持續著，因而造成後來文章中所描述之自我碎裂(splitting of ego)。原始自我中灌注在激動客體的部分，被自我的中心部分排斥及潛抑，形成「原慾自我」；原始自我中灌注在拒斥客體的部分，被自我的中心部分排斥及潛抑，形成「內在破壞者」。然而要注意的是，內在矛盾客體於過度激動及過度挫敗的成分分裂出去之後，留下了沒有過度激動及過度挫敗成分的客體核心。此核心，以中心自我的角度來看，即「被納客體」，中心自我持續對它灌注原慾並將之保留起來。這個基本內在精神情境的發展概念似乎比我在這篇文章中所提的還進步，我也

134

[1]譯註：在「人格中的分裂因子」裡，作者稱口腔早期為前矛盾的時期，乃因要到口腔晚期才會出現愛與恨的矛盾(見原文頁24)。但在這裡，作者說的是，口腔早期為前矛盾時期，乃因此時期所內化的是前矛盾客體。雖然兩種說法並非不相容，但說的不是同一件事，彼此也不互相蘊含。因此作者說「事實上這是我在更早的一篇文章『人格中的分裂因子』中的假設」這句話似乎不妥。

[2]譯註：這裡作者用詞容易讓人混淆。從上下文看，前矛盾客體是外在客體，內化之後，作者稱之為內在矛盾客體。

想以之取代後者。[1]

值得注意的是，依我修正後的觀念，中心自我的「被納客體」，在除去過度激動及過度排斥的成分後，是一個去性慾化的及理想的客體(desexualized and idealized object)，而中心自我在除去原慾自我與內在破壞者的成分之後，即可安全地愛著這個客體。因此，重要的是，這體正是歇斯底里病人想要分析師成為的那種客體——也是小孩希望雙親成為的那種客體，而且這樣的期待常相當有成果。所以，現在對我來說，這種客體正是我概念中的超我的核心(而不是內在破壞者)。然而比較適合此客體性質的稱呼似乎是「自我理想」(ego-ideal)而不是「超我」(由此我們恢復了早期的名稱)。

135

現在剩下的問題是，連結我先前文章中的「被納」及「被拒」客體與此修正後的觀念，並在此觀念中找到過渡期防衛技術的定位。在通盤考慮之下，我們最好把「被納客體」等同於內在矛盾客體的核心，這個核心在激動客體與拒斥客體被潛抑後，仍被中心自我灌注以原慾，而成為超我建構的核心；方便起見，我們用「被納客體」來稱呼這個核心。若此對等關係可確立，我們就需把後面文章中的「激動」與「拒斥」客體涵括在前面文章中的「被拒客體」之內；因為這兩個客體都是被中心自我所排斥的。所以應該用複數形的「被拒客體」(rejected objects)取代先前文章中單數形的「被拒客體」(rejected object)。複數形的使用應該相當有道理，因為現在回顧起來，在每一種過渡期的防衛技術中，「激動」與「拒斥」客體都以同樣的方式被處理。因此，在妄想與畏懼的防衛技術中，這兩者都被當

[1]譯註：譯者認為，經過這樣的修正後，雖然解決了原來的問題，但卻會出現新的問題——本段敘述似乎暗示，最初在口腔早期的情境是「未碎裂的自我面對內在矛盾客體」，之後在口腔晚期內在矛盾客體開始分化成激動客體、拒斥客體、被納客體等，而自我也隨之碎裂成原慾自我、內在破壞者、中心自我等；但在第一章作者卻認為自我的碎裂發生於口腔早期，並以口腔早期的原慾態度說明分裂現象。若原來問題是第二章與第四章的矛盾，新問題則是第一章與(修正後的)第四章的矛盾。譯者認為下述觀點或有助於調和這個新的矛盾——「自我的碎裂」一詞其實有歧義，口腔早期的碎裂是指自我脆弱而無法整合的狀態(這在原文頁9及51可找到支持)，而口腔晚期的碎裂則指隨著客體分化而來的自我結構變化。

成是外在的；而在強迫與歇斯底里的防衛技術中，它們都被當成是內在的。應附帶一提的是，這些防衛技術，都是中心自我所運用的技術。

136

第五章 客體關係與動力結構

Object-Relationships and Dynamic Structure (1946)[1]

本文旨在說明我目前的一些觀點。這些觀點發展於1939-45年大戰期間我所發表的一系列論文[2]。這些論文所呈現的，是一種思路的進展，而非一個明確而精緻的觀點。然而，我的所有觀點都是由一基本原則衍生出來的，那就是：原慾基本上不是追求享樂(pleasure-seeking)，而是追求客體(object-seeking)。這個原則的臨床基礎，可由一位病人哭泣的抗議來概括——「你總是在談論我想要這個慾望或那個慾望得到滿足；但我真正想要的是一個父親。」對這類現象背後含意的反思，孕育了我目前觀點的雛型。我想當今很少有分析師會否認客體關係在臨床的重要性。但大部分的分析師都未能體認到客體關係的重要性已影響到他們對古典原慾理論基本原則(即原慾基本上在追求快樂)之堅持。當然，讀者會立刻想到，在古典理論中「追求享樂」的意義其實是「原慾張力的紓解」(relief of libidinal tension)；但我認為這種張力是天生對客體需求的張力。對我而言，「在張力狀態中，一定會追求享樂」這種說法，乃犯了「後此故因此」之邏輯謬誤[3]。同時，上面的說法似可化約成一簡單的陳述：「張力就是張力，張力自然要尋求釋放，而釋放自然帶來紓解」；此一陳述並沒有解釋張力背後那些力量的性質，以及力量的目的和方向。它也沒有解釋張力要解除到

137

---

[1]本文於1946年6月5日在英國精神分析學會宣讀，隨後發表於*The International Journal of Psycho-Analysis*, Vol.XXVII, Pts1 and 2。

[2]即本書第一部之第2、3、4章。

[3]譯註：在此作者指的是一種邏輯謬誤的形式，稱為*post hoc ergo propter hoc*，意即若觀察到事件A發生於事件B之後，就以此推論A是B之果而B是A之因。但其實A、B之間並不一定有因果關係。作者認為「追求享樂」雖於「張力狀態」下發生，但之間其實無因果關係。

什麼程度才會滿足原慾的目的(libidinal aim)。當然，佛洛依德曾論及原慾的目的，並以愛慾帶(erotogenic zones)的觀念來定義之——如口腔目的(oral aims)、肛門目的(anal aims)等。然而，佛洛依德所描述的，並非真正的目的，而是處理客體的方式；性慾帶不是這些目的的主宰而是其僕役——個人藉著這些身體器官為管道來達成其目的。真正的原慾目的是與客體建立滿意的關係；因此，客體才是原慾真正的目的。同時，原慾的取向取決於客體的性質。因此，是由於乳房的客體性質才使嬰兒天生的攝入傾向以口腔吸吮的方式來呈現[1]。當然，嚴格來說，母親的乳房與嬰兒的口腔本能之間已演化成相互適應的關係；但此事實正暗示著原慾目的與客體關係之間，生來即密不可分。事實上，我懷疑某些所謂有原慾目的之活動是否真的與原慾有關；例如排便和排尿的活動；因為這些行為的固有目的和嘔吐一樣，都不是要與客體建立關係而是排斥客體。這些客體，從生物體本身的角度而言，是一種外來物。當然此一事實並不表示這些活動沒有帶來快樂，因為快樂與原慾之間並無特定的關聯，快樂只是張力紓解後自然伴隨而來的產物，而與張力背後的力量性質無關。有關愛慾帶概念引發之其他批判，我將擇要於下論述。

愛慾帶的概念乃基於生物原子論或分子論(atomic or molecular concept)——此論點認為生物體最初是一些不同實體的聚集，需經發展的過程，彼此間才會產生關聯與整合。在功能的層面，原子論者傾向以個別的衝動及個別的本能來描述動力過程。故在論及「原慾」時，他們常在之前加上定冠詞(*the* libido)來使原慾具體化。我覺得布里利的「過程理論」[2]背後似乎有類似的原子論論點；而史蒂分在其「論矛盾」[3]中也接受了這種原子論的知識論觀點，並對我的「好與壞客體」的觀念提出批判。對我而言，這種原子論是過時的遺跡，與現代生物學的觀點相當不同。當今的觀

138

[1] 譯註：而不是因為原慾張力在此時期聚集於口腔黏膜。

[2] Marjorie Brierley, 'Notes on Metapsychology as Process Theory', *The International Journal of Psycho-Analysis*, Vol.XXV, Pts3 and 4 (1944)。

[3] Adrian Stephen, 'A Note on Ambivalence', *The International Journal of Psycho-Analysis*, Vol.XXVI, Pts1 and 2 (1945)。

點認為生物體自始即以整體在運作；當生物體功能正常運作時，只有從人為的科學分析觀點，才會視生物體為獨立功能單位之組合，唯有在病態的過程中，各個功能單位才會獨自運作。相同的，如果不去考慮個別生物體與其自然客體的關係，我們不可能充分了解此個體的性質；因為唯有在與這些自然客體的關係中，其性質方得以展現。一些不好的行為學者便常忽略此一事實而將嬰兒孤立於玻璃房間中做實驗；須知小孩一旦在玻璃房間中與母親隔離，就已不是有正常功能的人類小孩了，因為其自然客體已被剝奪。許多巴卜洛夫式(Pavlovian)的實驗，亦有類似的缺失。

其次，愛慾帶的概念並沒有公平地看待個體放棄享樂滿足的能力。依據古典理論，此一能力可歸因於(a)潛抑，或(b)以現實原則取代享樂原則。就潛抑而言，當然，毫無疑問的，它可使個體放棄享樂，並加強個體對享樂的排斥。另一方面，從客體關係心理學之觀點而言，直接而毫無保留的追求享樂，乃代表行為的敗壞。在此我用行為的「敗壞」(deterioration)而不用「退化」(regression)的原因是：若追求客體是最基本的，那麼追求享樂就難以用「退化」來描述，反而更具有「敗壞」的特質。[1]直接而毫無保留的追求享樂，以紓解原慾需求之張力為基本目的，因為它就是在紓解張力。當然這種現象很常見，但既然原慾需求是對客體的需求，單純的張力紓解正暗示著客體關係上的某些缺陷。事實上，純粹的張力解除乃扮演著安全閥的功能。因此它不是達成原慾目的的手段，而是在無法達成原慾目的時的一種緩解方式。

139

如上所述，依據古典理論，放棄享樂滿足的能力不只源於潛抑，亦因現實原則取代了享樂原則。但如果原慾基本上是追求客體的，那麼行為必須朝向外在現實，所以行為應自始即取決於現實原則。如果此一現象在嬰兒身上並不明顯，那大部分是因為人和其他動物不同，人的本能行為沒有固定的模式，只有一個廣泛的架構。人類的本能驅力只設定了一般性的傾向形式，須藉由經驗才能獲得較固定而分化的模式。因此嬰兒所欠缺的，

---

[1]譯註：「退化」有「回到較原始之狀態」的意思，既然追求客體是最基本的，就不能用退化來描述追求享樂。

是現實的經驗(experience of reality)，而非現實的導向(orientation toward reality)，這會讓成人觀察者認為小孩的行為取決於享樂原則。當然，我們必須承認，因為缺乏經驗，小孩難免較情緒化或衝動，亦即，不像成人那麼能自我控制；再加上他們所遇到的種種挫折，使得小孩比成人更容易依賴解除張力之行為。但我認為，以此就斷定「小孩的行為基本上取決於享樂原則，之後才被現實原則取代」是錯誤的。在動物身上，沒有這種行為原則區分的問題，因為動物的本能行為有固定的模式而與經驗較無關係，因此對動物而言，追求客體也少有困難。人類小孩尋求客體的堅持，並不亞於動物，但對他而言，通往客體之路是十分模糊的，很容易迷失。關於這一點飛蛾撲火是個好例子。乍看之下，這對我而言並不是個好例子，因為有人會說，在撲火的過程中，正顯示了飛蛾沒有現實感。但另一方面，大概沒有人會說飛蛾是因為享樂而撲火的。相反地，其行為基本上是在追求客體。它追求的並非火焰，而是光。因此，推動此一行為的，不是享樂原則，而是一種十分狹隘的現實感，這種現實感無法區辨不同的光源。事實上，現實感只是程度上的問題。小孩的現實感固然比成人差，但他的行為自始即是現實感所驅動的，雖然他比大人容易受挫而走入紓解張力的歧途。

140

進一步的省思是關於愛慾帶的概念和一個相關的概念，即原慾基本上在追求享樂。這些概念忽略了本能中追求客體的特性，這個特性在動物觀察中明顯可見，而在人類的適應行為中，雖有時隱諱不顯，但絕不容忽視。鳥類之築巢活動可為一例。鳥類用以築巢的材料特異性很高。因此，可能某一種鳥收集樹枝，另一種鳥使用稻草，而另一種則是用黏土。同樣的，每種鳥的巢也有其特殊結構。須知鳥巢對一隻鳥而言，就是一個客體，就如房子對一個人而言也是個客體，而此客體是需要被建構的。它是人要尋求的客體，儘管它必須被建造，之後才能被找著。當然，人類的房子比任何種類的鳥巢有更多樣化的設計與材質。但房子總歸是房子；人類房屋的多樣化象徵了人的適應性(adaptability)，此一適應性正反映人類的天賦本能中沒有固定的模式。當然，適應性即代表由經驗中學習之能力，亦即，增進固有的現實感以利客體之尋求。適應性也為尋求客體提供了許多不同的方式，這個好處無可避免的會伴隨著偏離正軌的危險，但我們不能因而就忽視尋求客體的原則。在此我想起我之前的一個病患，他因頸椎骨折而四肢完全癱瘓。他很喜歡讀書，藉由舌頭翻書，他得以進入文學的世界。就這情況而言，我們當然不能將此行為解釋成強烈的口腔固著或其人格中的口腔因素有壓倒性優勢。他用嘴巴翻書乃因為口腔是他達成目的唯一可利用的器官。相似的道理，小孩用嘴巴來尋求乳房乃因為嘴巴是他達成此目的唯一可利用的器官。當然，小孩特別傾向如此是因為，經過漫長的演化過程，他的嘴巴在尋求客體的驅動下，已被塑造用來達成這個特別的目的。經由相同的演化過程，以嘴巴來尋求乳房也同步地變成本能的一種形式。但是，若我們描述小孩有口腔傾向，則我們需了解，是因為他尋求乳房，所以才有口腔傾向，而反之並不然。一般來說，為了達成其原慾目的(亦即，為了與客體建立所需之關係)，個體要運用其身體器官，而器官選擇的原則，依優先次序敘述如下：(a)此器官須可適合於此目的，而且最好是在演化過程中已被特別塑造為達成此目的而用；(b)此器官是可用的(available)(當然，在此我所說的「可用」，包括心理學上及生物學上的可用)；(c)此器官須接受過經驗的認可(sanction)，尤其是創傷性的經驗。以下是這些原則運作的一般模式。以成人來說，與客體建立性關係的器官選擇是性器官；在正常情形下，性器官是此關係中主要的原慾管道(libidinal channel)。但如果因為某些心理因素使得性器官無法被有效使用時，原慾會轉向其他的原慾管道。例如，它可能轉向嘴巴，因為嘴巴是嬰兒期的器官選擇且在那時已接受過經驗的認可。另外，它也可能轉向肛門，雖然肛門在發展過程中不曾被選為原慾管道，但可能接受過嬰兒期經驗之認可——或許以灌腸導致的創傷形式獲得認可。於此，須再說明的是，正如成人的原慾可由性器官轉向嘴巴，在嬰孩時期原慾也可能過早地由嘴巴轉向性器官——如果嘴巴的利用性(availability)因挫折情境而受損了。這種特殊的轉向與嬰兒期手淫有關；且可能是歇斯底里之精神病理的重要特徵。

141

142

我已說明了我對古典原慾理論的某些面向不滿意的理由。我也提出了一些修正的方向。我所提最主要的改變是認為原慾基本上是追求客體的，而其他的改變皆直接肇因於此。很容易看得出來，這樣的觀點與亞伯拉罕以愛慾帶概念為基礎的原慾發展理論是不相容的。在此不擬詳細批判亞伯拉罕的理論模式，如我在「修正精神病與精神官能症的精神病理學」一文中所做的那樣；但很明顯的，若愛慾帶的觀念有誤，那麼以之為基礎而建構的發展模式亦必不正確。這不是說亞伯拉罕忽略了客體關係的重要性，其實在他的文章中，可看出他的確了解客體關係的重要。但依我看來，他的錯誤在於他將個體在客體關係中所運用的種種技術當成原慾發展的各種狀態；而這主要是因為他毫無條件地接受了愛慾帶的觀念。所以，雖然亞伯拉罕沒有忽視客體關係的重要性，卻也不能讓他免於犯錯；因為在他提出其理論後，人們才經由梅蘭妮．克萊恩的研究中，開始注意內在客體的獨特重要性。從梅蘭妮．克萊恩的文章及其後續發展的觀點來看，若沒有考慮並重視個人與其內在客體的關係，我們不可能正確地論述其客體關係。有這樣的了解之後，我們方可知道，亞伯拉罕所謂原慾發展的各個「時期」(phases)之現象，其真正的意義，其實只是「技術」。

從客體關係心理學的觀點，很明顯的事實是：若沒有考慮到個體各個發展階段的自然客體及生物性客體，就不可能有令人滿意的原慾發展模式。大家都同意，小孩最早期的自然客體是母親——更精確的說，是母親的乳房。而隨著發展的過程，原慾的焦點逐漸從乳房轉移到母親這個整體的人。大家亦會同意，在發展階段的另一端[1]，雙親以外的異性客體的性器官應是原慾的焦點，正對應於母親的乳房在最早期是小孩原慾的焦點；當然，其間最大的差別是在發展的後期不會像早期那樣把大部分原慾的焦點都集中在身體的器官上。因此，我們知道有兩個清楚的發展階段(一個在發展過程的底部，一個在頂端)，其差異可以用「適當的生物性客體」(*the appropriate biological object*)來區分。現在的問題是，個體如何從一個階段

143

[1]譯註：指發展成熟的階段，亦即下面的「發展的頂端」。

發展到另一個階段[1]。在發展的最初階段及最終階段之間，我們無法找到一個適當的生物性客體來扮演中間的角色。這是兩個階段之間過渡期一個主要的問題。但因為這過渡期十分漫長而複雜，我們須將之看成兩個階段間的一個特殊階段。故我們的原慾發展理論有三個階段——(1)以乳房為適當生物性客體的階段，(2)過渡階段(transitional stage)，(3)以異性性器官為適當生物性客體的階段。在整個過程中，個人與客體的關係逐漸擴展，從一開始對母親單一而絕對的依賴，漸成熟為一個包含不同親密程度的複雜社會關係系統。這些個人關係(personal relationship)[2]雖非完全取決於與適當生物性客體所建立的關係，卻被後者深深影響著，而且孩子愈小，前者受後者的影響愈大。當然從社會的觀點而言，這些個人關係是非常重要的，因此在評估各個階段的重要性時，它們必須列入考慮。更進一步，它們之重要性甚可以其本身做為階段之名稱。在最早的階段，小孩對乳房的態度一般被描述為「口腔的」(oral)；但這只是因為此一階段是「攝入的」(*incorporative*)，而用來攝入的器官則是嘴巴。但此一階段小孩對母親的個人關係最主要的特徵應是絕對的依賴；這種依賴反映在原初認同(primary identification)[3]之心理過程中，因此，與客體之分離是小孩最大的焦慮源(正如我在戰時的精神醫療經驗顯示，這也是精神官能症士兵最主要的焦慮源)。根據上述種種考慮，似乎將這第一階段稱為「嬰兒式依賴期」(*Infantile Dependence*)最恰當，這樣才不會讓人忽略這種依賴最重要的特徵是對客體口腔攝入的態度及原初情感認同的態度。相對地，發展的最後一個階段，亦最好稱為「成熟式依賴期」(*Mature Dependence*)——是「成熟式依賴期」而非「獨立期」(Independence)，因為建立關係的能力中，多少

144

[1]譯註：亦即，從底部發展到頂部。

[2]譯註：personal relationship在英文中，特別指人際關係裡較親密的關係，例如與朋友、戀人、或家人等。相對於例如公事上或生意上的關係。(參考Collins Dictionary)

[3]在此我用「原初認同」一詞來指稱：主體之情感灌注於尚未與灌注主體分化(或只有部分分化)之客體。當然，此過程不同於一般所稱的「認同」。一般所稱的「認同」是當情感灌注於一已分化(或部分分化)客體時，在情緒上會將此客體視為一尚未分化的客體。後者應稱為「次發認同」(secondary identification)較恰當。(譯註：可參照第二章頁34[原文頁數]的註腳。)

145

必須有一些依賴的成分。成熟式依賴與嬰兒式依賴之差別在於前者的特徵不是單向的攝入態度，也不是原初情感認同。相反地，其特徵是一個已分化的個體與一已分化的客體建立合作關係的能力。當然，若以適當生物性客體來考量，成熟式依賴關係是「性器官的」(genital)；但事實上此種關係涉及兩個已分化個體間均衡的施與受，他們相互的依賴，而且彼此之間沒有不對等的依賴。進一步說，這種關係沒有原初認同也沒有攝入。至少，這是一個理想狀態；但當然在實際上永遠無法完全實現，因為沒有一個人的原慾發展是一帆風順的。在中間的階段，我們稱為過渡期；這似乎是最好的名稱，因為此一階段的變遷乃來自過渡時的困難與衝突。故正如所預期的，此階段不只是衝突的階段，也是充滿防衛技術(*defense techniques*)的階段。在這些防衛技術中，四種傳統的技術最為顯見——偏執(paranoid)、強迫(obsessional)、歇斯底里(hysterical)、及畏懼(phobic)。但就我認為，這四種技術並沒有對應於任何原慾發展階段，而只是用來處理過渡期難題的四種不同方式。在此我們須了解攝入傾向的重要性，因為此一傾向正是過渡期試圖要去超越的。攝入傾向不只表現在喝下母奶，亦表現在對客體的心理內化，亦即，攝入客體表徵至其心靈結構內的心理過程。所以過渡期的主要任務不只是與已分化之外在客體建立關係，也要逐漸忍受已內化的客體[1]。讓上述情況變得複雜的是，過渡期的任務也包括放棄第一階段所建立的關係。而讓情況更加複雜的則是在早期關係中客體的矛盾以及好客體與壞客體的分裂[2]。因此，想要解除這些客體束縛的努力，就構成了過渡期之顯著特徵；不僅對外在客體如此，對內在客體亦然。正因如此，在過渡期(尤其是過渡期的早期，此時想要擺脫早期客體的企圖比過渡期晚期來得強烈)，以排出、排泄為基礎的防衛技術才會被大量的運用，而非出現一個與生俱來的「肛門期」。但必須強調的是，在過渡期這些造成日後精神病理發展基礎的各種防衛技術，代表了個體處理內在客體的不同方式——這

[1]譯註：這裡說的忍受，應該如下文所說，即「擺脫內在客體的束縛又不至失去這些客體」。

[2]譯註：根據「修正精神病與精神官能症的精神病理學」一文，客體的矛盾以及好壞客體的分裂發生於口腔晚期。

些方法被用來擺脫早期內在客體的束縛，但又不至失去這些客體。

在此無法討論各種過渡期技術的特徵；我只想強調，它們基本上的不同在於處理內在客體方式的差異。於此我們也無法細論嬰兒式依賴期精神病理基礎的形成過程。我只想強調，這第一個階段中最早期的發展有著至高的重要性，而依我的意見，此發展包括以下一系列的過程：

146

(1)將內在壞客體分裂為(a)一個激動客體(exciting object)，與(b)一個拒斥客體(rejecting object)；

(2)這兩個客體被自我潛抑；

(3)與這兩個被潛抑客體相連結的部分自我，從自我的其他部分中分裂出來並被潛抑，這兩個部分自我，我分別稱之為原慾自我(*libidinal ego*)及內在破壞者(*internal saboteur*)；

(4)上述的狀態我稱為「基本內在精神情境」(*Basic Endopsychic Situation*)。在此狀態中，中心自我(*Central Ego*)利用攻擊的動力直接潛抑(*direct repression*)了(a)原慾自我和與其相連結之激動客體，以及(b)內在破壞者和與其相連結之拒斥客體；

(5)內在破壞者聯合拒斥客體利用攻擊的動力間接潛抑(*indirect repression*)了原慾自我和與其相連結之激動客體。

上述基本內在精神情境最顯著的特徵是，它乃透過自我的碎裂而產生，因此涉及了分裂位置(*Schizoid Position*)。這個位置建立於第一階段的早期，先於梅蘭妮·克萊恩所描述的憂鬱位置(depressive position)，在原來單一的自我發生碎裂而形成分裂位置之後，憂鬱位置才有可能出現。在此需要解釋一下之前沒有機會解釋的事——我認為第一個發展階段可分為兩期，早期與晚期的區別，在於後者出現了咬嚼(bite)的傾向而與之前早期的吸吮(suck)傾向並存。當然，這種區分相當於亞伯拉罕對口腔早期及口腔晚期的區分。憂鬱位置只可能出現在口腔晚期，也就是說，當小孩能夠同時面對破壞性的咬嚼與攝入性的吸吮所產生的狀態時，才會出現憂鬱位置。但我主張，基本內在精神情境所呈現的分裂位置才是日後所有精神病理發展的最根本的基礎。只有在分裂位置形成後，才可能有內在精神結構的分

147

化，如佛洛依德用自我、超我、及原我所描述的那樣。[1]

我對內在精神結構的概念，與佛洛依德是相當不同的。當然，最明顯的差異是我認為它基本上源於內在客體的潛抑。但若不考慮這些內在客體的潛抑，我們之間仍有大致上的對應關係。因此，中心自我即相當於佛洛依德的「自我」，原慾自我相當於佛洛依德的「原我」，而內在破壞者則相當於佛洛依德的「超我」。然而，在此對應的背後，卻隱含著極為不同的概念。我所構想的自我結構(亦即中心自我與兩個附屬自我)皆是動力結構(*dynamic* structures)，皆源於原始單一動力之自我結構的碎裂。相反地，佛洛依德所描述的心理裝置之三個部分，並非生來就都是動力結構。他的「自我」只有結構而本身沒有能量；「原我」則是能量的來源但沒有結構。至於「超我」，其行為的描述暗示它是一動力結構；但既然所有的精神能量終究皆來自「原我」，則「超我」亦與「自我」一樣，其實也是沒有能量的結構，它們的能量需由其自身之外供應。佛洛依德的心理裝置理論另一個特點是「自我」並非一原始結構，而是從未分化的「原我」基質表層發展出來，並從「原我」中以所謂「衝動」的形式持續獲取能量。相反地，在我的理論中，所有的自我結構生來就都是動力的結構；中心自我代表原始的單一動力自我結構的中心部分，而之後從中心自我分裂出附屬自我。因此，佛洛依德認為結構性的「自我」是從非結構性的「原我」衍生而來，但我卻認為原慾自我(相當於「原我」)是由原始的動力的自我中分裂出來的部分。至於「超我」，當然，佛洛依德認為在某種意義上是「自我」的衍生物，所以由此觀點來看，除了能量來源不同外，它與內在破壞者並無不同。然而佛洛依德亦將「超我」視為一內在客體；以此而言，則「超我」的角色有些類似我所描述的拒斥客體(與內在破壞者連結的客體)。同時，我並不認為「超我」的概念可以涵括內在破壞者及拒斥客體的概念；而且事實上我將「超我」引入我的模式中，用來指涉中心自我拒斥及潛抑激動客體與拒斥客體之後，中心自我持續灌注並接受的「好」內在客體。

148

---

[1]譯註：這裡作者仍認為基本內在精神情境形成於口腔早期(分裂位置)，但根據作者在1951年的修正裡暗示(見第一部第四章最後「遺補」一節)，基本內在精神情境形成於口腔晚期。

我已指出許多我的內在精神結構理論與佛洛依德的心理裝置理論間之差異，有些差異較一般性，而有些較特定；但根本的差異衍生自一個事實：雖然我亦用佛洛依德的精神分析方法來了解要探討的現象，但我們背後的科學原則卻不同。就是因為方法相同而背後的原則不同，才使我們的理論有相似也有差異。事實上，我是在一套不同的科學基礎上重新詮釋佛洛依德的觀點。這個差異主要有兩點：

(1)雖佛洛依德整體的思想系統涉及到客體關係，但他在理論上始終認為原慾基本上是追求享樂的，亦即，紓解本身的張力。這表示對佛洛依德而言，原慾是無方向性的，雖然在其某些論述中顯示他不認為如此。相反地，我認為原慾基本上是追求客體的，而需要被紓解的張力，則是追求客體之傾向所導致的張力。這表示對我而言，原慾是有方向性的。

(2)佛洛依德從一個先驗的觀點探討心理問題，亦即，精神能量與精神結構基本上是分開的。另一方面，我採信的是動力結構的原則，亦即，無論結構離開能量或能量離開結構都是沒有意義的概念。

這兩點主要差異中，後者較前者更為基本，因為前者乃取決於後者。因此佛洛依德認為原慾在追求享樂的觀點，直接來自他把能量與結構分離的觀點；因為一旦能量與結構分離，我們看待心理的變化，若不是紊亂失調，就只能是力量的平衡，亦即，這是一種無方向性的變化。但如果我們認為能量與結構不可分，那麼心理的變化就只能是結構內及結構間關係的變化；這種變化是有方向性的。當然，我們愈來愈清楚，佛洛依德將能量與結構分離的想法，是受限於那時代的科學思潮所致。近代一個奇特的現象是：一個時期的科學思潮，似乎總是被當時盛行的物理學觀念所主導。在佛洛依德的時代，亥姆霍茲(Helmholtz)的物理觀念主導了當時的科學思潮；亥姆霍茲的觀念中，宇宙是由一團惰性的、不可改變且不可分割的粒子組成，而使粒子運動的能量則是定量的，且與粒子分離的。然而，當代的原子物理學已改變這一切；若心理學的發展尚不能領先物理學，至少要試著跟得上腳步。就精神分析而言，在動力的部分，能量與結構分離的不幸後果之一是，精神分析理論過度地瀰漫著各種假設性的「衝動」及「本

149

能」概念，並認為它們不斷轟炸被動的結構，好像進行空襲一樣。隨舉一例，如布里利(同前述引文)所說「本能是對精神活動的刺激」(instinct as the stimulus to psychic activity)便是如此。但從動力結構的角度而言，「本能」並非對精神活動的刺激，而是其本身便為精神結構中一種特殊的活動。同樣地，「衝動」並非天外飛來的當頭棒喝，讓自我驚嚇痛苦，而是一個行動中的精神結構——正在對某人或某事做某些事的一個精神結構。事實上從動力結構的觀點，「衝動」及「本能」這兩個詞，已像心理學中許多用詞一樣被錯誤地具體化而只徒增混淆。更混淆不清的是其複數型(impulses及instincts)。實際上，這兩個用詞只有當作形容詞時才有用處，例如我們用「本能傾向」(instinctive tendency)來描述精神結構，或用「衝動行為」(impulsive behavior)來描述客體關係。

以上是對我理論中最基本的觀點所做的一些解釋。這些理論是我在

150

1939-45年大戰期間所發展出來的，當時的環境讓我有機會以一新的取向重新思考古典的理論議題。這個我謹慎接受而遵循的新取向，就是明確的客體關係心理學取向——雖然回顧起來，我可以看到這個觀點已預告於我的某些早期文章中。然而，如之前所顯示的，這個取向得到的結果所造成的改變，讓我們必須明確地接受動力結構的心理學。我希望前面的論述不只對我的主要結論做了一些解釋，亦可促進動力結構心理學由客體關係心理

151

學中發展出來。

第六章 人格之客體關係理論的發展

Steps in the Development of an Object-Relations Theory of the Personality[1] (1949)

1909年，我進入心理學的學術研究時，滿懷期待未來能更進一步洞悉人類行為的主要動機；但不久我便觀察到，關於心理生活的解釋，有些明顯疏漏。尤其是，我注意到有兩群重要的現象幾乎完全被忽略；即便在當時，我亦難以置信，關於心理生活的任何解釋竟然都忽略了它們。我指的是關於性與良心(sex and conscience)這兩個現象。數年後我發現，佛洛依德是一位完全沒有忽略這兩種現象的心理學家；從那時起，他的研究所展開的方向，便成為我主要的心理學興趣——而這更因為他研究的精神病理學領域，也是我所特別關注的。但是佛洛依德理論中有一重要特徵，我一直難以接受，亦即他的心理享樂主義(psychological hedonism)。這至少有部分原因是，在我哲學訓練的過程裡，我已熟悉最初由約翰彌爾[2]提出的享樂理論所面臨的兩難，而且觀察到要將他的想法從追求享樂(pleasure-seeking)的心理學原則，過渡到「尋求最多數人最大快樂」的倫理學原則時，將無可

---

[1]本文於1948年7月26日在愛丁堡舉行之第12屆國際心理學大會中發表，之後刊登於*The British Journal of Medical Psychology*, Vol. XXII, Pts. 1 and 2。

[2]譯註：John Stuart Mill(1809-73)，英國哲學家。他在倫理學上支持功利主義，即認為道德的行為應該是下文中的「尋求最多數人最大快樂」。 但彌爾也主張心理的享樂主義，認為個體所有行為的目的都是為了得到快樂避免痛苦。這兩個主張在實踐上顯然常會出現矛盾。這裡費爾貝恩似乎認為若不從人與人的關係著手，此矛盾無法解決。(譯者以為，彌爾應該有看到這個矛盾並試著解決，他在《自由論》中提出的觀點——只要不妨礙他人，人人皆可自由地追求快樂；且如果每個人的自由都受到尊重，長久來看就會為最多數人帶來最大快樂——似可視為以人際關係的觀點解決這個矛盾的嘗試。)

避免產生矛盾。這過渡當然是為了順應冷酷的社會生活；而必然的矛盾則顯示出，要用追求享樂的原則解釋客體關係無論如何都很難令人滿意。在佛洛依德思想的發展中，亦可觀察到類似的過渡——從原慾理論(在此理論中原慾被認為基本上是追求享樂的)過渡到超我理論(此理論是用來解釋在客體關係的壓力下，追求享樂如何成為道德原則的從屬)。這裡再次看到，社會無情的現實顯示了追求享樂理論的不足；唯有提出超我理論之後，佛洛依德才有能力系統性地嘗試在《團體心理學與自我的分析》(*Group Psychology and the Analysis of the Ego*)一書中解釋團體生活。在書中，他認為團體領導者是個體超我的外在表徵，並以對領導者的忠誠，來解釋社會團體的凝聚力。當然，團體領導者被視為父親形象；這反映出一個事實：佛洛依德已視超我為雙親形象的內在精神表徵，這是孩童時期為了要從內在控制伊底帕斯情境，而將雙親形象內化。我們可以觀察到，伊底帕斯情境本身暗示了客體關係的存在，也暗示了家庭是一個社會團體。同時，超我很明顯地是孩童期客體關係的產物，也是孩童控制客體關係的一種方式；而且，當然，超我本身是一內在客體。進一步可以發現，佛洛依德的自我理論和啟動潛抑的超我理論，兩者是綁在一起的；因為他的自我理論是基於研究潛抑的推動而形成的。由此可看出，佛洛依德思想的演變，是從最初認為行為取決於「追求享樂」的理論，進展到後來以自我和(內在或外在的)客體之關係來理解人格的理論。根據這後期的理論，人格的性質取決於外在客體的內化，而群體關係的特質，則取決於內在客體的外化(externalization)或投射(projection)。在此發展過程中我們可以探測到人格的「客體關係理論」之種子——這理論的基本概念是，客體關係存在於人格內，也存在於個人和外在客體之間。

152

梅蘭妮．克萊恩將此客體關係理論進一步發揚光大，她的精神分析研究讓她更強調人格發展中內在客體影響的重要性。在佛洛依德的理論中，唯一的內在客體是超我；此結構扮演著內在父母的角色，行使良知的功能。當然，梅蘭妮．克萊恩接受超我的概念；但她也設想其他內射客體呈

153

現的多樣性——好客體與壞客體，良性客體與迫害性客體(benign objects and persecuting objects)，完整客體與部分客體(whole objects and part objects)。她認為，種種這些客體的內射，源自嬰兒口腔期基本而典型的口腔攝入幻想。這一概念引起之爭論，在此不擬加入；但對我而言，梅蘭妮．克萊恩似乎從未令人滿意地解釋口腔攝入客體之幻想如何讓內在客體形成內在精神結構——而除非它們是這種結構，否則它們不能被稱為內在客體，因為它們不形成結構的話就只是幻想的碎片。雖然如此，梅蘭妮．克萊恩仍繼續下去，將內在客體的好與壞歸因於兒童自身口腔活動的成份(component)——客體的好和原慾因子有關，客體的壞和攻擊因子有關，這與佛洛依德的本能二元理論一致。除了發展和擴充內在客體的概念，梅蘭妮．克萊恩同時也發展和擴充內射和投射的概念，用外在客體之內射及內在客體之投射兩者持續的相互作用，來呈現兒童的心理生活。因此，這個兒童人格發展模式，大部分都以客體關係的觀點來解釋。

整體而言，一開始我覺得梅蘭妮．克萊恩的觀點代表精神分析理論的重要進展。但之後我愈來愈相信，在某些重要面向上她無法獲致合乎邏輯的結論。首先且最重要的是，她不加批判地繼續堅持佛洛依德的享樂原慾理論(hedonistic libido theory)。這對我來說是個矛盾；因為，如果說客體的內射以及這些客體於內在世界的持續存在，真如其觀點所暗示的那麼重要，那麼簡單地將之歸因於孩童期的口腔衝動或追求享樂的原慾強迫，都很難令人滿意。相反地，我們似乎無可避免會指向這樣的結論：原慾基本上不是追求享樂，而是追求客體。這是我在1941年發表的論文中提過的結論[1]，並且堅持至今。這個結論涉及了對佛洛依德之「愛慾帶」概念的修正——其大意是，這些區域本身不應被視為追求享樂的來源，且客體亦非在此目的之考慮下隨機地被利用，相反地，它們是滿足原慾目的的管道，而原慾的目的則源於自我，並以和客體建立滿意的關係為導向。

154

[1]見本書第一部第二章。

梅蘭妮．克萊恩的第二個矛盾是保留了亞伯拉罕的原慾發展理論。這理論基於佛洛依德的愛慾帶理論而提出一系列的原慾發展期，每一期都以一特定的愛慾帶為特徵。說亞伯拉罕漠不關心客體關係是不公平的；因為他所提出的每一個原慾發展期想要呈現的，不只是原慾組織的階段，也要呈現客體愛發展的階段。然而，他的各個發展期並沒有用適當的客體描述，而是用愛慾帶來描述。因此，他不說「乳房期」(breast phase)而說「口腔期」(oral phase)。當然，亞伯拉罕理論的另一個特徵是，他把每個古典的精神病或精神官能症都歸諸某個特定發展期之固著(fixation)。這兩個特徵在我提到的論文裡都已批判過。同時我還更進一步提出替代的觀點。我提出一個以客體依賴之不同特質為基礎的理論，取代亞伯拉罕的原慾發展理論；此外，我概述了發展的過程，從嬰兒式依賴之原始狀態，到成人式依賴之最終狀態，其間則是過渡的階段。我也提出一個觀點：除了精神分裂症與憂鬱症之外，其他各種古典的精神病理狀態，並非固著於一特定的原慾發展期，而是代表著為了調控與內在客體之關係而使用的特定技術；而這些技術源於嬰兒式依賴發展到成人式依賴之間的過渡期，其目的是保護成長中的人格讓它免於受到早期客體關係衝突的影響。另一方面，我認為精神分裂症或憂鬱症所呈現的心理狀態，正是這些技術想要去避免的，且這兩者之病因源於嬰兒式依賴的階段。

155

佛洛依德最早採用並從未放棄的衝動心理學(impulse-psychology)，是另一個梅蘭妮．克萊恩未曾懷疑就接受的精神分析觀點，但我現在認為以她的研究而言，衝動心理學實是時代的錯誤。由回顧很容易看到，我以客體追求的觀點重新論述原慾理論時，就是放棄衝動心理學的第一步了；但1943年的論文裡[1]，我往這個方向更邁一大步，開始思索我對於原慾理論的修訂，如何關聯到古典理論中的潛抑。這樣做的時候，我引用佛洛依德的話：「然而，超我不只是原我最早期的客體選擇所遺留下的沈澱物；它同時也代表對抗那些選擇的一種活躍的反向作用。」在描述超我是客體選擇

[1]見本書第一部第三章。

的殘餘物時，佛洛依德將超我當成是內在客體；而在描述超我是對抗客體選擇的反向作用時，佛洛依德顯然將超我視為潛抑的啟動者。因此對我而言很明顯的是，如果潛抑涉及的是一種對抗「客體選擇」的反應，那麼它針對的必然是客體——這些客體和超我一樣是內在客體，但和超我不一樣的是，它們會被自我拒斥。於是，我將這個觀點明確地表述出來，對我而言，此一表述與佛洛依德的前提相同，但比他的結論——潛抑針對的是罪咎的衝動——更合乎邏輯。從這點來看，愧疚感，或說是個人道德上的壞(bad)感覺，都次發於客體的壞感覺；愧疚感的產生，是衝突張力下的產物，此衝突即自我與內在好客體(即超我)的關係以及自我與其他內在壞客體的關係兩者之間的衝突。愧疚感因此是一種防衛機轉，用來抵禦和壞客體之間的關係。依照這些結論，一個重要的問題是，孩童為何會攝入這些對他們來說是壞的客體？我認為答案是，孩童會內化壞客體，有一部分是因為想要控制它們(攻擊動機)，但最主要是因為他對壞客體有原慾需求。因此我特別注意心理治療的阻抗現象中，原慾正向依附於內在壞客體所扮演的角色。當然在這麼做的時候，我已背離佛洛依德之原則——即認為阻抗完全是潛抑的表現。

156

在1944年發表的論文裡[1]，我再回到潛抑這主題。在此文中我更加注意衝動心理學的弱點，並採用了一個一般性的立場，認為「衝動」灌注能量於內在精神結構，並使此結構得以與客體建立關係，因此，要將所謂的「衝動」和內在精神結構及此結構的客體關係隔離開來是不可能的。我進一步建議，同樣的考慮亦可應用於所謂「本能」。順此思緒而下，我開始設想以新的動力結構心理學，來取代那個佛洛依德接受後即從未考慮放棄的、過時的衝動心理學。這一步驟涉及對佛洛依德「原我、自我、超我」之心理結構的批判檢驗。此檢驗一開始即顯示，佛洛依德以原我為本能衝動儲存所的概念，以及自我是為了調節原我衝動和外在現實而從原我表面發展出之結構等概念，和任何動力結構心理學有著先天上的不相容。唯有

[1]見本書第一部第四章。

揚棄自我與原我的區別，並將自我視為一最初始結構且本身即為衝動張力之來源時，動力結構的原則顯然才得以維持。同時，自我中的衝動張力應被視為先天上即導向外在現實，且因此一開始就取決於現實原則。由此看來，孩童之適應障礙，大部分是因為缺乏經驗加上以下的事實：本能賦予人類的，只是普遍性的傾向，這傾向需要經驗才能獲得更分化而固定的模式。因經驗的缺乏導致孩童有較為情緒化及衝動的傾向，也較無法忍受所面對的許多挫折。種種這些因素都必須列入考慮；唯有在適應的條件對孩童來說太困難，現實原則才會被享樂原則取代，後者是一次發的、敗壞的(相較於退化的)[1]行為原則，只計算著釋放張力及提供代償性的滿足。在此或許我可以補充一點，我認為多少類似於上述的形式，攻擊也是次發於原慾的。所以這也背離了佛洛依德，因為他認為攻擊是獨立於原慾的基本因子(亦即，一個獨立的「本能」)。[2]

157

從這論點衍生出對自我概念的修訂，涉及對潛抑理論的重新思考。當然，根據佛洛依德，潛抑是針對衝動；但為了解釋潛抑的執行，他被迫認為有一個可以驅動潛抑的結構(即「超我」)。我只是在相同的方向上再邁進一步：有一些被潛抑的結構存在——正如我先前的結論「那些最初被潛抑的是內在的壞客體」[3]。當我跨出這一步時，我認為衝動乃次發地被潛抑。但在我接受動力結構心理學之後，這觀點無法再維持；取而代之的觀點是：被次發地潛抑的，是和被潛抑客體之關係最密切的自我部分。這概念向我們顯示自我碎裂(split in the ego)的現象，其特徵是某部分的自我動力被另一部分更中心的自我動力所潛抑。

佛洛依德早期對*被潛抑物*的瞭解是從對歇斯底里症(hysteria)的研究得來的，而晚期對*潛抑之執行*的瞭解則從憂鬱症(melancholia)的研究得來。

---

[1]譯註：見本書第一部第五章，頁139(原文頁數)。

[2]譯註：這裡可看出作者明確表示，攻擊不是所謂「死之本能」的表現，而是在環境對個體來說太困難時取代原慾的一種變質的傾向。這個觀點與佛洛伊德不同，也與克萊恩不同。

[3]譯註：「有一些被潛抑的結構存在」指的是作者1944年文章裡的主張(本書第一部第四章)。而「被潛抑的是內在的壞客體」則是指作者1943年文章裡的主張(本書第一部第三章)。

說此一研究背景的轉變是歷史性的錯誤似乎太冒昧，但佛洛依德無法以研究被潛抑物的基礎來研究潛抑之執行，且以歇斯底里現象做為其心理結構理論之基礎，實為憾事。此一遺憾在我1944年文章所揭櫫的口號「回歸歇斯底里」中已有指出。就我看來，佛洛依德之所以會改變研究背景，是因為他堅信的心理享樂主義與衝動心理學所產生的僵局，也讓他無法看到歇斯底里症中有自我碎裂的過程。自我碎裂當然是一個和精神分裂症極相關的現象。我們可以說，佛洛依德對潛抑的概念奠基於克萊恩後來所描述的「憂鬱位置」(depressive position)；而我對潛抑的概念可說是奠基於「分裂位置」(schizoid position)。因為精神分裂症比憂鬱症更原始(primal)，所以我的概念基礎可說更為基本；同時，一個基於自我碎裂概念的人格理論，似乎比基於佛洛依德之「衝動被未碎裂的自我潛抑」的人格理論更為基本。當然我所提的理論可以解釋極端的案例，例如多重人格；但就像詹內(Janet)指出的，這些極端案例只是歇斯底里的特徵——解離現象(dissociation phenomena)極誇張的呈現罷了。因此，若我們實踐「回歸歇斯底里」的口號，就可以正視我的潛抑理論所奠基之碎裂現象。

在此有一點值得注意，根據佛洛依德，超我作為潛抑的驅動者，卻與被潛抑物一樣是潛意識的。為什麼超我必須是潛意識的，佛洛依德從未對這問題給過令人滿意的解釋；而現在的問題是：超我本身是否未被潛抑。我在1944年文章裡的另一個結論是，有一個對等於佛洛依德之「超我」的結構確實被潛抑了。我所設想的情境乃基於內在壞客體的碎裂。我已解釋過我如何獲致以下結論：內在壞客體的潛抑，會導致與此客體有最緊密之原慾連結的部分自我亦受到潛抑；但若客體是碎裂的，那麼自我有兩個部分也會從中心自我(central ego)碎裂出來，並依附到各自的部分客體。根據我的概念，內化的壞客體有兩個面向：激動的面向和拒斥的面向，此雙重面向使得客體碎裂成激動客體與拒斥客體。激動客體的潛抑會伴隨一部分原初自我的碎裂與潛抑，我稱這部分的自我為「原慾自我」；而拒斥客體的潛抑會伴隨另一部分原初自我的碎裂與潛抑，我稱這部分的自我為「內在破壞者」。內在的破壞者絕不等同於超我[1]；但是與拒斥客體結盟後，這部分自我的目標就和原慾自我的目標相反，因此對後者有了敵意。內在破壞者對原慾自我的這種敵意，其方向相同於中心自我對原慾自我之潛抑；因此我稱此過程為「間接潛抑」(indirect repression)。此一間接潛抑似乎是佛洛依德對潛抑主要的關注面向，並據此建立整個潛抑理論。

159

從上述我勾勒的這些過程所導致的內在情境，我稱之為「基本內在精神狀態」(the basic endopsychic situation)。它包含的三個自我結構(即中心自我及另兩個附屬自我)粗略可和佛洛依德所說的自我、原我、超我相對應；但我所提的自我三結構都是固有的動力自我結構，且彼此以動力的形式關連，而原我只是能量的來源並非結構，自我與超我則是不具能量的結構，除非次發性來自原我。當然，佛洛依德認為超我是一擁有準自我(quasi-ego)地位的內在客體；但他既認為原初的原我基本上並非尋求客體，要以此理論基礎不矛盾地解釋超我如何內化，便顯得困難重重。但根據我論述的概念，自我基本上是尋求客體的，而客體的內化是尋求客體的原初自我在面對早期客體關係變化時，其原慾需求的直接表現。經由自我的碎裂，人格結構產生內在分化，這現象亦可由自我與內在客體之間的關係加以解釋；而這些關係又導致從原初自我碎裂出來的各部分自我彼此的關係。因此可以體會我上述所刻劃的理論，很切合我的標題：「人格之客體關係理論」。

關於上面提到的基本內在精神狀態，最後我還有一點補充。雖然，一旦這狀態建立，從地形學的觀點(topographic standpoint)來說它比較不可改變，但從經濟學的觀點(economic standpoint)來看，它似乎可以有多種不同的動力模式；且我們可以假設，若這些模式有較典型的特徵，它們就會符

160

---

[1]我保留「超我」一詞以描述那個被中心自我視為「好」而灌注予情感的內在客體，它有「自我理想」(ego-ideal)的功能，它作用的層次是在我們現在討論的這個層次之上。我認為中心自我對此客體的情感灌注是為了要抵抗附屬自我對內在壞客體的情感灌注，並提供建立內在世界道德價值的基礎。

合精神科教科書所描述的各種精神病理現象。但這些模式的細節以及它們和精神症狀的關係，需要仔細的研究才能確立。同時，動力學組態正是在歇斯底里症最清楚。儘管如此，我前面提出的一般性解釋應足以說明何謂「人格之客體關係理論」；我相信，此一解釋的歷史形式[1]將證明其目標是正確的——亦即，藉由描述各種決定發展階段的因素，來顯示此理論存在的理由。

161

[1]譯註：這個歷史形式應該就是：以自我與客體之關係的觀點來描述人格發展的歷史。

第七章 作者對人格結構觀點之發展概要

A synopsis of the Development of the Author's Views Regarding the Structure of the Personality (1951)

在1941年發表的文章「修正精神病與精神官能症的精神病理學」中[1]，我記錄了我的觀察：自我碎裂(the splitting of ego)的證據不只出現在明顯的分裂狀態(schizoid state)，也出現在精神官能症，以及廣泛的精神病理狀態。這些觀察也讓我對佛洛依德原慾理論的正確性產生一些質疑：(1)他認為原慾基本上是尋求快樂的，(2)對於自我的發展，他強調愛慾帶的重要性。這無可避免地讓我接著質疑亞伯拉罕的自我發展「期」的理論，以及基於此理論的病因理論。因此我嘗試重新架構這些基本的精神分析概念(原慾理論，自我發展理論，病因理論)，讓它們更符合臨床觀察，並因而增加它們的解釋價值。我重新論述後的主要特色大致如下：

(1)原慾基本上是尋求客體的；

(2)愛慾帶並非原慾目的的基本決定因子，而是自我尋求客體時的管道；

(3)任何令人滿意的自我發展理論，必須以客體關係來構思，特別是早期生命中，在剝奪與挫折之壓力下而被內化的客體，與這些客體的關係尤為重要；

(4)亞伯拉罕所描述的「期」，除了口腔期，其餘都是自我為調節客體關係，特別是內在客體關係，所運用的技術。

(5)亞伯拉罕將特定的精神病理狀態歸諸特定發展期的固著。但除了精

[1]譯註：本書第一部第二章。

神分裂症與憂鬱症，其餘都是伴隨特定技術之運用的狀態。

依據這些考慮，我進一步勾勒出以客體關係為構思的自我發展理論，這理論有以下特徵：

(1)自我發展是一個過程，它的特徵是，基於對客體之原初認同的原始嬰兒式依賴狀態逐漸被放棄，過渡到基於客體與自我之分化的成人或成熟式依賴狀態。

(2)自我發展的過程因此可分為三個階段，亦即

(a)嬰兒式依賴期(相當於亞伯拉罕的「口腔期」)

(b)過渡期

(c)成人或成熟式依賴期(相當於亞伯拉罕的「性器期」)

(3)精神分裂症或憂鬱症在病因上和嬰兒式依賴期的發展障礙有關——與精神分裂症有關的困難源於客體關係中的吸吮/愛(sucking/loving)；而與憂鬱症有關的困難則源於客體關係中的咬嚼/恨(biting/hating)。

(4)強迫的、偏執的、歇斯底里的、以及畏懼的症狀在病因學上的意義來自以下事實：它們反映了自我為處理過渡時期客體關係的困難而發展出的四種特殊防衛技術。這些技術的運用，則基於嬰兒式依賴期自我內化客體時所產生的內在精神狀態[1]。

(5)這四種過渡期的技術，是為了防衛源於自我發展第一階段的分裂與憂鬱傾向之出現。

(6)憂鬱狀態的情感特徵，當然，就是憂鬱；而分裂狀態的情感特徵則是無用感(sense of futility)。

163

(7)源於嬰兒式依賴期的分裂或憂鬱傾向，若持續且明顯，會反映在兩種對比的性格型態——

(a)分裂型(參照：內向型)

(b)憂鬱型(參照：外向型)

[1]譯註：這裡的內在精神狀態(endopsychic situations)應該是指第二章所描述的內在客體分裂成被納客體和被拒客體。

在1943年的論文「壞客體的潛抑與再現——特論戰爭精神官能症」[1]中，我注意到一件異常的事情：佛洛依德晚期對自我之性質與成長的研究，乃疊加於他早期提出的衝動心理學之上，但他從未嘗試以後期的結構概念去修訂衝動心理學。同時我也表達我的觀點：只有在以客體關係心理學的基礎下，亦即，將自我和內在及外在客體的關係納入考慮的心理學，才能整合衝動與自我結構的概念。在這篇論文中，我回顧了1941年那篇論文的論點，即原慾基本上是尋求客體的，並進一步思考此論點對潛抑理論的影響。我也回顧佛洛依德的說法：雖然超我是「原我最早之客體選擇所留下的殘餘」，但超我也代表「對抗那些選擇的一種活躍的反向作用」。以客體關係心理學來看，上述描述對我而言似乎意味著，雖然超我很明顯地是內在客體而且與自我的關係中涉及某種程度的認同，但潛抑基本上必然是針對其他與自我有類似關係的內在客體。據此我明確地表述了我的看法：潛抑代表自我的防衛反應，但基本上不是要對抗無法忍受的不快記憶(如佛洛依德早期的觀點)，或對抗無法忍受的罪咎衝動(如佛洛依德晚期的觀點)，而是要對抗那些自我無法忍受的壞的內在客體。觀察被性侵害小孩的反應，可支持此一論點。另外，對問題家庭小孩的觀察，則支持下述看法：壞客體的內化，代表小孩藉著負擔環境中客體的「壞」，來試圖讓它們變「好」，因而讓環境變得較可以忍受。這種防衛試圖建立外在的安全，所付出的代價則是內在的不安全，因為它使自我任由內在迫害者(internal persecutors)擺佈；而為了防衛這種內在的不安全，遂產生潛抑內在壞客體的機轉。在描述過(1)壞客體的內化，以及(2)內化後的潛抑，這兩種自我為了克服客體關係的困難而運用的防衛技術後，我注意到(3)另一種防衛技術的重要，我稱之為「道德防衛」，這相當於超我的防衛。我指出，之前描述的壞客體都是無條件的(亦即原慾的)壞，而不是有條件的(亦即道德的)壞。當孩童的自我認同這些客體，他會覺得自己是無條件的壞。道德防衛的目的即藉著向孩童呈現有條件的(道德上的)好與壞之可能性，

[1]譯註：本書第一部第三章。

來改善這種難以忍受的情境；此目的受到補償性好客體之內化的影響，此一好客體因而扮演了超我的角色。結果是，有條件的好有賴於對好內在客體的認同占優勢，有條件的壞則有賴於對壞內在客體的認同占優勢。但這兩種可能性，都比無條件的壞更好，因為即使是有條件的壞，也因為有悔改與寬恕的可能而帶有希望。這樣的思考無可避免會導致一個結論：潛抑以及道德防衛(超我的防衛)是各自獨立的防衛機轉，雖然彼此會有交互作用。這可以解釋為何讓愧疚感減輕的精神分析詮釋會強化潛抑。然而，潛抑造成的阻抗被克服後，原來被潛抑的壞客體會在意識層面再度浮現出來。這種壞客體「再現」('return' of repressed bad object)的威脅，是造成轉移官能症(transference neurosis)的主因；但這種再現在治療上是必須的，因為它可讓對內在壞客體的情感灌注(cathexis)有機會消解。此一情感灌注的消解對治療有特殊的重要性，因為以現今觀點而言，就被潛抑的壞客體而言，客體灌注本身即是阻抗。當然，這個結論和佛洛依德的觀點不同，因佛洛依德認為「被潛抑物」本身不會對治療工作造成阻抗；但是從「原慾在尋求客體，且潛抑基本上是針對內在客體(而非衝動)」這個觀點將無可避免會導致上述結論。負向治療反應大致也可以由這樣的方向來解釋；因為，當被潛抑的內在壞客體得到情感灌注時，原慾目標便和治療目標衝突。當然，我們必須承認，被潛抑的壞客體之再現本身並不具治療性。事實上它是一種威脅，此一威脅再加上自我對它的防衛便產生症狀而使個案求助精神分析。自我所運用的防衛技術之一是偏執(paranoid)——主動投射被潛抑的壞客體(而不是「被潛抑的衝動」)[1]；但這不同於自發性的被潛抑壞客體之再現，後者不是投射而是一種轉移現象[2]。個案很快會覺察到治療的努力可能重現他原本力圖防衛的情境；唯有透過與分析師有真實「好客體」關係的環境，修通(working through)精神分析的轉移情境，被潛抑之壞客體的再現才是治療的目標。若考慮自發性的被潛抑壞客體之再現，創傷

165

[1]譯註：參照第一部第三章第10節的第4個註腳(原文頁75)。

[2]譯註：參見本書第一部第三章第10節。

情境是個重要的誘發因子；這就是我們要研究戰爭官能症(war neurosis)的原因。我們亦可從被潛抑壞客體之大量再現來解釋佛洛依德所稱的「強迫性重覆」(repetition compulsion)——此一概念已失去許多解釋價值，因為這個狀況較不是創傷情境一直強迫性地重覆，而是個案所有對抗壞客體再現的防衛都已崩潰後，被壞客體一直陰魂不散地糾纏以致於除死之外無處可逃。而一旦我們了解原慾灌注於內在壞客體的種種狀況之後，佛洛依德所說的「死亡本能」也顯得多餘了；因為原慾對壞客體的灌注，勢必引發一個反原慾的動力因子(a dynamic anti-libidinal factor)，但這因子現在已可用客體關係來解釋，[1]而不需求助於一個特殊的「死亡本能」理論。關於戰爭官能症，還有兩個進一步的結論要補充：(1)若個體還處於過度而不當的嬰兒式依賴期(以認同傾向為特徵的階段)，軍隊服役本身即代表一種創傷情境，容易使內在壞客體再現，因為服役涉及了某種程度的分離——與熟悉的、相對來說是好的客體分離，且原本個體已在現實上認同這些客體(與此事實一致的是，軍事人員的心理崩潰中最明顯的特徵就是分離焦慮)；(2)潛抑的失敗所導致的內在壞客體再現，將伴隨道德防衛的失敗，而超我的權威性(如同佛洛依德所說，此權威性是團體士氣之所繫)，亦不再有作用了，而當軍人和軍隊的原慾連結瓦解後，軍人在靈魂上就再也不是軍人了。

166

在1944年的論文「客體關係觀點的內在精神結構」[2]，我特別注意到一個事實：(正如佛洛依德對自我的概念)內在客體的整體概念和孕育它的、較侷限的超我概念一樣，其發展並沒有對佛洛依德原來接受的衝動心理學有任何顯著的修正。此外，我也注意到衝動心理學在實務上固有的限制，這理論無助於理解精神分析治療中所釋放的(假設性的)「衝動」將會如何處理。之後我指出，「衝動」的處理基本上是客體關係的問題，同時也是人格上的問題，而人格的問題則密切關聯於自我結構與內在客體之間的關

---

[1]譯註：即第一部第四章基本內在精神情境中的內在破壞者。

[2]譯註：本書第一部第四章。

係。我進一步說明我的觀點，雖「衝動」必涉及客體關係，但它們無法獨立於自我結構，因為只有自我結構可以尋求與客體的關係，故而「衝動」只是代表自我結構的動力面；因此，重新檢驗佛洛依德以原我、自我、超我對「心理裝置」(mental apparatus)的描述後，就會發現以新的動力結構心理學(*psychology of dynamic structure*)取代舊的衝動心理學是必需的。這樣的檢驗可馬上顯示動力結構心理學和佛洛依德的兩個概念有著先天上的不相容，(a)原我是本能衝動的貯存所，(b)自我是由原我表面發展而出的架構，為了調節原我衝動與外在現實的關係；因為動力結構的原則主張，自我是最原初的結構且本身即是衝動張力的來源。同時，自我中的衝動張力必然是朝向外在現實中的客體，並因而一開始即取決於現實原則。當然，一開始現實原則是不成熟的；但這不成熟多半來自經驗的欠缺。在有利於適應的條件下，隨著經驗累積，現實原則亦日趨成熟。若環境不利於適應，享樂原則(pleasure principle)就容易取代現實原則，它是一種次發的、變質的(而不是退化)的行為原則，只計算著釋放張力及提供代償性的滿足。動力結構原則對潛抑的看法亦有修正。我在1943年的論文中提到，潛抑基本上是為了對抗內在的壞客體；但後來變成必須接受以下觀點：潛抑不只是對抗內在的壞客體(這些內在客體被視為內在精神內結構時才有意義)，也要對抗與這些內在客體建立關係的自我結構。這暗示自我必定是碎裂的，這樣才能解釋潛抑現象。當然，佛洛依德認為必須設想有一個推動潛抑作用的結構，亦即超我；我們可依此方向再向前推一步，設想有被潛抑的結構，以及設想有部分的動力自我(dynamic ego)會被另一部分的動力自我所潛抑。這樣的觀念不僅有助於理解多重人格及歇斯底里性解離的現象，也有助於理解衝動心理學中所謂「昇華」的過程(「衝動」的「昇華」不再被認為可獨立於自我結構之外)。對熟悉分裂(schizoid)個案所呈現之問題的人而言，應不難接受上述潛抑暗示著自我碎裂的觀點；但精神分析後來針對憂鬱症(melancholia)之理論發展所造成的限制，卻會質疑這觀點的正確。佛洛依德的心理裝置理論大多奠基於憂鬱症的研究；同樣的，憂鬱

167

位置(depressive position)亦佔據了梅蘭妮．克萊恩觀點的中心位置。然而，佛洛依德對潛抑的概念最初是基於對歇斯底里症的研究；當他將注意力由被潛抑物的性質移轉到潛抑的執行時，佛洛依德才開始專注於憂鬱症。佛洛依德沒有在被潛抑物的研究領域裡研究潛抑的執行，因而沒有將歇斯底里症現象作為心理裝置理論的基礎，這對我來說是相當遺憾的。假使當時他有這麼做，我相信他對潛抑的概念將不會奠基於後來梅蘭妮．克萊恩所說的「憂鬱位置」，而會是奠基於所謂的「分裂位置」(schizoid position)，也就是說，他的概念將會基於「潛抑暗示著自我之碎裂」這一事實。在此我們注意到一件異常的事：佛洛依德認為伊底帕斯情境是性器的情境(genital situation)，並在此情境中尋求潛抑的基本原理，但他也認為超我這個潛抑推動者的起源是口腔(亦即前性器期)的情境。梅蘭妮．克萊恩解決此困難的方式是將伊底帕斯情境提前到嬰兒期，但這並沒有真正解決問題，因為她忽略了超我形成前潛抑作用發生的可能性。要解決這個問題似乎不僅需在性器態度之外、也需在伊底帕斯情境之外、甚至超我的層次之外尋找潛抑的根源。解決之道和我1943年論文裡的觀點一致：潛抑基本上源於對內在壞客體之防衛，而超我的建立則代表了另一種更晚期的防衛(「道德防衛」)，這相當於得到一個新的結構組織層次，而底下仍存在舊有的結構。因此我認為，在「中心自我」面對超我這個具有道德意義之內在客體的層次之下，隱含另一個層次：在此層次，從自我分裂出來的部分需面對壞的內在客體，這些內在客體不只缺乏道德的意義，而且從中心自我的角度看來，是無條件的(亦即原慾的)壞——這些內在客體相當於內在的迫害者，可能會以(a)激動客體(exciting objects)，或(b)挫敗客體(frustrating objects)來呈現。因此，雖然憂鬱症的主要現象在超我的層次上可以得到較令人滿意的解釋，但經常伴隨憂鬱症的偏執、慮病、及強迫意念，卻代表著內在壞客體的取向。同樣地，歇斯底里現象若只以超我的層次來解釋，也很難令人滿意。佛洛依德的潛抑理論包含更進一步的異常，他認為潛抑的作用者以及推動者(agent and instigator)，也就是自我與超

168

169

我，是一種結構，而被潛抑物則是衝動。這個異常最好從以下事實來了解：佛洛依德認為超我大部分是潛意識的——這會產生一個疑問，即超我本身是否受潛抑。佛洛依德自己也充分意識到這個問題，並設想超我以某種程度被潛抑的可能性(例如在歇斯底里症中)，因此這暗示他承認內在精神結構可能被潛抑。以之前我所提出的觀點而言，必然的結論是，所有的被潛抑物毫無例外都是結構的。在這裡提及一些我早期未發表的關於夢之性質的結論，應該是適切的。這些結論之思緒起於一個個案[1]的治療，這個案有很多夢與願望滿足(wish-fulfillment)原則不一致，按照她主動的描述，這些夢是「事態」(state of affairs)的夢[2]。此一思緒的開端是，受到梅蘭妮·克萊恩對精神現實及內在客體概念的影響，我認為夢和清醒時的幻想基本上是內在精神狀態的戲劇化(dramatization)，它涉及了：(a)自我結構與內在客體的關係，(b)自我結構之間的關係。接著，在詮釋另一個個案的夢時[3]，讓我有機會論述涉及這些關係的*基本內在精神情境*(*basic endopsychic situation*)，並使我對基本內在精神結構的觀點更為明確。最後理論的關鍵在於「內在壞客體會碎裂」的概念。內化壞的原慾客體是一基本的防衛，這在1943年已提過；但現在重要的是發現到這種客體具有兩個面向——激動的面向(exciting aspect)及拒斥的面向(rejecting aspect)。此一雙重面相讓內在壞客體碎裂成(a)激動客體，及(b)拒斥客體。當潛抑的防衛機制開始運作時，這兩種客體都被原初的自我潛抑；但既然原初自我以一種高度認同的原慾灌注依附於這兩個客體，它們的潛抑將使得與它們緊密相連的部分自我分裂出來並被潛抑。因此激動客體的潛抑伴隨著部分自我的潛抑，從中心自我的觀點而言我稱這部分為*原慾自我*(*libidinal ego*)；拒斥客體的潛抑伴隨著自我的另一部分的潛抑，這部分我則稱為*內在破壞者*(*internal saboteur*)。我們可以看到，如此分化的自我結構，可粗略地對應於佛洛依

---

[1]譯註：此個案於本書第一部第四章、第二部第二章、及第二部第三章均有提及。

[2]譯註：見頁98-99(原文頁數)。

[3]譯註：見第一部第四章作者描述基本內在精神結構時所分析的夢。

170 德對心理裝置的說明——中心自我對應於佛洛依德的「自我」，原慾自我對應於佛洛依德的「原我」而內在的破壞者則對應於佛洛依德的「超我」。然而在我的基本觀念中，這三個結構都是動力的自我結構，而彼此也以動力形式相關連，但佛洛依德的「原我」是能量的來源而沒有結構，他的「自我」與「超我」則是沒有能量的結構，其能量需由原我衍生而來——只有「自我」是真正的自我結構，因為「超我」多半被視為內在客體。以下也是我的基本觀念：我所構想的超我是一內在客體，有中心自我之灌注，在此超我的層次之下，則是自我結構的動力形式；依我看來，這個下面的層次就是所有精神病理狀態的最終起源。我的觀念的其他特徵是(1)潛抑最初是為了對抗內在壞客體，其結果導致自我結構的分化；(2)潛抑的動力在於攻擊，由中心自我指揮，不只針對內在壞客體，也針對這些壞客體所灌注的次自我，亦即原慾自我以及內在破壞者。然而，攻擊並非中心自我的專利。次自我對中心自我的態度以及次自我彼此間的態度中，都有攻擊的成份，在內在破壞者對原慾自我的態度中，攻擊扮演特別重要的角色。內在破壞者對原慾自我這種無法妥協的攻擊態度，根基於原慾自我對激動客體之灌注，以及內在破壞者對拒斥客體之灌注；因此這反映了個體對其原慾客體最初的矛盾。根據我的觀點，矛盾本身並非一原發狀態，而是剝奪與挫折引起的反應。若沒有挫折，我不認為嬰兒會自發地攻擊其原慾客體。所以雖然我認為攻擊是基本的動力因子，因為它無法分解為原慾，但我也認為攻擊終究仍附屬於原慾，且基本上代表嬰兒在原慾關係中對剝奪與挫折的反應 —— 特別是與母親分離的創傷。所以是原慾剝奪與挫

171 折的經驗讓嬰兒開始攻擊他的原慾客體，並因而引發矛盾。此時矛盾的主觀面向是很重要的；因為對一個矛盾的嬰兒來說，母親是一個矛盾的客體。為了消除這令人難以忍受的情境，嬰兒將母親分裂成兩個客體 —— 令人滿足的(「好的」)客體(*satisfying object*)以及不能令人滿足的(「壞的」)客體(*unsatisfying object*)；為了控制不能令人滿足的客體，他利用內化的防衛過程，將不能令人滿足的客體由無法控制的外在現實移入內在現實，在

此領域它因內在客體的角色而更可能被控制。此一內在客體的麻煩在於，內化之後它不僅持續地不能令人滿足，也持續地被渴求(被灌注)。這種內在客體所呈現的雙重面向，於內在世界所形成的難題，在程度上不亞於之前外在世界中客體的矛盾性。之前提過，這種雙重面向是內在壞客體碎裂成(a)激動客體和(b)拒斥客體的基礎——此種碎裂現在看來是原初的自我為解決壞客體內化後產生之難題所作的努力。自我為了要進一步的防衛，所以激動的與拒斥的內在客體皆被潛抑，而每一個內在客體的潛抑皆伴隨著與其對應之部分自我的潛抑。作為次自我結構的原慾自我以及內在破壞者，因此獨立於中心自我而被潛抑著。然而，內在破壞者對原慾自我的攻擊態度仍須更進一步的解釋；因為單純認為這只是早期矛盾的反映是不夠的。就此矛盾而言，小孩所經驗到的巨大焦慮，不僅在於要對母親這個拒斥客體的角色表達攻擊的情緒，也在於要對她表達原慾的情緒。對母親表達攻擊情緒所隱含的危險是，母親會因而更拒絕他且更不愛他，亦即，對小孩來說會讓母親更像真實的壞客體而更不像真實的好客體。這種害怕失去好客體的危險，就像我在1941年的文章中的結論，容易引發憂鬱的情感。另一方面，對母親這個拒斥客體表達原慾情緒，對小孩來說所隱含的危險是，在他心裡這相當於將原慾釋放到情緒的真空(emotional vacuum)中，並引發自卑及無價值的感覺。這種害怕失去原慾的危險，就像我在1941年的文章中所作的結論，容易引發無用的分裂情緒(schizoid affect of futility)。為了避免這兩種危險，小孩除了上述防衛方式之外，更用一種類似「分而治之」(Divide et impera)的技術來補強。他用自己最大的攻擊來壓制他最大的原慾需求。依照動力結構的原則，這種防衛的實現，乃藉由以下之過程：他多出來的攻擊由內在破壞者接收然後導向原慾自我，而原慾自我則接收多出來的原慾然後導向激動客體。很明顯的，內在破壞者對原慾自我的攻擊必定是助長潛抑的強力因子；佛洛依德對超我及其潛抑功能的觀念似乎多奠基於此。但根據我自己的觀點，潛抑是源於未分裂的自我對激動及拒斥客體的攻擊；這個過程，我稱之為*原發性直接潛抑(primary*

172

direct repression)，它會伴隨一個次發性直接潛抑(*secondary direct repression*)的過程；在後者，自我產生分裂，中心自我壓制了與兩個被潛抑的內在客體維持情感灌注的部分自我(即原慾自我及內在破壞者)。原慾自我對激動客體的灌注，亦是對治療之阻抗的重要來源；這現象也符合我1943年所寫下的觀察[1]，當時我對動力結構的概念尚未形成。因為這種灌注是原慾的，故本身不能被視為潛抑現象。但內在破壞者對原慾自我的攻擊則不然；因為它不只作為一種阻抗，而且也主動地幫助中心自我對原慾自我的潛抑。我因此描述此過程為間接潛抑(*indirect repression*)。當我們將直接與間接潛抑同時納入考慮，很明顯地，精神中的原慾成分受潛抑的程度遠比攻擊成分多。因此可歸納如下：多出來的原慾主要依照潛抑原則(*principle of repression*)處理，而多出來的攻擊則主要依照地形學分配原則(*principle of topographical distribution*)處理[2]。間接潛抑的概念，將我來自佛洛依德對潛抑一般概念的模糊處加以聚焦。根據佛洛依德，潛抑起於伊底帕斯情境，是為了減低對異性父母的原慾表現，以及對同性父母的攻擊表現。但根據我的觀點，直接及間接潛抑都起於伊底帕斯情境之前的嬰兒階段；而間接潛抑則是一特殊的技術，在母親是嬰兒唯一的重要客體且嬰兒幾乎完全依賴母親的階段，嬰兒會以間接潛抑來減低對母親之原慾及攻擊的表現。因此我認為，嬰兒期依賴的現象在潛抑形成過程中所扮演的角色，誤被佛洛依德歸因於伊底帕斯情境。因此伊底帕斯情境不再是一種解釋性的概念，而是當內在精神結構完成分化、潛抑出現之後小孩所面臨的一種衍生性的情境。所以伊底帕斯情境變成一種要以內在精神狀態來解釋的現象。外在伊底帕斯情境的出現，對小孩世界最大的變化是他現在要面對兩個不同的親代客體(parent objects)，而不再是一個。既然他和父親這個新客體的關係適應上，類似於他之前和母親的關係中已經驗到的，他很自然地會運用類似的技術來處理——結果是父親的兩個內在形象，(a)激動客

173

[1]譯註：見本書第一部第三章第八節。

[2]譯註：可參照頁173(原文頁數)。

體和(b)拒斥客體，被建立起來。這兩個形象部分地疊加在，也部分地融合於相對應的母親形象上。然而小孩對父親的適應不同於對母親的適應，因為前者的適應過程幾乎完全發生在情緒的層次。這是因為小孩和父親的關係中完全沒有乳房哺乳的經驗。小孩確實在最初將父親視為沒有乳房的親代；之後他才開始了解雙親性器官的差異。當他漸漸了解這差異，而且他的原慾需求也漸漸可以經由性器的管道來呈現時，他對母親及父親的需求開始包括對父母親各自之性器官的身體需求。這些身體需求的強度，和他情緒需求的滿足程度成反比；但既然這些身體需求未被滿足，小孩對母親的陰道及父親的陰莖，就會有某種程度的矛盾。這反映在原初場景(primal scene)中的虐待概念裡。然而這時雙親間彼此的關係對小孩來說變得很重要；他開始嫉妒父母彼此之間的關係。嫉妒的發生不只取決於孩子的生物性別，也取決於孩子和各別雙親的情緒關係狀態。然而，孩子要同時適應兩種矛盾的情境；在試圖適應的時候，他也再次使用一系列上述的技術，結果是雙親的壞性器形象(bad genital figures)以不同的比例具體表現於已存在的兩個內在壞客體(激動及拒斥客體)之中。因此這些內在客體具有複雜的複合結構，部分的建構以分層堆積(layering)為基礎，而部分是以融合(fusion)為基礎。分層堆積或融合的程度何者較顯著，以及各成分客體的比例，這兩個因素不僅在決定個體的心性態度(psychosexual attitude)上扮演重要角色，也是性倒錯病因的主要決定因素。激動及拒斥客體的組成(與生物性別無關)，也是決定伊底帕斯情境發展之性質的主要因素。這在倒置型及混合型伊底帕斯情境(inverted and mixed Oedipus situation)中很明顯；但在正向的伊底帕斯情境中也適用。倒置及混合型伊底帕斯情境的存在顯示，即使是正向的伊底帕斯情境，基本上也是一種內在情境——儘管它在不同的程度上轉移到真實的外在情境。一旦我們正視這事實，便不難看出，正如深度的分析所顯示的，伊底帕斯情境基本上是環繞著激動母親及拒斥母親的內在形象所建立。然而為了同時適應這兩個矛盾關係，小孩將複雜的情境簡單化：他把注意力集中在某個親代的激動面向，以及另一個親代的

174

拒斥面向，並藉此調整激動及拒斥客體的性質；如此，小孩真的為自己建立了伊底帕斯情境。

不能忽略的是，這些我所描繪的一般性輪廓，與佛洛依德的觀點有許多歧異，雖然在所有觀點上都有類似性。這歧異性與類似性的並存，僅可從基本理論原則的差異來解釋；且不難舉出兩點最核心的差異。首先，儘管佛洛依德整個思考系統都與客體關係有關，但在理論上他堅持原慾基本上是追求享樂的原則，也就是說，原慾基本上是沒有方向性的。相反地，我擁護原慾基本上是追求客體的原則，也就是說，原慾有方向性。據此，我認為攻擊也有方向性；而佛洛依德認為，至少曾暗示，攻擊就像原慾一樣是沒有方向的。其次，佛洛依德認為衝動(精神能量)在理論上和結構不同；但我認為這種區分是不正確的，我堅持動力結構的原則。這兩個核心的差異之中，後者更為根本；事實上前者是由後者衍生出來的。佛洛依德認為原慾是追求享樂的觀點直接根源於他將能量與結構分開；因為一旦能量與結構分開，唯一可被視為享樂(亦即，有別於煩擾[disturbing])的精神變化，就是建立力量的平衡，也就是說，一個沒有方向性的變化。相反地，若我們認為能量無法和結構分開，則唯一可理解的變化是結構性的關係以及結構之間的關係（structural relationships and relationships between structures）的改變；而這種改變基本上是有方向的。佛洛依德將能量與結構分開的觀點，是十九世紀一般科學的背景使然，即以亥姆霍茲(Helmholtz)的物理宇宙觀為主流的背景；這外在的影響限制了佛洛依德思想的發展。在二十世紀，原子物理已革新物理宇宙的科學觀並引進動力結構的概念；我所提出的觀點即嘗試以此概念重新論述精神分析理論。用我所構想的動力結構心理學來解釋*群體*(*group*)現象，會比其他任何一種心理學都更令人滿意。此外，它也能使精神病理現象可以直接用結構配置的觀點加以解釋，也因而驗證了「症狀是整體人格之呈現」這一不容置疑的事實。我描述過的基本內在精神情境，從地形學觀點來看，似乎較無法改變。但從經濟的觀點來看，基本內在精神情境是有可能大幅修改的，不管

175

176 是治療性的改變或是其他的改變。我相信我所說的經濟型態，就是歇斯底里狀態下常見的那種型態；我也相信這是原始型態的代表。和此信念一致的是，我認為小孩最早表現出的症狀(例如突然嚎啕大哭)是歇斯底里的；假如這是真的，那麼佛洛依德選擇歇斯底里現象作為研究材料來建立精神分析的基礎，是很有洞見的。我提出的動力結構原則，有個明顯的不一致之處，在此須加以修正。雖然我說內在客體是結構，但我單純把它們視為動力自我結構的客體，而不認為它們是有動力的。我會這樣做的原因，部分是避免讓闡述太複雜，但最主要的是要將焦點放在自我結構的活動上——這畢竟是最重要的，而且「客體的內化」本身，就是自我結構活動的產物。但為求一致，我得為我的理論作一個邏輯性的結論並且承認：既然內在客體是內在精神結構，他們本身必然多少有某種程度的動力性質；而他們的動力性質必然來自自我結構對它們的灌注。這樣的結論，不只符合魔鬼學現象(demonological phenomena)，也符合對夢與偏執狀態的觀察結果。

最近，亦即在1951年，我發現必須進一步修正我的理論，以消除我在1941年和稍後所提出的論點之間未解決的衝突。我在1941年所分類的四種「過渡期」防衛技術，其依據是兩種不同的內在客體，我分別稱之為「被納客體」與「被拒客體」；每一種防衛技術的特徵，與自我處理這兩種內在客體的特殊方式有關，根據他們是分別或一起被視為內在或外在的客體。這分類背後的假設是，早期對外在客體的矛盾，會導致好客體及壞客體的內化。然而，我在1944年提出的論點中，我主要的關注是分化的自我結構與內在壞客體間的關係，以及所造成的內在精神狀態；而此一論點的基礎(已在1943年提出)是，最初被內化的客體是壞的或是不能令人滿足的177 客體。內化不能令人滿足的客體是一種防衛技術，這種技術在精神灌注的客體不能令人滿足的時候，用來控制此情境的創傷因素；而且在最初，似乎沒有動機需要內化完全令人滿足的客體。因此，好客體或令人滿足的客體只會在稍後的階段才可能被內化，用以減輕壞客體或不能令人滿足的客體內化至內在世界後所產生的焦慮。上述說法背後的假設仍與1941年一樣，亦即：矛盾狀態的出現最初與外在客體有關，而就心理表徵來說，外在客體要先分裂成一個好客體與一個壞客體，才有壞客體內化的問題。我現在(1951)得修正這個假設，以符合我在1940年「人格中的分裂因子」中的一個觀點——亦即，最早被內化的客體是口腔早期的*前矛盾客體*(*pre-ambivalent object*)。就這觀點來看，矛盾狀態最初起於原初未分裂的自我面對*內化的*前矛盾客體之時；前矛盾客體在最初被內化的動機是，這客體本身同時呈現出某種程度的無法令人滿足與某種程度的令人滿足[1]。矛盾建立起來之後導致的內在情境是，未分裂的自我要面對*內在矛盾客體*。下一步是這個客體的分裂，但不是分裂成兩個客體(好與壞)，而是分裂成三個客體；這結果是因為在自我的作用下，內在客體中*過度激動*(*over-exciting*)及*過度挫折*(*over-frustrating*)的成分，都被分裂出來，並被潛抑而形成激動客體及拒斥客體(這和我在1944年所描述的類似)。循著這個觀點，當激動及拒斥客體被分裂出來後，仍存在著一個*原初客體的核心*(*nucleus of the original object*)，這是原初客體剝除了過度激動及過度挫折的成分後所留下來的；這個核心接著成為一個去性慾化及理想化的客體(desexualized and idealized object)，在中心自我將灌注於激動客體及拒斥客體的部分除去(這除去的部分我分別稱之為「原慾自我」及「內在破壞者」)之後，即灌注在這個客體並使之得以存留。要注意的是，這個核心客體對中心自我來說是一個被接受的客體，因此不會被潛抑。我現在認為這個客體就是(我所認為的)超我建立的核心；但就其性質來說，重新使用「自我理想」(ego-ideal)一詞來稱呼它似也頗恰當。當然，它相當於我1941年闡述「過渡期」防衛技術時所說的「被納客體」(the accepted object)；它的重要性在於，這是歇

178

[1]譯註：最後這段的論述，亦可參考第一部第四章最後一節(原文頁133-136)。作者以前矛盾客體的概念試圖調和其前後期理論的不一致。此一嘗試是否成功，譯者於彼處之註腳有簡短討論。這裡要再補充一點：「前矛盾客體…本身同時呈現出某種程度的無法令人滿足與某種程度的令人滿足」這句話似乎預設，嬰兒這個主體有能力把無法令它滿足的經驗與可令它滿足的經驗歸給同一個客體。然而這個預設不能視為理所當然，需要有支持的論述。

斯底里患者想要將分析師轉換成的客體。至於我在1941年闡述「過渡期」防衛技術時所描述的「被拒客體」(the rejected object)，現在需要包含「激動客體」及「拒斥客體」，因為根據我之後的觀點，這兩個客體都被中心自我排斥。因此在闡述「過渡期」防衛技術時，應該以複數形的被拒客體(rejected objects)需取代單數形的被拒客體(rejected object)。這改變應是正確的，因為經過深思可以發現，在每一種過渡期防衛技術中，中心自我皆以類似的方式處理「激動客體」與「拒斥客體」。舉例來說，在偏執與畏懼的防衛技術中，這兩者都被當成是外在的，而在強迫與歇斯底里的防衛技術中，這兩者都被當成是內在的。相反地，「被納客體」在畏懼與歇斯底里的防衛技術中被當成是外在的，而在偏執與強迫的防衛技術中則被當成是內在的。

179

第二部 臨床論文[1]

[1] 譯註：這裡收錄的三篇臨床論文，發表時間均早於本書第一部的七篇理論性的文章，所以作者並沒有用後來提出的客體關係理論架構來處理其中的臨床材料。譯者以為，若可以運用作者於第一部所論述的觀點重新檢視這些三篇文章的臨床材料，應該頗富趣味。

第一章 一位女性患者宗教幻想的記錄

Notes on the Religious Phantasies of a Female Patient (1927)[1]

以下我將描述一位經驗著許多宗教幻想之女性個案的一些特色。我的說明是根據一段短期分析治療的資料，這段治療是為了緩解那些讓她受苦的症狀。那些症狀主要呈現歇斯底里的徵候；但亦有證據顯示更深層的困擾確實有的分裂(schizoid)特性。有趣的是，某次我將她兩份不同時期的筆跡樣本混在其他的筆跡樣本中，拿給著名的筆跡學家羅伯．索戴克[2]看，他診斷其中一份是典型的歇斯底里，而另一份則是典型的精神分裂。值得注意的是，「歇斯底里」樣本出自於接受分析治療之時期，「精神分裂」樣本則屬於前十年崩潰的時段。

這位病患，以下我將稱之為X，我在她三十一歲時開始觀察她。她未婚，是一個大家庭中排行最小的孩子，這個家有一個兒子和許多姐妹。她的母親在她十九歲時過世了。她的父親仍在世，但她記不起來曾見過他，因為自她出生時他便未與家人同住。他有酗酒的習慣，在X出生之後，她的母親便帶著孩子們離開他。X在十六歲離開學校，十七歲時開始受訓以成為一個藝術老師。雖然從二十一歲起她便經歷一連串的精神崩潰(nervous breakdown)而數度中斷，她仍然完成了訓練，並在二十五歲時獲得一個很好的職位，她在這個職位上相當的成功，直到五年後又一次的崩潰，終於迫使她辭職。

[1]本篇於1927年11月5日在英國心理學會蘇格蘭分會中宣讀。

[2]譯註：Robert Saudek (1880—1935)，捷克出生的筆跡學家及作家。

當我第一次見到她時，她告訴我過去十年一連串精神崩潰的歷史。崩潰的症狀主要包括神經耗竭(nervous prostration)，失眠，惱人的夢，以及無法面對現實生活中的要求。她回溯這些症狀，將之歸諸與性有關的困難；但她說第一次崩潰時，雖然自己常不諳世故地渴望吸引男性的注意，但對性知識卻完全一無所知。直到兩年後她的主治醫師覺察到她這種無知的危險性，便給予一些教導。之後不久她便開始耽溺於自慰。這個行為起始於某次於渡假中心突發一場急病時，一位陌生醫師幫她做醫學檢查之後。自慰的習慣一開始就讓她頗為苦惱；後來她認為這是她精神官能症狀惡化的主因。她認為(這無疑是正確的)自慰源於一段時間以來一直在夜間困擾著她的，有關靈魂與肉體之間的衝突。她的狀況一直伴隨著一件事：她常出現某些令人著迷的異象與幻想。這些異象(*visions*)，她自己常稱之為「影像」(images)[1]，幾乎都令她十分不安，且有時甚至讓她覺得噁心。它們常呈現陽具的形狀(phallic form)，儘管她在意識層面上缺乏性知識；但當這發生時，此異象中的性器似乎是嬰兒時期的性器。在崩潰之前，她曾因這些影像而感到惱怒——即使是在孩童時期。至於那些幻想(*phantasies*)，同樣地，有些讓她苦惱但有些又是快樂的。她所描述的各種「影像」和幻想，許多都帶有宗教的色彩；這是我想要注意的部分。

在她記憶中，宗教的「影像」或異象第一次出現是在七歲時。當時她生了一場病，正在恢復中；有天晚上她似乎看見惡魔站在她的床尾。這鬼魅的景象讓她受到極大的驚嚇，覺得惡魔要來帶走她。她知道這鬼魅的景象不是實質的，但她對自己解釋說這是因為這位訪客來自靈界。在此要說明的是，在孩童時期她的心中就常盤踞著有關神與基督，以及對與錯的思想。這些思想會伴隨著顯著的憂懼；她記得孩童時期有關基督的想法總是讓她焦慮和憂鬱。而關於神的想法，她被教導的似乎是一個嚴厲的耶和華，而不是慈愛的父親。這種觀念大部分來自於她四歲時一位熱情多過謹慎的主日學老師；在

184

---

[1]譯註：因為個案的「影像」幾乎都有宗教的意涵，作者在本文中可能因此而依聖經的用法，用「vision」一詞指稱個案的這些經驗，所以在此也依聖經和合本的習慣，將「vision」譯成「異象」。

分析時，當她憶起這位老師渲染地描述拉撒路(Lazarus)從死裡復活時[1]，仍感到十分痛苦。二十二歲(崩潰後的隔年)起她開始經歷她所謂的「來自靈界的異象」。通常這些異象的主題是基督被釘於十字架；她常目睹基督的身體被人從十字架上拉下來，釘子撕裂了祂的肉體。重要的是，在描述這些情景時，她會說：「我自己經驗到如祂的靈所受的劇痛。」

說明了個案異象的性質之後，接著我將描述她的宗教幻想。其中最重要的主題圍繞在處女生子、耶穌受難、以及復活[2]；而和異象不同的是，這些幻想都發生於她有了一些性的啟蒙知識之後。它們最好是用她自己的話來描述(這些是出自我當時的筆記)。有一次她說：

「曾有兩次我想......我會懷孕，不是經由結合，而是經由一種靈性的方式。我覺得我會懷孕但不會經歷九個月的不舒服，因為我被一種比我自己偉大的意志所充滿。我想，如果我那時變得不舒服，那麼它下次也會發生。現在，當然，我知道這是我心靈不正常狀態的一部分。第一次意識到有這樣的事情發生，當時我正在家中渡周末。我整個禮拜天都躺在床上。身體的感覺很糟糕，那段時間我也做著有關野馬的夢。我預期那天月經會來。身體的感覺來了；隨之而來的是可怕的苦難——宛如魔鬼在那兒，逼我想著各種瀆神的壞話。然後平靜的感覺來了；我想我再也不會不舒服了。我當時並沒有想到嬰兒。我想我永遠不可能在身體上成為一個女人。然後月經就來了；我感到十分的不快樂。」

185

以下是她的另一段話：

「我在十三歲到十四歲之間常很憂鬱，並且有各種的恐懼。其中之一是我會不得善終而被處決。我隱約記得我在學校最好的朋友有一天站在我面前手裡拿著一條細線。她讓我看那條線並說我以後會被絞死。現在我對這都還感到害怕。這記憶混雜了我會被釘十字架的想法。我覺得我會懷孕

---

[1]譯註：見約翰福音11章。拉撒路是伯大尼的馬利亞與馬大之兄弟，死後4天耶穌使他復活，拉撒路從墳墓裡走出來，手腳仍裹著布，臉上包著手巾。

[2]譯註：這裡的復活(Resurrection)可能有兩義：耶穌的復活或是最後審判日死者的復活。

的那個星期天，我正在讀一本不列顛-以色列學會[1](British-Israel Society)討論預言的書。正在那之後，有關嬰兒的感覺就出現了。最近我的壽險被退保，這保險十年後就期滿了。我對我自己說『我的兒子那時候就十歲了』。我想這正符合經文『小孩子要牽引他們[2]』，因為他並非以尋常方式降生。我想我會被釘十字架或被絞死。我覺得我會願意犧牲；但我想現在人們已經不像對待基督那樣把人釘十字架了。然後我想，當戰爭開始時，布爾什維克黨徒[3]會拷打我，就是這樣。我覺得這是免不了也逃不掉的。一位法國女士曾跟我說我手中有個神秘的十字架。每件事都符應了。我不會想結婚，因為有更偉大的事物……我在一間療養院時曾有一種出神的經驗(trance)；我想我是被靈力(spiritual power)充滿。然後被活埋的恐懼襲來。我相信，當我被釘十字架後，我將會死而復生。但在那之前，我相信，我將能治癒人們。數天前，也就是十年結束之際，我覺得會被拷打並判死刑，但會再復活。基督將再降生，我們會結婚並有一個小嬰兒。這些對我來說似乎都很真實，直到我看到自己站在基督旁邊，頭上戴著皇冠。然後我知道這不合謙卑本色。然後它——不管是什麼——它就開始消散。」

另外一段是：

「在療養院中，有關靈力——以及靈力治癒——的想法達到最高峰。有一天我的身體似乎被靈魂附身了半個小時。我無法意識到我的身體，除了覺得心臟在顫抖之外其餘都感覺不到。我想我有一股靈力湧入，使我有治癒的力量。當我回神過來，我的手臂上有些紅色的記號；『聖痕(stigmata)[4]』這個字浮現在我腦海中……有時我覺得我不再是個女人，覺得嬰兒會降生——不是普通的嬰孩，而是第二個基督。我也覺得我將成為

186

[1]譯註：British-Israelism的主張大致是，現今英倫群島上的居民乃古代以色列民族中失落的一個支派之後裔。

[2]譯註：見以賽亞書11章6節：「豺狼必與綿羊羔同居，豹子與山羊羔同臥；少壯獅子與牛犢並肥畜同群；小孩子要牽引他們。」

[3]譯註：Bolsheviks，共產黨中的激進派。

[4]譯註：即身上出現與基督在十字架上受難時相同的傷口。

第二個救世主(Messiah)，被釘於十字架上。那時它非常的真實，至今仍未完全消失……我活在這些近乎現實的妄想中，直到我哥哥告訴我，我總是相信自己就是一切而且近乎全能。他說我總是差遣我姊姊，而我始終認為她對我並不好。」

上述段落所描述的幻想可以分為三群：

(1)認同基督母親的幻想：在X的幻想生活裡，這一群幻想體現在天使報喜及處女生子主題中。這些主題對她個人的意義，不在於成為基督之母而比較在於這背後所隱含的，亦即：成為被聖靈降臨的女人，成為被天父所選出、做為祂孩子母親的那位女人。這孩子將以「一種靈性的方式」誕生；而其中某些重要價值則被放在「被靈力充滿」、「被比自己偉大的意志充滿」的感覺中。

(2)認同基督本身的幻想：在X的幻想生活裡，這類幻想體現在釘十字架、復活與榮耀、以及救世主主題之中。這類幻想對她個人的意義要比上述「聖母」那一群複雜；但這裡似乎可分辨出兩個決定這類幻想因素。第一個是與基督之聖子身分的相似性。正如基督是神的兒子，在一種特殊的意義上她覺得自己是天父的女兒——不是那種「所有人都是神的兒子」的那種意義上，而是「基督是神的聖子」的那種意義上。這由她自居第二個救世主可明白顯現；因為這個稱呼意味著一種特殊的聖子身份——對她而言則是聖女身份。認同基督之幻想背後的第二個因素則是她以非常個人的方式接受了基督教裡有關犯罪，犧牲和贖罪的觀念體系。

187

(3)認同基督的新娘之幻想：當然，根據基督教神學，基督新娘的地位相當於教會[1]；但對X個人來說，其意義似乎在於：因為她自認為是神的女兒，那麼對她來說，唯一配得上她地位的新郎只有聖子本身。

當考慮到這些幻想的性質時，明顯地我們並不是在處理現實生活中虔誠教徒的宗教經驗；而是不尋常且誇大的經驗；在此經驗中，想像之強烈

[1]譯註：例如，以弗所書5章23-26節：「[23]因為丈夫是妻子的頭，如同基督是教會的頭；他又是教會全體的救主。[24]教會怎樣順服基督，妻子也要怎樣凡事順服丈夫。[25]你們作丈夫的，要愛你們的妻子，正如基督愛教會，為教會捨己。」

已損害現實生活。這不是一般基督徒藉由成為基督犧牲所救贖的罪人，而獲得與神合而為一的經驗，這是個人心裡把宗教經驗底下的主題戲劇化的產物。因此在其幻想中X的角色不僅僅是一個崇拜者或一個新的教友，她覺得自己是宗教奧秘中的主要人物。此一經驗特色可歸因於上文提及的、她人格中的分裂(schizoid)障礙；因為無法清楚分辨幻想與現實，乃是分裂狀態的明顯特色。

就宗教的心理學來說，精神分析學派特有的立場是：在個人的潛意識動力中尋找其宗教需求的來源。當然，此一尋找的方向，與精神分析學派尋找藝術靈感來源及一般人類文化所有成就來源的思考方向，都是一致的——其主要的原則是：文化現象呈現出原始受潛抑願望之象徵性和昇華性的表達。當然，人類文化的一般現象不是我們現在的重點；但我們需了解，宗教對文化發展及文明進步的影響，遠比其他影響重大。若考慮宗教需求的心理來源，於潛意識動力中有兩個因素對精神分析學派來說特別重要：(1)孩童早期對雙親的原初態度一直持續，而在認清雙親之權力與能力無法無限地提供支持之後，這種態度於是從雙親轉移至超自然的存在；(2)被潛抑的伊底帕斯情境及伴隨的衝突一直持續作用，隨之而來的愧疚感想要獲得紓解的一種內在需求。我個人並不認為崇高的價值可完全以其心理起源來解釋；真的這麼做的話，將是一種對人類文化的貧乏觀點。然而，心理起源為心理科學的探討提供了一個適切的領域。因此，讓人感興趣的是，前述兩個對精神分析來說在宗教需求之來源上特別重要的因素，有多少會呈現在如這位女性(其宗教幻想已近乎妄想)的極端案例中？

188

一、個案對雙親的情緒態度。X對雙親的態度必然因他們分居的事實，以及她從不知道父親是家庭成員的事實，而受到很大的影響。我們先考慮她對父親的態度。可以推測的是，她開始了解自己身處的情境之後，她是同情母親的，至少在意識層面是如此。雙親的衝突中實際的對錯，因現在缺乏資料而不可考；但既然母親與父親分開是因為他習慣酗酒而毀了自己的事業，並給家庭帶來惡運，因此很自然地母親應該是同情的對象。

189

然而我們必須記住，X在相當大了之後才開始知道有關父親的一些事。在小時候，父親這個話題是禁忌；而，當然，孩童對父母的基本態度在很早期就形成了。在此案例中，X年紀不需太大，便能意識到自己的家庭環境與其他小孩不同。其他小孩有爸爸；但她似乎沒有。即使是失去父親的小孩也可以自由地談論他們的父親；但在她的家庭圈子裡父親是禁止被談論的。她漸漸知道在幕後確實有個父親存在；但這個人物被一種充滿神秘的氣氛包圍。因此，沒有甚麼能比這情境更適合助長幻想的發展了。雖有個爸爸；卻見不到。雖見不到，卻無疑是個重要且有影響力的人，因為在家中只要提到他的名字就會引起很強的反應，而他可能再度出現的威脅所帶來的反應則更強烈。一般在嬰孩時期會把父親視為全能的、讓人敬畏的形象，這情形在X身上，因為父親是個充滿神祕近乎神話的人物而更為加強。在她幼小的心靈中，看不見的父親是個遠遠比任何看得見的父親更為強大的力量；此外，當X長大後，對父親的想法並沒有因為漸漸了解他的人性限制而得到修正。因此不難理解，她將父親形象視為神的想法，在成長過程中，並不是得到修正而是獲得肯定。

接著讓我們來思考X對她母親的態度。這比評估她對父親的態度要困難——原因之一是，分析過程中得到的資料較少而難以精確了解此一情感關係的性質。然而與她大姊有關的資料則相當豐富，大姊在母親過世後無疑地替代了母親，但即使在母親生前，對她來說大姊也承擔了母親的功能。她比X大許多歲，總是在支配X；在母親過世後這種支配變得特別明顯。因此母親死後她的家庭生活特別不快樂；她的第一次崩潰便是發生在此事的兩年後。即使她成年之後，她姊姊仍把她當個小孩般對待；雖然她明顯地就孩子氣，但大姊的強勢支配更鞏固了她幼稚的態度。顯然地她不能邀請朋友來家裡，也不被允許去朋友家拜訪他們。無可置疑的，姊姊是真心為她好；但姊姊這種支配的態度讓她處於被統治的地位並激起了她的敵意。在X崩潰之後，這種對母親形象的敵意導致一種強迫性的害怕，唯恐自己會殺死或傷害姊姊。因此，很明顯的，X對母親形象的基本態度是，對母親這個擁有壞女神所有屬性的專制兇惡力量，抱持著隱藏起來的恨意。

二、*伊底帕斯情境的影響*。現在讓我們思考在X生活中伊底帕斯情境的重要性——如前述，這是精神分析所認為的，宗教需求之潛意識來源中特別重要的兩個因素的第二個。我們已知道，由於其早年之生活環境，她對缺席的父親必然懷著如對神一般的敬畏和好奇。然而對於脆弱的人類來說，在缺乏可見的媒介或表徵之情況下，要持續崇拜一個看不見的精神力量是困難的。可能貴格派教義[1]是因此而沒落的，貴格會或許代表了基督信仰中最專注於靈性的詮釋。想找尋靈性力量在俗世之表徵的傾向一直都是存在的。因此在X的案例中，若伊底帕斯情境扮演主導的角色，在她生命中我們應可找到一個重要的父親形象。事實上我們發現的不是一個父親形象，而是很多。典型的父親替代者，常見於以下兩種人的其中一種：(1)哥哥、表兄弟、和叔伯——藉由家族關係的連結，對這些人容易產生情感的轉移；(2)對他人擁有如父母之權威者，如統治者、牧師、醫師、和男老師。那麼我們在X身上發現什麼呢？首先我們發現，在前文尚未提及的幻想中，她認為如果她沒有嫁給基督，一位皇族將是最適合的替代者。此外，我們發現她編織的情慾幻想，圍繞於幾乎所有曾在她漫長生病期間照顧她的多位醫師之間。其中最明顯的是和七位醫師有關的幻想。她也曾繞著兩位牧師、兩位男老師、以及至少一位表兄編織她的情慾幻想。然而，她固著於伊底帕斯情境最明顯的證據是她對她哥哥的態度。她哥哥偶有抑鬱之發作，甚至有自殺傾向。她記得的童年早期的一些事，強烈暗示他們之間可能有身體上的親密接觸；雖然在意識上她已不記得太多細節，但她感覺到像這類的事曾發生過。之後，十五歲起她開始強烈的渴望被他擁抱和愛撫。她首次崩潰之後，曾住在哥哥家一段時間，那時她十分忌妒他的太太；她常常要求哥哥讓她坐在他膝上，並渴望他親吻她。強烈相反於她

---

[1]譯註：貴格會(Quaker)又稱公誼會或教友派(Religious Society of Friends)，是基督教新教的一個派別。成立於17世紀，創始人為George Fox。貴格會強調所有人都可與上帝直接溝通，信徒應聆聽聖靈的聲音，跟從基督的教訓，毋須聖禮、正式的教義、或神職事工，故教會並無設立牧師。所以作者認為貴格會因為沒有具體的媒介(如洗禮、牧師等)，而有其困難之處。

對父親形象態度的，是她對與她年齡相仿之男性的態度——對他們她有一種嫌惡雜著憂慮的感覺；因此她逃避舞會，並找盡理由來證明自己拒絕受邀這類社交活動是正確的。然而，在X生活中，或許以下事實最能清楚呈現伊底帕斯情境之重要性：在分析過程中的某個早晨她從夢中醒來，耳中聽到「或許我應當嫁給父親」。以這句話為自由聯想的主題所得的材料，引述於下：

191

「我覺得父親沒有在我們身邊是件很奇怪的事情。我剛出生母親就離開了他。小時候當別人問到我父親是誰時我很敏感。在學校必須填一份表格；裡面必須寫父親的名字。我媽媽叫我不要填。這使我非常擔心……，我想對他而言完全與我們斷絕關係是很可怕的；有時我會想要去照顧他。困擾我的是，我仍喜歡我的哥哥。現在我不會想擁抱他了；但沒有人能取代他。有時這令我害怕。我知道這不是一種健康的感覺。」

上述引言簡要地呈現她如何在意識上覺得父親是個小孩；且這不僅顯示她在心中哥哥與父親形象有密切關係，也顯示持續的伊底帕斯依附所帶來的衝突。這個夢片段引發的其他聯想包括對五位醫師、一位牧師、一位退休船長、一位年長的商業領袖，一個表兄、及一位姊姊的未婚夫的情慾幻想——他們對她而言都是父親形象。聯想中也有一些是對大姊的敵意，就是前述那位在母親生前即成為她母親形象的姊姊。她也描述了某種掙扎，她常意識到這種掙扎在其人格裡，亦即善與惡的鬥爭以及靈性與肉體的鬥爭。這些描述伴隨著對神的矛盾思想，並解釋了她的惡魔異象。這些聯想的性質，配合上她生活中的實際事件，可以無庸置疑地看出，伊底帕斯情境及其所帶來的衝突，以相當異常的程度存在著。

在證實了X對雙親有顯著的嬰兒式態度以及高度未解決的伊底帕斯情境之後，我們現在可以來了解其宗教幻想的動力。如前所述，她認為自己是基督之母的那群幻想，對她個人的意義來自於，基督之母是被天父的靈所降臨的那個女人。因此這些幻想代表了對父親這個她賦予神聖屬性的形象，一種伊底帕斯願望的象徵性滿足。她認為自己與基督一樣是神的兒子

192

那群幻想亦有相同的意義。然而，在前一群幻想中她認同的是和父親有獨特關係的母親，而在後者她則享有與父親的獨特關係並仍保持小孩子的狀態。第三群幻想，亦即認為自己是基督新娘的幻想，其特殊之意義亦變得清楚了；因為我們現在可以看到，這些幻想代表的是，她對哥哥這位父親替代者，一種原慾願望的象徵性滿足。

補記 (1951)

鑒於之後發生的事件，我希望對這個病患的命運添加簡短的註記。在文章的開頭，我說我的說明是基於「一段短期分析治療的資料，這段治療是為了緩解那些讓她受苦的症狀。」自1926年我從治療這個病患的經驗中所學到的，以及如同一般分析師長期來所瞭解的是，希望短時間緩解病患症狀而進行分析治療是極度鹵莽的。因此讀者應不致太訝於得知，當初預期的「一段短期分析治療」，到後來並沒有那麼短。事實上，這治療因為各種變故而多次中斷，細節在此無須贅述。然而，因受限於此，治療持續超過兩年。這段時間她在臨床上的進步足以證明我當初所設定的目標已經達到；因此就結束治療。治療結束後的兩年間，她做過許多工作，但都無法維持很久；這段期間她偶爾會因一些問題來找我諮商。但這兩年過後她的情況明顯地又復發；應她的請求，我再治療了她三個月，後來經濟上的困難阻礙了治療。 中斷六個月之後，雖然一直有經濟上的困難，應她之請治療又重新開始並持續了一年；但如之前一直在這個案出現的，外來因素常導致治療中斷。在那之後，約有超過一年之久她不再與我連繫。然而再接下來的十五個月期間，我有時會見她，她也曾在一家精神病院住過數週。

193

這麼漫長且帶著些許沮喪地說明患者的變化，是為了以下我要提到的結局鋪陳背景。在剛才所提到的十五個月期間，她的情況緩慢地敗壞；這敗壞大部分以明顯的生理形式呈現，主要是身體漸趨虛弱與耗竭，最後導致完全的臥床。查不出任何器質性的疾病可解釋其虛弱與耗竭；我想這無疑有一種「神經衰弱」(neurasthenic)的特質，且可能和她過度自慰有關。這行為可回溯自二十一歲她首次崩潰時；在那之前她不記得有任何自體愛慾的耽溺(autoerotic indulgence)。她會自慰是始於以下的事。有一次她醒來，發現自己的手壓住生殖器，並經驗到「一種可憎的感覺，胃部一陣刺痛而且眼前閃光。」正好那時她也出現「來自靈界的異象」。有此經驗後不久，在崩潰時照顧她的醫師問她有什麼事情困擾她；她告訴他，因為看到基督被人從十字架上拉下來的異象，她覺得很苦惱。根據她的敘述，當這位醫師聽她說這些秘密時，開始「溫柔地」用手撫摸她的頸部；當她說完時，他彎下身來親吻她。從那之後她就開始無法抑制地渴望被男人的手臂擁抱。後來當其他醫生來探視她時，她開始強烈地渴望觸摸自己的生殖器。稍後她去看另一位她養病時居住的鄉村度假中心的醫師。她對這位醫師解釋了她生病的某些細節；根據她的說法，他在那次會診中，把手滑到她性器官。那晚她毫不隱諱地沉溺於自慰；當她這樣做時她覺得她的靈魂離開了身體；從此她便熱愛著自慰；她形容伴隨著這行為的經驗「遠比信仰強烈」(exquisite beyond belief)。[1]

在說明個案自慰習慣的發展後，我現在要回到之前所說的最後結局。我提過她逐漸衰退到極度虛弱與耗竭的狀態而導致臥床；我也認為她的衰弱根本上有一種「神經衰弱」的特質。那時她臥床於家中，由那位暴君般的姊姊照顧。就是她姊姊打電話告訴我她衰退的情況，並請我特別幫忙，到家裡去看她。當我到她家時，我發現她就像上面描述的那樣極度虛弱；雖然她的醫師或其他會診醫師都沒有查出任何器質性的疾病，但明顯地她活不久了。接下來幾天我相當規則地去探視她；我最後一次去看她是在她死前的一天，因此得以見到她臨終的情景。我沒有紀錄也不太記得她臨終

[1]譯註：這裡(1951年)的描述較上文(1927年，原文頁184)的描述詳細，但時間上有出入。上文說個案之自慰在第一次精神崩潰的2年後不久，也就是23歲左右；而這裡則說是首次精神崩潰之時，亦即21歲。當然，有可能是個案在21歲時首次自慰，之後愈來愈頻繁，在23歲時已經明顯地耽溺其中了。

的細節。她的聲音同樣很虛弱；必須花很大力氣才說得出話。因此我無法很了解她過世前經歷到什麼。但我記得她當時非常理智，而且對時間和地點都非常清楚。我也記得當時她並沒有狂喜或恐怖的異象；但是，除非我的記憶欺騙我，她無疑沉浸於性的幻想中。儘管如此，很確定的她是處在一種極度的性渴望狀態；在我最後一次的探視，當要離開垂死的她時，聽見她最後的話是「我想要一個男人。」 她真正的死因仍值得思索。可以說

195

她是死於未被滿足的性渴望嗎？或者她是死於自慰？或者她是用潛抑殺了自己？根據所有的事實，這些似乎是僅有的選擇；但究竟何者是正確的答

196

案只能各自去推測了。[1]

---

[1]譯註：個案於31歲(1926年)開始接受費爾貝恩治療，從這裡的敘述來看，至個案過世約經過8-9年，所以個案享年約39-40歲，卒於1934-35年左右。

第二章　一位生殖器異常患者的分析

Features in the Analysis of a Patient with a Physical Genital Abnormality[1] (1931)

本文旨在解釋一位個案所呈現的特殊風貌，從某個角度而言，這些表現在精神分析實務上可能是獨一無二的；因為，雖然此個案一直被視為女性，但其器質性的生殖器缺陷卻造成某些性別歸屬的困擾。單憑這點，此個案便值得紀錄；因為我們很自然地會問：這種器質性缺陷個案的精神官能症狀，在精神分析治療過程中，有多大程度遵循我們熟知之精神病理模式。

這位個案因為稍後會描述的症狀，而由其家庭醫師轉介給我做精神分析治療。在此應該先說明她生理異常的某些特質，因為這些可能是關鍵。她的家庭醫師原始的描述如下：

「她在青春期前是個十分正常的小孩。青春期時她長得太高，而且沒有月經，但仍十分健康。她約二十歲時，我因會診而幫她做過一次檢查。我發現她完全沒有性器官，只在陰道位置有個小小的開口，而這開口並無通往任何部位。因為她覺得非常健康，我也沒做進一步的處置。」

接案之初，我也接受她的醫師對其性器異常的說明，相信它大體上是正確的；但隨著治療的進行，我開始懷疑此說明之正確性。在治療相當一段時間之後，她接受了一次特殊的婦科檢查，檢查的結果證實了我的懷疑。這次檢查是由一位著名的婦科醫師執行，他同時也精通遺傳學。其報告如下：

197

[1]本文之簡略版於1931年1月21日在英國精神分析學會宣讀。

「整體發展呈現強烈的男性傾向。胸部很寬廣，乳房之發育只是因為其組織柔軟且稍下垂而較像女性乳房。陰毛分佈如正常之女性，亦有明確的女性外陰，如陰唇、恥丘、陰核、前庭、尿道等。處女膜完全封閉，在正常之凹陷處有一系列橫跨的小帶狀物。肛診不易，但我仍可確定她的骨盆與一般女性不同，辨認不到子宮頸及子宮體。在一般情況下，它們很容易經由肛診辨認。至於是否有發育不全的性器官存在，本次檢查中完全排除此一可能。我的綜合判斷是，個案基本上為男性，有男性之性腺，並伴隨男性之第二性徵，亦即，我們一般所稱的『男性假陰陽人』(male pseudo-hermaphroditism)[1]。」

根據這位婦科醫師的看法，個案雖然有女性特徵之外陰，但有著男性之性腺且基本上是男的。然而這個看法隨即受到質疑，當一位遺傳學專家檢驗個案尿液樣本中雌激素(oestrin)和促性腺激素(gonadotropic hormones)的含量時，他報告如下：

「有關尿液之樣本，......檢驗結果如下：雌激素——每24小時尿液至少20小鼠單位[2]。促性腺激素——每24小時尿液中濾泡成熟激素(follicular maturation hormone)含量低於100小鼠單位。此數值與正常女性相似，且動情激素之分泌明顯高於男性。這暗示有女性性腺存在。」

198

因此專家的判斷是衝突的；但遺傳學專家的判斷比較重要，因為它是基於檢驗之客觀數據，不像婦科醫師之判斷那樣是一種看法。在此情況下，個案之性別為女性之原始假設仍須維持；而將任何可能撼動個案此一信念之訊息告知個案均屬不智[3]。

個案不是家族中唯一有性器官異常的人，她的諸多妹妹中，不只一個有類似的狀況。這些異常須藉由剖腹探查才能完全確認其程度。但為此目

---

[1]譯註：所謂男性假陰陽人即有女性的外陰但有男性的性腺，反之女性假陰陽人則有男性的外陰及女性的性腺。目前在臨床上已經不使用這些名詞了。

[2]譯註：小鼠單位(mouse unit)，一種生物測量法，即通過腹膜內注射在15分鐘內可殺死20g小鼠所需的毒素量。

[3]本文撰寫之初，尚未得知專家報告之數據，此乃事後加入。

的而做剖腹探查並不恰當；而她的妹妹們也都不曾動過腹部手術，如果有的話，或可順帶了解內部生殖器官的狀態。從純粹臨床的觀點而言，似乎不可能有子宮存在，若有也是最原始未發育的形式；因為她們從未有內膜出血的徵候——如果子宮功能正常，經血之鬱積必定會引起特定的症狀。在性腺方面，個案擁有女性性腺的結論可推測其他有類似異常的妹妹們亦有女性性腺。就個案而言，支持其卵巢功能的事實之一是，在青春期時她常出現直腸出血，此可解釋為替代性月經(vicarious menstruation)；事實上，這些出血在其異常被發現之前，確曾被誤以為是真正的月經。之後個案常出現的週期性鼻出血亦很有可能是替代性月經。然而，關於其身體及生理上是否為女性雖有諸多疑點，但在性心理上明確地她給人的印象是女性；且她對異性戀的男性也頗有吸引力。她本身的原慾取向明顯的是朝著男性；雖然她確有某些男性的性格傾向，但這些傾向在精神分析的觀點(相反於生物學的觀點)，其表現與「女性閹割情結」(female castration complex)[1]相當一致。

199

個案轉介給我做精神分析治療時已值中年；在此情況下幸運的是，她從未有機會結婚。她的職業是老師；但因為精神崩潰，她第一次來找我的時候已經有一年多沒有工作了。她的雙親都還健在；她是一個大家庭裡的老大，下面有很多妹妹，但只有一個弟弟。她是家裡唯一出現精神官能症症狀的人；就此點而言，有類似她這種身體異常的其他妹妹們就幸運多了。

青春期前，她曾是一個快樂而不負責任的小孩，生活沉溺於遊戲和玩樂。但在青春期後，她熱切而努力地投入全部精力準備當一個教師；把握每一分鐘學習。在這段時間，她的道德良知發展到一個程度，足以令人懷疑其暴君似的超我已發揮了強大的影響力。當訓練課程接近尾聲時，她終於了解她的身體缺陷，這更增加她對工作的熱忱。她樂於逃脫身為女人的

[1]譯註：女性閹割情結是指女性潛意識中不想身為女性而想成為男性的慾望。就佛洛依德的觀點，此與陽具嫉羨有關。

負擔；並如釋重負地將性與婚姻的課題從意識層面中除去。當時她覺得可以自由而毫無阻礙地獻身於自己的事業。但隨著事情的演變，她的期望痛苦地落空了。在取得教師資格後的第一份工作中，她開始發現教學有相當大的壓力。她對自己的職責過度認真，並給自己設定一個現實上不可能達成的完美高標準。結果是，她從一開始就對工作過份擔憂。紀律的問題亦讓她特別焦慮。她無法忍受班上小孩子些微的不專心或不服從。為了讓孩子們全神貫注，她費盡心思，以致每天晚上都精疲力竭；縱便如此，下班後她仍然不眠不休地備課而使自己更為疲憊不堪。為求完美所作的錯誤努力，降低了她的教學效能並和孩子們對立，這些孩子變得更難教。因此她的教學水準沒有提升反而變差。她自己不久就了解這個事實，但這只讓她加倍已經太過頭的努力。然而她愈努力要求效率，效率就愈差；效率愈差，她就愈認真。因此形成一個惡性循環；隨著學期的進行，她的挫折感也日益加深。如所預期的，這種挫折感亦伴隨著日益加深的自責感。因此每到學期末，她都覺得自己的忍耐力已瀕臨失控。假期的來臨可以提供她一段愉快的恢復期；但等到學期開始折磨也重新開始。

200

　　在精神崩潰之前她工作了好幾年。事實上第一次崩潰是以生理為主；25歲時她得了一種病以致有一年多都無法工作；在生病期間她似乎完全沒有焦慮——這可能是一種原慾的自戀投資(narcissistic investment of libido)的表現。自戀的強化無疑有助於其復原，且是完全的復原；但這卻使她重回工作時更加困難。因此她的醫師把這次的生病視為其精神官能症症狀的開始。當她再回去教書時，原有的焦慮更形惡化；後來她發現不放棄的話無法渡過一學期。對個性較軟弱的人(亦即自我的組織不是很堅固的人)來說，要讓步或許比她容易。然而個案的自我組織十分穩定；其自我理想(ego-ideal)亦以高度責任感的形式強烈地表現於意識層面中。因此她的掙扎超乎一般的預期。但最後，在潛意識中運作的力量，向她努力不懈的能力徵收了太多的稅[1]。隨著學期的進行，她發現自己的記憶在課堂上怪異地捉

[1]譯註：這裡是比喻，潛意識的力量到最後讓意識層面的行為模式(因高度責任感的驅使而努力不懈)付出巨大代價。

弄她，她會忘記一些很普通的字，會說出前後不連貫的句子，或課上到一半忽然腦中一片空白。紀律的問題也開始折磨她。孩子們些微的不專心或不服從都會讓她勃然大怒，而這又是她極力想自我控制的。有時候她真想殺死那些不乖的小孩，但她又深深地自責著自己的嚴厲。她的睡眠常被教學的夢所打斷(類似士兵們的戰爭的夢)。後來在學期中她幾乎無法睡覺；晚上花好幾個小時走來走去。終於壓力和焦慮累積到了頂點，使她完全無法再教學。因此她絕望地自我放棄並辭去教職。然在卸下職務之後，她如期地立即上演一幕驚奇轉變的戲碼。她的焦慮和憂鬱如魔術般的消失了；她回到家裡並成為家中的靈魂人物——這個事實自然在其朋友間引起一些負面的批評。但對精神病理學家而言，這種從焦慮性的抑鬱到輕度亢奮的快速轉變是躁鬱過程的表現。事實上，個案的鬱期和躁期不一定會依序出現；若依序出現，鬱期有時(但不是常常)在躁期之後。一般而言，鬱期比躁期要常見；但有趣的是兩者皆很短。然而更有趣的是，誘發鬱期和躁期的因素都特別容易辨識。在分析當中出現的鬱期和躁期尤其如此。在分析過程中，有時躁期或鬱期只持續幾小時甚或幾分鐘；而個案也很容易而充分地知道誘發的事件因子是什麼。這使我們能夠微觀地審視躁鬱過程的運作。

即使有多次的崩潰，因個案對目標的執著以及對專業的興趣，使她到接受分析治療的前一年才完全放棄教職。每次在工作中崩潰之後的輕躁期都很短；當她在家一兩個禮拜之後，她的自我理想就開始重新召喚她。她會責備自己的閒散和無用，以致成為父母的寄生蟲。強烈的獨立感使她再度捲入之前的漩渦中。的確，有一次她想在教育的領域外求發展而去接受秘書的訓練，因為她覺得換個工作或許能減輕自己的困難。但這個希望很快就幻滅了；因為不久後她就發現，原來的焦慮也會伴隨於秘書的工作上。因此兩年後我們發現她重回教育界——這次她是到偏鄉的單一教師學校[1]。在這樣一個庇護性的環境裡，遠離可怕督學的巡察，而且除了自己的

[1]譯註：sole charge school，指位於郊區，全校只有一位教師的小學校。

自我理想外也沒有任何監督，她覺得自己能夠開創一個教育的天堂；於其中，教學效率的獅子可以和心靈平靜的羔羊和睦相處。然而即使在這伊甸園裡，她很快就發現了蛇和復仇天使。原先的焦慮再度發生並讓她又一次崩潰。她換了好幾個偏遠學校的教職，想尋求內心的平靜，但終歸徒然。最後她絕望地放棄教書，回到家裡長期休養。

回家之後，她的症狀開始有些不同。她開始每隔幾個禮拜就有一次短暫的憂鬱。這些憂鬱發作的週期非常特別；她總說這些發作是「身體不舒服」(being unwell)或「錯過一次」(missing a turn)，從其性異常的觀點來看，這可能是有意義的。在憂鬱期間她會覺得和一股要將自己淹沒的莫名內在力量掙扎拉扯。這股力量的性質對她而言很神秘，但對精神分析師來說它無疑有著超我的標誌。這種掙扎拉扯逐漸增強，最終讓她陷入一種劇烈的痛苦狀態，在此狀態常有自殘的念頭出現。到最後她發現自己完全淹沒在對抗此無形敵人的無效掙扎中。然後她會撲倒在床上或最近的椅子上失聲痛哭。隨著這個情緒危機之後而來的，是突然從緊張和焦慮中緩解；但留下來的感覺總是徹底的被羞辱與壓碎。然後她會退到床上躺個好幾天，想事情、看書、和睡覺。在這個退化的狀態，除了母親之外她不讓任何人進到她的房間——這些時候她毫無保留地把自己交給母親掌控，而母親也會供應她所有需求。超我至此大獲全勝；但藉著屈服於超我，她也暫時獲准進入一個樂園，這是她曾徘徊於偏遠的學校間，徒勞地尋找的樂園；而今藉著對母親無條件的順服，她可重拾幼時因首次不聽話而失去的最初純真(primal innocence)。她如過客般的重返這個失落的樂園；在其中，全然順服的回報是每一個嬰兒式的需求皆能得到滿足。

分析過程很快地揭露了伊底帕斯情境在個案症狀發展上的重要性。然而她真實的父親在這場戲裡是個無足輕重的人物。他沒有強烈的個性；在家庭互動中，是個不引人注意的角色。家中的支配者是母親 —— 一個充滿精力、講求效率的女人，對她而言，家人的幸福重於一切。像她這種類型的好母親，太會在孩子身上助長嚴格超我的形成。無論如何，個案的暴君式超我形成過程中，母親扮演了很重要的部分。讓個案超我的力量更形增加而不是減弱的一個事實是，其父親形象的角色絕大部分是由她的外公擔任。這個事實似乎增強了她與母親的競爭，也大大地增強了潛意識中的愧疚感。外公在她來接受治療時已去世多年；但在個案的潛意識裡，外公仍是一個仁慈的神祇栩栩如生地活著。她是外公的長孫，也一直是他的最愛。外公的喜愛顯現在無數的禮物上，這對當時家裡的經濟狀況而言似乎相當奢侈。外公的慈愛因此讓他容易地在個案的想像裡取得神仙教父(fairy godfather)的地位。除了情感與喜愛之外，他也為她敞開孩子的樂園大門，她在裡面度過了生命中最快樂的一段時光。他的職務與附近一塊不動產的經營有關；透過他的運作，那塊土地變成她的大型遊樂場。她原就熱愛遊戲，而這塊土地正提供她機會耽溺於此熱愛之中。土地業者的限制對她而言只是家中母親規範的模糊副本；但因為它們令人厭煩，在她心中它們似乎與業主的妻子連結在一起。業主的妻子常在她的夢中出現，是一個責難的母親形象，也是魔法花園裡的鬼怪。

分析治療的記錄上第一個特色是個案對外公及那片土地的無數兒時回憶。這段回憶在個案任教職的時候完全被壓抑至意識層面之外；但克服初期的阻抗之後，它們就像洪水閘門被打開一般傾注到意識中。因此她重溫生活在無盡的快樂遊戲中。她重新進入了兒時的樂園，因為中間這幾年來潛意識幻想的運作，現在這個樂園比以前更像天堂。然而在背景中，卻總有母親形象的威嚇陰影。小時候她在那片土地嬉戲時，這個角色是由業主的妻子所扮演；但當外公造訪她們家時，則是她真實的母親像兇神惡煞般的在背後責備她。然而在分析的最早期，她的超我大部分暫停了作用。兒時快樂的回憶和幻想主導一切。在幻想中她與外公再度融合，並與他一起在天堂裡歡樂地玩著。因此，被潛抑的、帶有原慾性質的情緒經驗衝破多年的束縛；她重新發現了她自己所謂的「嬰兒般的自己」(infantile self)，這是長久以來被潛抑在潛意識下的。伴隨此一潛抑情緒經驗之突破而來的是性感覺(sexual sensation)之浮現，一開始這是個全新的感覺，但這種感覺最後活化了兒時盪鞦韆及坐蹺蹺板的感覺記憶。她對這些感覺的描述可很明顯地看出它們是屬於陰核型(clitoris type)的。個案有關蝴蝶的夢境亦與此有密切的關聯；這些感覺讓她想起蝴蝶翅膀的拍動。

在此同時她也開始了與男性接觸的經驗，她恰當地將之稱為「冒險」。個案需要坐火車來接受分析；這些冒險就發生在往返的旅途中。她開始發現，當車廂裡只有她和另一位男士時，她幾乎都會吸引對方注意；她在車廂裡被這些邂逅的男士擁抱及親吻並非不常發生的事。這對她來說是一種全新的經驗，一開始也讓她感到相當的滿足。無疑的，上面描述的 205 事件並非單純是想像的產物，而是經過分析後原本鬱積的原慾突然釋放的結果。這種原慾的釋放使她對異性特別有吸引力，同時也降低了她的自制力。客觀事實大抵如上述；但她在說明這些經驗時無疑的添飾了一些主觀的詮釋。很難確定主觀的程度到底有幾分。因此，她常說男士上車後若經過她的車廂，最後都會走回來與她同坐。這至少有部分極可能是真實的；因為在此時期她必然散發著原慾的氣息。但當她認為其「嬰兒般的自己」之釋放讓她有能力「影響」其他的人甚至動物時，我們很清楚的知道，她已脫離確切的事實而進入嬰兒式全能幻想的世界。她太過理性而不會去相信超自然的魔力；但她開始想像自己主宰一種新的力量，她覺得這種力量是目前科學無法探測的，但卻可以用來增進全體人類之幸福。所以很明顯的，她已陷入有彌賽亞色彩的誇大妄想中。這種高亢的想法，加上隨之而來的激動行為和愉悅洋溢，無疑的她已進入了躁期。

這個躁期於治療的第一個階段中迅速出現，在達到頂點後才逐漸消退。前後約持續三個月。之後是一段相當穩定的時期，這是個案釋放原慾後的收穫。火車上的冒險仍持續著，而那種性的感覺也時常浮現，但沒有之前那些毫無節制的意念。個案慢慢可以接受「嬰兒般的自己」及其表現是自己心靈中正常的一部分，它們在此之前一直被否定，至今才還它們本來面貌。在此時期個案於分析中的聯想主要與伊底帕斯情境的細節有關，包括她對外公的情感固著，對母親權威的憎恨，以及與母親競爭外公的感情。其間也開始逐漸出現相當程度的陽具嫉羨(penis- 206 envy)。

截至寫作本文之時，分析過程可區分為三個階段，上面描述的情境屬於分析治療的第一階段。在此第一階段中，分析並無明顯穿透性器的層次[1]。然而在第二階段更深層的潛意識內容出現了；無疑地是因為如此，此時個案又開始出現陣發的憂鬱。個案強烈的肛門固著，第一眼就可由其極端之規律性、對骯髒的厭惡、以及對乾淨的熱情推論出來。其病史中的痙攣性便秘(spastic constipation)，以及青春期時疑似以肛門流血替代月經，此兩種現象亦可佐證上述推測。然而在第二階段，肛門元素開始表現得更明顯。她開始夢到廁所，以及彎曲而充滿穢物與疾病的走廊和建築。肛門分娩的幻想也出現了；她的直腸部位也開始有性的感覺。陽具嫉羨亦在肛門的偽裝下表現出來——例如她夢到一根香煙觸到她的肛門口。然而到後來，口腔元素開始占優勢。她開始常常夢到食物和甜點，這讓她憶起兒時最喜愛的美味佳餚。有許多次，她的夢境與斷奶的創傷有關。她對陽具的態度亦開始染上明確的口腔色彩，在夢中有性蕾意義的東西常以食物的外觀出現。有一次她夢到自己在吃一條巧克力做的魚；還有一次她夢到面前的盤子裡盛著一隻覆滿白色調味汁的蠑螈。隨著時間過去，其口腔固著的重要性愈來愈明顯；最後，對陽具強烈的口腔虐待(oral-sadistic)態度幾乎獨佔優勢。個案沒有陰道的事實使其過度的陽具嫉羨顯得特別有意義；因為她的心思似乎不在擁有象徵女性的陰道，而在擁有象徵男性的陽具。我們當可回憶，在二十歲個案被告知有性異常時，她的反應是鬆了一口氣。她很高興她是女性中少數可以免於女性負擔的人；她對女性負擔有一些特別不愉快的聯想，這來自小時候她對母親某次分娩後血衣的印象——這種不愉快的聯想在她得知女性都有月經之後更為加強。因此她對陰道有恐懼，而這又伴隨著潛意識中對陰核的過度重視。分析前，她曾忽視陰核的存在；但在其潛意識的幻想中陰核扮演了陽具的角色，並在夢中以小型的性蕾象徵呈現。

207

在分析中發現，個案對陽具的口腔虐待態度是造成其症狀的主要因素。這種態度的性質可在個案的一個夢中得到說明；她夢到弟弟赤裸裸的

[1]譯註：Genital level，下文對此會進一步描述。

走進房間，陽具上有個傷口，眼神中充滿恐懼。當她醒來時這個恐懼的眼神仍盤旋不去，讓她覺得非常不愉快。在此不愉快的背後，其聯想顯示她覺得自己應該為那個傷口負責；而在之後有一次這個夢又被提起時，她突然直覺地發現弟弟陽具上那個傷口是咬傷。若配合當時實際發生的事，這個夢會更引人入勝；在這個夢出現不久後，她的弟弟橫死於一場意外，身體嚴重損壞。當這個「破碎的弟弟」(她自己的用詞)被送回父親家裡時，她也在場；我們可以想像，她會覺得弟弟的屍體好像被肉食野獸襲擊過，而這深深地觸動了她的口腔虐待。無論如何，她對弟弟死亡的反應特別有意義。家裡其他成員的行為很合乎傳統。悲劇來得突然又恐怖，讓大家都深陷哀慟。但個案則不然。由於之前的幾次崩潰，其他家人怕她受不了這個打擊。但事後發現，她卻是家中唯一還能保持鎮定的人。大家都訝異於她的「臨危不亂」。當其他人仍哀傷而無助時，她挑起所有的責任並有效率地作好每一項必需的安排，因而得到眾多讚賞。因為能夠應付此情境下的需求，她體驗到一種得勝而有力的感覺，這和壓迫著其他人的無助感完全相反。從精神分析的角度來看，此一對外行人而言似乎是英雄式的作為，如果考慮到恰在悲劇發生前的夢境，實為可疑。在夢中，個案的口腔虐待經由弟弟被咬傷的陽具而得到虛幻的滿足；但當她注視著弟弟破碎的屍體時，現實上口腔虐待的滿足遠遠超過口腔貪婪的夢。這滿足讓她有種全能的感覺，並帶領她渡過這個難關且掌控所有狀況。當其他人都陷於憂鬱時，她卻處於亢奮的狀態。但經過一段時間之後，其他人的憂鬱逐漸撫平，她的亢奮也逐漸褪去；他們恢復了平靜，而她則陷入憂鬱。超我的影響力開始顯露；現在她開始為其罪惡的口腔虐待的勝利付出代價。

釋放被潛抑的虐待傾向，主要屬於口腔層次的虐待傾向，是分析治療第二階段的主要特徵。 在此階段，火車冒險仍繼續著；但她對那些男士的態度愈來愈疏遠。她短暫地玩弄他們的感情，然後在下車時冷漠的丟下他們——有時候在她下車時，有時候在半路上——這讓她感到自己有力量。在此態度中，我們可以看到一種虐待式的「復仇動機」(revenge motif)在對待那些擁有令人嫉妒之陽具的男人。當她開始覺得她會「打動」(affect)鄰家一些已婚的男士，正如她「打動」在火車上邂逅的男子一般時，此一復仇動機的真正意義就更清楚顯現了——雖然在前者並沒有真正的「冒險」發生。這種「打動」男人的感覺與父親形象特別有關；有時她也會從與自己父親的關係中經驗到這種感覺。隨著時間過去，「打動」(她自己如此稱呼)的範圍擴大了；一些較疏遠的社交情境，如在教堂裡與一男士坐在同一排，或在喝茶時遇見朋友的丈夫，都有「冒險」的情感意涵。當這種經驗愈常發生，她就愈容易出現短暫的憂鬱——她稱這些憂鬱為「疾病」(illness)。 起先她不知道「打動」和隨之而來的「疾病」間的因果關係，她覺得這些「疾病」像晴天霹靂般的毫無預兆。但後來她開始了解到這兩者之間的關係；最終她事後幾乎都能找出每次「疾病」 發作的誘因。經由這樣逐漸獲得的洞識，個案憂鬱發作的嚴重程度和時間都漸漸減緩了。有時它們只持續幾小時甚至幾分鐘；有時還未完全成形就消失了。有幾次，它們的出現與消失是發生在同一次分析會談的過程裡[1]。令人印象最深刻的一次發生在弟弟死後她陷入憂鬱狀態時。那次會談裡，聯想的過程讓她突然領悟到，在潛意識中弟弟的死對她的意義為何；她眼中閃爍著光芒，憂鬱的陰霾隨即一掃而空。

個案對這些神秘「疾病」誘因之洞識，標示了分析過程第三階段的開始。當然，這些憂鬱發作的最終原因，是連結於其虐待傾向的潛意識愧疚感；而第三階段的主要特徵就是此一潛意識愧疚感的逐漸浮現。如前所見，第一階段的特徵是在性器的層次釋放被潛抑的原慾，隨後這些元素在超我的結構下漸漸浮現，此與伊底帕斯情境一致。在此層次，超我主要來自個案母親的形象；在爭取外公的愛方面，母親是她最大的對手。在分析的第二階段，則是釋放源於口腔層次之潛抑的虐待傾向；這伴隨著短暫的憂鬱發作，但造成這些發作的愧疚感則仍埋藏在潛意識中。要到第三階

[1]譯註：在這裡作者是否暗示，個案曾經在會談中因覺得「打動」分析師而出現憂鬱，但隨之在了解兩者的因果關係之後，憂鬱便消失了？

段，這些與肛門和口腔情境有關的超我部分才開始顯現出來。當它們顯現出來之後我們可以看出，在更深的層次中，超我主要來自個案外公的形象，她的虐待傾向最後大部分都匯集到這個形象上。然而，非常緩慢地面對強大的阻抗之後，這些連結於其虐待傾向的愧疚感才能進入意識中。

個案對其「生病」誘因之洞識，如前所述，預示了連結於虐待傾向的愧疚感將逐漸浮現。但經過一 段時間之後，這些愧疚感卻讓她在「冒險」時經驗到尷尬與羞恥。在火車上當有男人走進她坐的車廂時，她開始覺得 210 不舒服與不安。她的臉開始發燙；尷尬得不知道該看哪裡。她非常努力去隱藏這種不舒服的感覺，或者眼睛盯著書上的某一頁假裝在閱讀，或者掙扎地擺出一付很鎮靜的樣子。這些經驗讓她相當痛苦；但後來讓她幾乎不能忍受的是，她開始覺得這些男人甚至同車廂的其他乘客，都會被她的心理狀態「打動」——有事實支持這種感覺：這些男人常在途中便離開她到別的車廂去了。這些事情使她覺得極度丟臉，好像自己是過街老鼠。結果，一開始只在「冒險」情境才出現的焦慮，變成在每次想到坐火車的時候都會浮現。出門前往車站的時刻愈來愈接近，她的恐懼也愈來愈升高。從家裡到車站的途中，碰到男人的眼光都會讓她覺得尷尬。向售票員買票變成極大的痛苦；買完票後她就立刻躲到女士候車室避難，直到火車進站。火車進站後她又焦急地尋找女士專用車廂的座位；如果找不到，她就找一個沒有男人的車廂。下車後，如果沿著人多的大道直接走到我的會談室，尷尬不安會不停的折磨她；所以她寧可繞道較偏僻的小路。

值得注意的是，在女士的陪伴下，她就能免除所有的尷尬；但漸漸的所有可能遇見男人的情境對她而言都是危險情境。對陽具的虐待傾向所帶來的愧疚感正逐漸浮上意識。在其潛意識中，每個男人都是一根潛在的陽具，正如對獵頭族而言每個敵人都是一塊潛在的頭皮。她覺得自己像獵頭族的獵人一樣，將戰利品做成腰帶圍在身上到處招搖。她的尷尬有部分來自對這種潛意識表現癖的愧疚感；但更重要的是眼睛的色慾。她注視每個 211 男人，覬覦他們的陽具能滿足她口腔虐待的色慾。因此，投注在男人身上的每個凝視都是罪惡的凝視；她怯於與異性的目光接觸。當其愧疚感漸漸浮現，範圍也愈來愈廣。船上的一位男助理為她服務時，在教堂裡看著牧師時，或在鄉間小路遇上迎面而來的男士時，都會讓她忸怩不安。到後來她覺得只有會談室和家裡才是比較安全的。但即使在家裡，心靈的平靜亦常受干擾；妹婿的來訪常引發她的焦慮，而有時她也會因為覺得自己「打動」父親而侷促難安。另一個焦慮的來源是，在弟弟死後，弟媳和小姪女搬來同住。這個小孩有點難管教，因此不僅成為個案自己虐待衝動的象徵，也成為其超我暴怒的對象。有時候這小孩會將她精心整理的花園弄得亂七八糟，她的超我就特別容易被激怒。看到姪女破壞她栽培的花卉時，她憤怒得無以復加。這種情況時她會經驗到一股強烈的殺人衝動；她要極力的控制自己才不致去傷害小孩。使這種超我的暴力反應更加複雜的是，姪女所象徵的不僅她自己的虐待傾向，也是她弟弟的陽具。因此，其暴力反應直接呈現了她被潛抑的虐待慾望以及虐待式的超我。

在分析過程中個案對她淘氣姪女的態度，讓我們進一步了解起初讓她接受分析治療的症狀。如同她的姪女，她教書時學校的小孩，在她心裡象徵著她自己被潛抑的傾向。因此她被其嚴苛的超我所驅策，去要求那些小孩完全服從、徹底專心、而且絕對勤勉。她不如此做，就無法壓制自己頑劣的傾向。在潛意識中，學童們也像她姪女那樣有雙重的意義。他們不僅象徵她自己的虐待傾向，亦象徵那令人嫉羨與怨恨的陽具。因此她對這些小孩的態度，是她潛抑的虐待慾望與她虐待式的超我要求，兩者之間的妥協。因此她努力追求一種全能感(omnipotence)，藉著這種感覺她的虐待慾望可在超我的認可之下得到滿足。此一事實暗示，在精神官能症和精神病的症狀學中可以區分出兩種類型的全能。一種是原慾需求暢行無阻的全能，這是個案幼時在祕密花園中所想要發現的。另一種全能是她在教書時想要確保的，亦即在昇華的活動中滿足被潛抑的虐待傾向，而藉此活動超我同時也能得到滿足。第一種型式似乎呈現於躁症和精神分裂症的全能，而第二種型式的全能則似是強迫症和偏執狀態的特徵。

提到偏執狀態(paranoid states)，就讓我們想起這位個案在分析第三階段的行為表現。之前我們已注意到，個案對其口腔虐待渴望的愧疚感，從深層潛抑中逐漸浮現，而有強烈侷促不安的感覺。然而這種愧疚感，只有在穿過一種比阻抗潛抑渴望之浮現更強的阻抗時，才會顯現。個案的防衛技術動員到極致以避免口腔虐待慾望愧疚感的實現。當她發現心中有強烈口腔虐待傾向時，她有意識地以一種容忍的態度接受它們，就像容忍一個勇敢的小孩溫和的惡作劇。意識上，她既覺得它們很討人厭，又覺得它們天真而無辜。當然，這種態度是一種防衛，用來避免在潛意識中，愧疚感與它們連結。所以這些愧疚感以一種較緩和的方式表現出來，此即個案在面對男性時所經驗到的尷尬與侷促不安；但令她痛恨的是，她必須因為這些幼稚無辜的傾向竟而承受許多恥辱的經驗。由此態度中我們可以看到偏執防衛技術的運作[1]；之後這個技術相當程度地被運用以排斥潛意識中的愧疚感。因此「關係意念」(ideas of reference)開始出現。例如她開始注意到，在火車裡男士常常走近她坐的車廂門好像要進來，然後朝內看了看又走到別的車廂。當有同車廂的男士離開換到別的車廂時，她也會覺得另有意義。她認為這些男士的行為是由於她在車廂內的原故。她的想法在某些情況下可能是對的。潛抑之原慾的釋放必然會影響她的態度與外表，那麼對男性的侷促也一定會引起對方的不安。她所記述的某些經驗似乎真的可用這個角度來解釋。然而她很難相信情緒狀態會表現得那麼明顯以致引人注意；因為以前她較以自我為中心，除非別人用很直接的方式表達，否則她不會去注意到他們的情緒狀態。結果她開始相信自己擁有某種「打動」男人的邪惡力量，而這種力量是目前科學仍無法闡釋的。她痛恨自己擁有這種力量，因為這只會讓她受苦。但她不知道這個痛苦是根源於她對自己那種無所不包的虐待傾向所產生的愧疚感。

213

在個案一些以迫害為主題的夢中，我們可以看到投射(projection)的防衛技術也被運用了。有一次她夢到自己站在法庭面前，被控告在一個貴族

[1]譯註：因口腔虐待慾望引起的愧疚感，個案處理的方式，這裡提到有兩個方面，一是用容忍的態度接受這些慾望(「它們天真而無辜」)，以減輕愧疚；二是把愧疚感的來源從超我(亦即，來自外公形象的譴責)轉移到外在的因素，如俗世的道德標準、車廂裡的男士、或某種邪惡力量等，並討厭或敵視這些外在因素。偏執技術應該指第二種處理方式。

的樹林裡偷了樅樹的毬果。這些毬果是用來繁殖一種很特別的樹木，所以非常珍貴。她坦承自己曾到樹林裡，也曾天真無邪地玩這些毬果，但她抗議說以前常常玩這些毬果也不曾造成什麼傷害。她亦憤慨地否認偷走一些毬果。這個不義的控訴讓她有受傷的感覺，但她覺得在一個極端扭曲而無情的法庭面前，她無罪的抗辯終將流於徒然。當然，那些毬果代表陽具；樹林讓她想起與外公有關的那片土地，她小時候常在裡面玩；貴族讓她聯想到外公本身。法官代表她的超我，超我被投射到這個法官以對抗她內在的愧疚感。[1]

214

在同一時期稍後的另一個夢，也可顯示投射技術的運用。夢裡個案去探訪一位在獄中的大學朋友。這位朋友正在等待審判，其罪名很模糊，但與她弟弟及她自己有關；在牢房裡，這位朋友坐在某種基座上——英雄的形象，平靜而莊嚴的舉止。有一股光線從背後的小窗子射進來，使她的頭籠罩在光環之中。這個景象讓個案想起以前曾因為與弟弟一起做了某些大膽但合乎本性的行為，而被一些清教徒式的長輩們關起來。對個案而言，這朋友似乎是一個因大膽對抗那些被迷信團體奉為圭臬之狹隘過時的教條而受難的殉道者；她的殉教勢必對人類有廣泛的影響。分析顯示，那位大學朋友代表作夢者自己，而友人被控的罪狀是個案對弟弟口腔虐待愧疚感的投射。這個主題與前面那個夢類似；但在此夢中個案的自戀有更誇大的表現。幻想中彌賽亞式的色彩顯示個案試圖得到第二型的全能，亦即，其被潛抑的虐待慾望與自我理想(ego-ideal)的要求可以同時得到滿足。當然，阻礙這種努力的，就是其潛意識中愧疚感的強度。在前一個夢裡，投射技術被用來處理這種阻礙；但在後一個夢裡，誇大妄想取代了前一個夢裡的迫害妄想。因此在分析的這個階段，個案的病史清楚地顯示了偏執狀態的演進。

撰寫本文時，個案的偏執狀態似乎已經消失了。最後那個夢的發生，顯示一個危機：個案須被迫了解自己在利用妄想意念來防衛愧疚感。唯有

---

[1]譯註：因此判她有罪是法官(外人)，而不是自己在的良知(超我)，就她的良知而言，自己是無罪的。

不再躲避巨大的阻抗之後(此阻抗在合理化技術的作用下更為增強)，個案才能承認其心理態度中的妄想因子；但此洞視之獲得似乎顯現於她對男性已不再忸怩不安。沒有跡象顯示她將潛意識的愧疚感，轉移到應該可以更坦然處理此問題的會談室中。

215

在總結之前，我們要先把注意力轉到個案另一個明顯的特徵——亦即將心靈各個面向擬人化的傾向。這個傾向首先表現在夢裡；但後來在分析中個案也很容易接受它。這些化身中最明顯且最持久的兩個人物她分別稱之為「淘氣男孩」(the mischievous boy)和「挑剔鬼」(the critic)。前者(常常出現在夢裡)是個青春期前的男孩，完全不負責任，總是惡作劇和嘲笑別人。在夢中這個男孩常用詭計干擾個案，或跑給一些很嚴肅的人追，且邊逃邊嘲笑他們。他相當於一些熟悉的形象，一般是具有戲謔特質的，如小丑和喜劇演員等。個案認為「淘氣男孩」代表小孩子氣的自己；無盡的玩樂是他生命中唯一的目標，而這正是個案幼時真實的寫照。選擇男孩代表小孩子氣的自己，無疑是因為男孩擁有的陽具，在她的眼中是一件可打開歡笑之門並將讓生命變成無限愉悅的神奇寶物。這個夢中人物的行為很像一個輕微躁症的病人；個案在回溯時也承認，在起初那段情緒亢奮的時期，她的行為是取決於內在那個「淘氣男孩」的活動。

「挑剔鬼」的個性則完全不同。「挑剔鬼」基本上是個女的形象。但偶爾在夢中，她以前教書時的小學校長或有類似個性的其他男性，會取代「挑剔鬼」的角色。當男性扮演這個角色時，他都是一個有權威的父親形象，個案會很焦慮的抓緊來自他們的讚賞。然而，典型的「挑剔鬼」是一個嚴肅、可怕、禁慾、且有侵略性的中年婦女。在夢中，有時這婦女是個想像的人物，在公共場合控訴個案；但通常這婦女是現實中的人物，如大學宿舍的女舍監或一位資深的老師，個案在過去都曾屈從於她們的權威下。有時某位朋友的母親也會扮演這個角色。因此典型的「挑剔鬼」是個具有母性權威的形象；個案真正的母親也常毫無偽裝地扮演此一角色。

216

個案認為前述兩個人物基本上是對立的；有趣的是，個案所描述的「淘氣男孩」與「挑剔鬼」竟和佛洛依德所描述的心理元素「原我」與「超我」如此相符。在此需補充的是，有時在夢中的「我」是她自己扮演著「淘氣男孩」的角色，而在常常出現的教書夢中，「我」是「挑剔鬼」的角色。但通常作夢的意識是扮演一個獨立的觀察者，有時同情這一方，有時偏向那一方。因此，這些擬人化形象的夢，提供了一齣動人戲劇的各種場景，其中的主要演員扮演的角色，明顯地對應於佛洛依德所描述，在人類心靈中互動的原我、自我、和超我。

個案夢中三個主角與佛洛依德的心靈三分理論相一致的事實，可證明佛洛依德理論的實際有效性。然而，個案夢裡常出現的人物並不只有上述三個。後來出現另一個人物，個案稱之為「小女孩」(the little girl)。這個小女孩在夢中永遠都是五歲。她是個迷人的小東西，充滿小孩子的活力，但不像「淘氣男孩」那樣惹人討厭。個案認為這小女孩代表她愉快童年的自己 —— 一個天真無邪的自己，這個角色不可能惹超我不悅；選擇五歲這個年紀的女孩扮演此一角色或許很重要。另一個人物是分析的第三階段才出現的，那就是前述夢裡「殉道者」(the martyr)的角色。

在此要注意的是，雖然「小女孩」和「殉道者」是較次要的角色，但他們擬人化的效果並不亞於「淘氣男孩」與「挑剔鬼」。這不禁令人懷疑，佛洛依德的心靈三分理論是否讓我們不太注意自我、原我及超我的實體(entity)問題。當佛洛依德以地形學的方法來描述心理裝置時，上述之傾向幾乎是無法避免的結果。當然，他的地形學描述提供我們一種無價的工作假說；但問題是，是否任何地形學的陳述都可正確地展現心理結構的複雜性，以及，就心理學理論而言，是否此種陳述模式終究只會誤導我們的方向。這個個案的資料似乎可看出，與自我、原我及超我相對應的功能性結構單位(functioning structural unit)無疑是存在的；但同樣的資料也可顯示，不可能將這些功能性結構單位視為心靈實體(*mental entity*)。畢竟，對實體的存疑是現代科學的一般趨勢；在此趨勢之下，古老的「機能心理學」(faculty psychology)[1]將逐漸褪色。或許以功能性結構群(functioning

217

[1]譯註：此理論認為心理活動是由一些獨立的機制或能力，如智力、意志、判斷、專注等所完成。

structural groups)來分類心理現象，是心理科學最可以努力嘗試的方向。無論如何，將「本能」視為實體似乎是違反現代科學精神的；以現代知識的觀點，似乎應該將本能視為一種行為的特殊動力模式。同樣的想法亦可應用在佛洛依德的心靈三分的理論中——它們代表的，是心靈結構元素的特殊功能性結構群。從上述個案之事實可看出，自我、原我及超我的確是功能性的結構單位；但從這些事實也可看出，可能還有其他功能性的結構單位存在。[1]

雖然研究個案夢中的擬人化現象會顯示，不應將心靈視為獨立實體之組合，但這個研究卻可讓我們對多重人格(multiple personality)現象有更多的了解。上述擬人化現象中的各個化身都呈現著獨立的人格特質；或許多重人格患者也是循著相同的擬人化過程，只是在程度上更進一步。在《自我和原我》(*The Ego and the Id*)中，佛洛依德認為多重人格可能源於自我的各種認同(various identification of the ego)。在此個案夢中，「挑剔鬼」這個很有特色的人物，支持了佛洛依德的說法；因為「挑剔鬼」的形象明顯地大部分來自對其母親的認同。然而，夢裡其他的人物似乎無法以同樣的方式解釋。總括來說，最好將這些化身視為一些功能性的結構單位，但因經濟上的理由，它們在整體的人格中得到某種程度的獨立；而我們似乎可以合理的推測，多重人格的心理過程，只是以更為極端的方式呈現「淘氣男孩」、「挑剔鬼」、「小女孩」、和「殉道者」而已。雖然個案的這些化身大部分都侷限在潛意識中，而只在夢裡出現；但沒有理由認為在極端的案例中，相似的擬人化現象不會侵入清醒時的意識領域。事實上，即使是這位個案，也確實曾有化身侵入現實生活領域的時候。在分析之初那段長期的情緒亢奮，「淘氣男孩」幾乎佔據了她全部的意識生活；在回顧這個

218

[1]譯註：傳統精神分析的後設心理學以心理裝置描述心理現象時，有三個面向。一是地形學，描述心理現象發生之處，亦即，在原我、超我、或自我；二是動力學，描述所涉及的本能；三是經濟學，描述能量之分配。作者認為地形學之描述很容易讓人誤以為心靈(mind)是由原我、超我、自我等獨立實體構成的裝置；作者在此暗示，心靈是一種動態過程而非實質的東西，原我、超我、及自我等等只是功能或功能的組合，而不是實體。

階段時，她主動地說在那個時候她是一個完全不同的人。

若如上所述，則個案夢中的擬人化似乎不只與佛洛依德的心理結構有某些相同之處，與多重人格之現象亦然；造成自我、原我及超我各自獨立的分化過程，似乎也是最終造成多重人格的過程。這些結構分化的證據在分析工作中始終如一，以致我們不能只將之視為個別的特徵，而應視為一種常態。然而，必須了解的是，在異常的個案身上，原我和超我從自我中分化出來的程度是非常極端的；問題是，在理論上一個發展沒有任何阻礙、整合很完全的人格，這種分化與隔離會到什麼程度。上述個案的資料暗示，超我和原我有時會短暫地侵入意識的領域而顯現出多重人格特質的現象；但從資料中亦顯示，潛意識中獨立結構的分化，其界限並不符合佛洛依德之心靈三分理論之描述，[1]而且在多重人格的個案，這些獨立結構也可能侵入意識的領域。上述個案資料亦暗示，其躁症狀態可能由於具有原我特質之結構侵入意識。如果真是如此，躁症便與多重人格有共通之處；但相對來講抑鬱症比較複雜，我們不能單純地認為它是超我侵入意識的結果。

219

關於這位個案，總結摘要數點如下：

(1)明顯地，個案最令人感興趣的地方在於她是一個生殖器異常的女性，至少沒有陰道和子宮。其併發的內分泌異常(有證據證明)，自然會讓一般的醫師認為這就是造成個案精神官能症狀的主因；但這個看法不太可能成立，因為有著同樣異常的其他妹妹們相對地都沒有精神病理上的障礙。再者，個案精神分析治療的資料顯示，即使是這種生理異常的個案，其精神官能症狀的變化亦可用精神分析的理論得到令人滿意的解釋。對個案而言，無疑的其生理異常對她只是一個單純的心理創傷，並讓她無法擁有正常的性生活。

(2)個案沒有陰道之事實，伴隨了潛意識中對陰核之過度重視。陰核在其潛意識中對等於陽具，這也是有趣的事，證明了陰核不只在生理上，在

[1]譯註：例如此個案的「小女孩」和「殉道者」。

心理上亦與陽具同源(homologue)。個案的生理缺陷可能會讓人以為陰道將成為其潛意識中嫉羨的對象；但事實上是陽具嫉羨的傾向因個案沒有陰道而被增強了。因此可以推論，對於生理正常的女性而言，女性性慾(female sexuality)的潛抑是陽具嫉羨的先決條件，但陽具嫉羨並非造成女性性慾潛抑的原發因素。如果這個推論正確，古典的「女性閹割情結」(female castration complex)的觀念勢必需要修正。

(3)個案的鬱期和躁期更替頻繁且為時短暫，甚至在一次會談中即可看到其出現及消失，這頗不尋常。這讓我們得以微觀地研究躁鬱的過程。

(4)分析的第三階段提供了一個偏執狀態發展過程的極佳縮影。[1]

(5)此個案之分析中很重要的一個現象是，個案被潛抑的口腔虐待慾望讓她產生愧疚感；而阻止此愧疚感浮現的阻抗力量，遠超過阻止上述口腔虐待慾望浮現的阻抗力量。此一事實強烈顯示，超我會被自我潛抑，且其被潛抑的程度有時甚至超過一般常被描述成「被潛抑物」的原慾成分。

(6)此個案之分析以一種醒目的方式顯示[2]，超我結構建立的層次與原慾發展的階段一致。它也顯示，超我的核心源於前性器(pregenital)時期，屬於口腔的層次，因此必然形成於口腔期。

(7)個案資料顯示有兩種形式的全能——(a)原始原慾目的的全能，(b)藉由「昇華活動」(sublimated activities)同時讓原始原慾目的與超我目的都得到滿足的全能。

(8)分析過程中個案對弟弟死亡的反應，與出事前不久個案那個虐待的夢之間有很重要的關連。讓人特別感興趣的是，它提供了實驗性的證據支持純粹基於精神分析角度所得之推論。

(9)個案夢中穩定出現的擬人化似可顯示多重人格現象的起源。多重人格的現象或許是因為，潛意識在經濟需求壓力下分化出來的功能性結構群

---

[1]譯註：這裡的偏執與第一部第二章所提的偏執不同。這裡的偏執，外化的是愧疚感的來源，第一部第二章的偏執，外化的是壞客體(亦即，不能令人滿足的客體)。由此亦可看出作者前後期思想的變化。

[2]譯註：應指個案之分析過程可區分為三個階段。

221 侵入了意識的領域。這亦暗示佛洛依德對心靈的三個區分是在描述一些有相同特質的特定結構組合(characteristic structural constellations of a similar

222 nature)，而不是將心靈分析為各種實體的組成。

第三章 國王之死對分析中之個案的影響

The Effect of a King's Death upon Patients Undergoing Analysis[1](1936)

最近英王喬治五世的駕崩(1936年1月20日)，對我三位分析中的個案造成的影響，讓我印象深刻。研究個案對時事的反應可以提供很有用的訊息，而研究一群個案對同一事件的反應——特別是像國王駕崩這種重大而不尋常的事件——尤引人入勝。因此把他們的反應紀錄下來應該很有價值。這三個個案都有明顯的口腔虐待(oral sadism)特徵，以及顯著的口腔攝入(oral incorporation)傾向；而這也是造成他們對國王駕崩的反應之主因。

第一位個案是個十八歲的少年，喬治五世駕崩前四個月由某家精神病院轉介來作分析。大部分時間他都是家中的獨子——在小他六歲的弟弟出生前，以及六年後弟弟死亡之後。他的主要症狀是：(1)對母親強烈的分離焦慮；(2)揮之不去的心臟病慮病意念；(3)反覆陣發性的強烈心悸與對死亡的恐懼。

223

雖然臨床表現以焦慮症狀為主，但個案一般的行為舉止仍暗示著分裂的背景。分析開始後不久即可看出，個案不願與母親分離的主因，是他需要不斷地確認母親沒有被他的口腔虐待慾望所毀滅。另一方面，因為投射許多口腔虐待慾望於內在的母親身上，其心臟病方面的焦慮源於他擔憂內在的母親會咬下他的心臟而殺死他。此事實在一個夢裡有清楚的呈現：他看見他的心臟放在一個盤子上，而母親用湯匙將心臟舀起來。在國王駕崩

[1]本文於1936年2月19日在英國精神分析學會宣讀，之後發表於*The International Journal of Psycho-Analysis* Vol. XVII, Pt. 3

前四個月的分析過程中，個案的症狀有明顯的緩解。但當報章雜誌開始披露國王心臟問題的不利消息時，其症狀明顯惡化。每次打開收音機，他就開始恐慌；睡眠開始變差，並不時打電話給我以求得安心。國王駕崩的當天早上，個案便已知道這個消息；那天晚上他夢到自己在射殺了一個像父親的男人之後，於一個房間裡對母親解釋他開槍不是因為討厭那個人，而是因為擔心自己的性命安危。他說在殺人的同時他也已賠上了自己的生命，他將會去坐六年的牢。後來出現一個年輕女性，他覺得這個女性就是他殺死的人。母親此時走出房間；當她離開時，他聽到隔壁傳來吼叫的聲音。這些吼聲似乎是他殺死的那個人所發出來的；但此時這個人似乎就是他弟弟(弟弟的死六年來一直是他良心上的重擔，正如在夢中他要「坐牢」六年)。既然「年輕女性」象徵母親此一性慾客體(sexual object)，這個夢代表的是整個家庭的毀滅；隨著這個夢之後的另一個夢中，他看到母親站在樓梯上警告樓下的他不准吃果醬，此事實顯示，上述的毀滅行動其實是口腔虐待式的攝入行動——而這種行動又進一步涉及個案本身的死亡威脅。因此，國王駕崩所引發的焦慮症狀，似乎主要來自個案賦予內在客體之危險特質。

第二位個案是三十一歲的未婚男性，國王駕崩前已進行了兩年半以上的分析了。當初來尋求分析治療的主訴是不斷想去排尿，而這意念十分地強迫，以致佔據了他全部的生活。個案五歲時因肺膿瘍而幾乎送命，之後便一直體弱多病。在排尿的症狀出現前，他整天就焦慮他的胸部問題。分析過程中，排尿症狀消失後上述的焦慮又出現了。因為他也會害怕食物中毒，所以隨著分析的進行，我們不難發現其強烈的口腔虐待傾向。口腔虐待傾向的出現又伴隨著胃部的症狀，這取代了之前持續的胸部鬱悶感。不久之後胃部的症狀消失了；但就在國王駕崩前他因為輕微的扁桃腺感染而開始全神貫注於他的喉嚨。國王的死讓他十分憂鬱，讓他強烈地想起父親的死亡；而報紙和收音機裡的頭條新聞更讓他焦躁不安。他對事情不再感興趣，對健康問題的憂慮更形加深，並苦於一種遍及上半身的鬱悶感。他

224

尤其擔憂自身的安全。他覺得體內有某種敵對而危險的力量在運作，內在的戰爭似乎一觸即發。由之前的分析資料可看出，這場內戰是其口腔虐待傾向的自我與已被投注予口腔虐待特質的內在父親形象間之戰爭。國王之死代表其口腔虐待對父親傷害的結果，而他感覺到的內在破壞力量則源於父親的攝入特質(incorporation)。

個案對國王駕崩的立即反應在兩週後出現有趣的後續發展，那時他做了一個有關「國王的雪茄」的夢。這個夢以個案發現車子被偷揭開序幕。在電話報警之後，他發現父親(事實上已經去世)在漫長的旅行後回到家中。他非常的高興，趕緊請父親去吃頓豐盛的晚餐。忽然間小偷開著車出現；一股激憤之情哽咽在他的喉嚨。後來他看到一個廣告在拍賣國王的雪茄，一支147鎊。

225

當然，這個夢的主題是「客體的復活」(restitution of the object)。父親的死滿足了個案的口腔虐待慾望，但在夢中他又復活了；而重要的是個案以吃大餐來慶祝這件事。此外，父親的陽具是口腔滿足的客體，而國王的雪茄廣告則相當於父親陽具的復活。

復活的主題在兩個晚上後再度出現。他夢到與喬治五世在白金漢宮外的洪水氾濫區游泳。國王的頭一直在水面下，雖然他極力搶救，國王還是溺斃了。下一幕是警察從一輛御用馬車裡搬出許多大行李箱，但這些警察很像殯葬人員或法官。個案發現自己和國王躺在一個豪華的大型手提箱中，國王看起來已經復活而且很健康，這讓他大大地鬆了一口氣。

當然，此夢裡國王的復活相當於前一夢中父親的復活；但在這裡要注意的是，父親形象的死亡是由於洪水氾濫——這讓人想起他最初不斷地想去排尿的症狀。在第一個夢裡被口腔虐待摧毀的客體復活後，個案在第二個夢裡讓被尿道虐待摧毀的客體復活了。

關於第三位個案，我曾於1931年1月21日在英國精神分析學會發表[1]，目前(1936)此個案仍在進行分析。雖然性器的缺陷讓她的性別有些模糊，

[1]即本書第二部第二章「一位生殖器異常患者的分析」。

但仍可認定個案是女性。目前個案五十歲；接受分析第九年。她原本是老師，因週期性的精神崩潰而無法工作，崩潰時的主要症狀是焦慮、憂鬱、和自殺意念。分析的冗長主要是因為其性別的模糊，但也是因為在第一次躁期後，她開始運用投射的技術，而且在男性面前以自我指涉(self-reference)的偏執意念[1]取代躁鬱症狀。憂鬱發作仍時有所見，但在憂鬱發作時偏執的症狀會緩解。在分析的第八年，投射的現象明顯減少，臨床表現以偶發的輕度憂鬱為主。分析過其被深層潛抑的肛門虐待傾向(anal-sadistic tendency)後，偏執的症狀消失了；但隨著投射機轉的減弱，更基本的口腔虐待漸次浮現，此為憂鬱發作之來源。這些憂鬱發作可能因為現實上的一些事件而被誘發，通常是小事；而國王之死便導致了一次憂鬱的發作。

1月20日晚上(國王駕崩之夜)個案睡前在廣播裡聽到國王病危的消息。她隔天早上才知道國王去世；但在夜裡她就夢到自己的父親死亡。1月21日整天她都覺得極度混亂與害怕。那天她失約沒有來見我；但有個合乎現實的藉口。隔天(1月22日)她赴約前來。但仍處於非常混亂的狀態；從此一事實她推測這是因為自己覺得須為國王之死負責所致。1月23日早上起床時，她感到極度的憂鬱；但到了上午11時30分，憂鬱神秘地煙消雲散。同時，在1月21及22日晚上，個案做的一系列惡夢，亦提供了相當多的分析素材。

在這一系列的夢裡，以下特徵值得注意：第一個夢幾乎全是可怕和恐怖的情緒而沒有什麼特別的內容。個案只覺得被恐懼、悲傷、與失望所盤據。她似乎在黑暗中摸索；但她最在意的還是心理的狀態；因為她覺得自己徹底而無望地瘋狂了。之後她作了另一個夢，在夢中一股寒意從腳底慢慢往上侵襲，而她覺得當身體完全冰冷時，自己就會死了。後來，她夢見自己住在一間屬於自己的漂亮小屋，裡面所有的東西都很完美。她帶母親進到其中一個房間，並向母親展現它的完美；但她驚恐地發現兩株巨大的野草從可愛的紅色地毯上長出來。她馬上彎下來拔那些草，卻發現很難根

[1]譯註：見上一章，有詳細之描述。

227 除。現在她的房子似乎在一個公共的公園裡；她正坐在屋子旁的一個箱子上，箱子裡有隻動物。一個女人帶著一隻狗到公園來，然後她聽到有人大喊「把那條狗趕出去！」大家企圖去抓那隻狗，但這使牠非常激動狂暴地逃跑。接著個案聽到背後有咆哮聲，驚恐地發現那隻狗正撲向箱子裡的動物並要咬死它。這讓她非常擔心自身的安全。後來她聽到有人敲她房子的門，就跑去開門，看到兩個警察站在暗夜的雨中。她請他們進來，他們幫她把大廳的吊燈打開。但她發現燈光是紅色的——紅色代表危險。她開始對這兩個警察的造訪感到極度的不安，並焦慮地和他們爭辯為什麼偏偏選中她家。後來那兩個警察變成了三個女人，她們開始向她解釋造訪的原因。有好一段時間她聽不懂她們在說什麼，最後她才明白她們說的是有個可怕的悲劇已降臨到一個叫「大衛理托」(David Little)的男人身上。她正在懷疑「大衛理托」是誰，以及跟自己有什麼關係時就醒過來了。

不用說，「大衛」是新任國王(愛德華八世)在王室成員間的小名。「大衛理托」就是「小大衛」(Little David)；而降臨到「小大衛」身上的悲劇就是父王駕崩。超我形象的人物造訪個案的家與此悲劇有關，這暗示著她殺了國王——這是弒父的行為，但個案在夢中藉著對大衛理托的身份一無所知的理由來否認自己弒父。瘋狗撕咬箱子裡動物的景象再現了個案罪行中口腔虐待的本質。當然，她坐在箱蓋上，是用自己的性命保護內在的父親不被自己的口腔虐待原慾傷害；但更正確的描述是，是她內化了父親，而讓真正的父親能逃離其口腔虐待——此口腔虐待後來開始威脅她的自我。內化原慾客體以避免現實中的對象被其口腔虐待的衝動所摧毀，這個主題在個案之前的分析中已然顯現。國王駕崩前不久的某一天，個案因為父親坐在一張她本來想坐的椅子上而感到極度的煩躁。當時她把自己的怒氣忍耐下來；但卻導致一次憂鬱的發作。之前也有好幾次其憂鬱發作是 228 出現在她強忍住對我的憤怒後。在這些情況下，憂鬱的發作替代了公開的憤怒宣洩；而將客體內化以免真正的人被摧毀，這種做法所要付出的代價是，把她的自我暴露於挫折所釋放出來的虐待風暴中。然因國王駕崩而引起的客體內化則與上述情況不同。這種內化在之前的分析過程中亦曾發生過好幾次，例如她弟弟車禍身亡時，父親車禍重傷時，有兩次我突然生病時，以及有一天她看到老校長的女兒穿黑衣服而以為校長已經死去(實際上沒有)的時候。在這些情況下，憂鬱亦隨之發作；但此種憂鬱並非挫折所引發，而是潛抑的虐待慾望忽然被滿足所致——例如在弟弟去世時，其憂鬱發作前有一短暫的情緒亢奮期[1]。所以這類憂鬱發作中的客體內化作用不是為了保護外在客體。因為在這些情況下，內化的防衛機轉開始作用前傷害已經造成了。在這些情況下內化的目的是為了吸收因「血腥味」而釋出之虐待洪流。然而梅蘭妮．克萊恩的說法[2]或許是對的，她認為失去真實的所愛客體之每一段經驗，都會引發失去內在客體的恐懼。

229

[1]譯註：詳見本書第二部第二章。

[2] *International Journal of Psycho-Analysis*, Vol. XVI., Pt. 2, p. 150。

第三部 其他論文

第一章 以精神分析的觀點思考共產主義的社會學意義

The Sociological Significance of Communism Considered in the Light of Psychoanalysis[1] (1935)

或許精神分析思維的後續發展中，最有意義的是將精神分析的詮釋方法擴展到社會科學的研究領域，其歷史淵源可溯及1913年佛洛依德發表的《圖騰與禁忌》(*Totem and Taboo*)。然而要到1921年佛洛依德的《團體心理學與自我的分析》(*Group Psychology and the Analysis of the Ego*)及1923年《自我與原我》(*The Ego and The Id*)發表後，精神分析家們所掌握的詮釋原則才能夠充分地處理大量而複雜的社會現象。在後面這兩篇文章中，佛洛依德最突出的兩個貢獻是：(1)他指出，無論個體心理或一般社會的運作，攻擊所扮演的角色和原慾一樣重要；(2)他指出，人類潛意識中之理想典範，源於個體最早的社會接觸之反應，並在日後個體的發展中，逐漸組織成代表外在社會力量的內在精神結構(即「自我理想」或「超我」)。因上述發現而發展的精神分析理論，是精神分析師詮釋原則的主體，藉此他們認為可以如詮釋心理現象那樣去詮釋社會學上的現象，結果，社會學問題愈來愈吸引當代精神分析思潮的重視。因此，令人驚訝的是，為何精神分析師們迄今對近代無疑是最重要的社會發展現象——蘇俄共產黨的興起——仍不太有興趣去詮釋。下文將試著以精神分析的研究結果審視共產主義的社會學意義。

233

---

[1]本文來自1934年12月1日在英國心理學學會蘇格蘭分會發表的文章，之後刊行於*The British Journal of Medical Psychology*, Vol. XV, Pt. 3。另一篇類似的文章，題為〈共產主義的人類學現象〉(Communism as an Anthropological Phenomenon)，則於1936年12月1日在蘇格蘭人類學會發表，並刊行於*Edinburgh Medical Journal*, Vol. XLIV, pp. 433-45(1937)。

首先，想必有人會認為共產主義基本上是一個經濟體系，而不是一個可被精神分析(或其他任何形式的心理學)詮釋的適當對象，因此反對我的作法。這種反對意見對精神分析師而言並不陌生，因為精神分析研究的結論之一就是：類似這樣的經濟因素，對人類動機的影響遠不如西方文明之氛圍下所猜測的那麼重要。原始社會普遍現象的研究結果應足以說服公正的觀察者，人類在某些方面得到情緒上的滿足時，是可以安然忍受極惡劣的經濟條件。焦點回到俄羅斯，我們可以看到，共產主義之建立發生於經濟大幅衰退之後，惡劣的經濟條件反而強化了，而非減低，人們對共產主義理想的熱情。這些理想，正如共產黨的宣傳或如列寧有關黑格爾哲學著作中所宣稱的，清楚地顯示共產主義本質上是一種哲學及一種宗教，而非一種經濟理論。一般而言，對重大歷史事件的研究讓我們相信，需有某些非經濟因素在背後推動，經濟因素才可能有其社會及歷史的重要性。雖然我們不能否定人類的行為動機中有經濟因素的存在，但本文仍只討論共產主義運動背後的*非經濟*動機。同時我認為，雖然此一運動的經濟動機比較明顯，但其非經濟動機卻比較有社會重要性。

234

我們可以肯定地預期，任何想以精神分析觀點解釋共產主義的嘗試，必建構於下述兩個熟悉的概念系統中：(1)原慾理論，(2)伊底帕斯情境的概念。雖然這兩個概念並無窮盡所有精神分析的詮釋來源，但大致來說，就當今的狀況，這樣的預期是適切的。然而必須補充的是，這兩個概念應以佛洛依德的古典理論觀點來理解，亦即人類行為的動力來自原慾與攻擊間之相互作用。而這個理論暗示，伊底帕斯情境中的衝突正是這種相互作用的典型表現。

由這樣的原慾理論觀點，所有的社會發展皆遵循以下兩個基本原則：

(1)社會團體的凝聚是原慾的功能之一。原慾讓一個團體的成員連結在一起；任何團體的凝聚皆取決於團體中原慾連結的程度。由此原則觀之，我們可以詮釋為何所謂的「亞利安邪說」(Aryan heresy)會孕育於納粹德國——此邪說最大的功能是將德國人民的原慾連結於國家民族的範圍內，而將攻擊的矛頭指向他們劃歸為非我族類的團體(即猶太人)。

(2)任何團體的社會瓦解皆來自於攻擊；個人的攻擊傾向是社會中破壞力量的根源。因此，納粹德國的統治者費盡心思地將國民的攻擊導向一個被標示為非我族類的團體。

將這兩個原則應用於人類學的研究資料，現在讓我們繼續回顧社會團體的歷史演化。因唯有從發展的角度去探究，我們才能了解共產主義所代表之社會新秩序的真正意義。

一、家庭是最初始的社會團體。依照上述兩個一般原則，家庭的凝聚力取決於兩個因素：(a)家庭裡的原慾連結，(b)將攻擊排除於家庭關係之外。伊底帕斯情境的重要性就在於它是家庭成員競爭對抗的主要根源，因而也是將攻擊這個破壞因子導入家庭團體的主要門戶——當然，這種破壞的力量會因為孩子之間競爭雙親的疼愛而大大地被強化。伊底帕斯情境是社會瓦解的根源，此一重要性反映於以下事實：在原始的家長制社會(patriarchal society)中，亂倫與弒父是滔天的大罪。對於這兩種罪行，原始社會有著嚴格的禁忌(taboos)——正如精神分析所揭示的，在文明人的潛意識裡，這些禁忌作用的強度並不輸於遠古。亂倫與弒父的禁忌無疑的是維繫家庭的主要文化支柱，也是所有更高層社會組織及文化的基礎。禁忌是家庭對抗這種攻擊之破壞力量的第一道防線，第二道防線是異族通婚制(exogamy)，據此禁止下一代的近親聯姻。當然，異族通婚的實行亦是促使家庭聯合成包含更廣的社會新團體之主要因素。

235

二、在演化的系列上，接著出現的社會團體是宗族(*clan*)，雖然宗族包含了數個家庭，但它仍是一種家庭式的組織。典型的宗族由一位族長統治，他代表此一宗族的父親，宗族裡的所有成員都要像兒女對父親那樣效忠族長。宗族的社會凝聚力受到兩個相反方向的威脅：(a)個人的原慾太緊密的連結於自己家庭的狹隘範圍內，(b)個人的原慾在宗族之外找到依附。這兩種可能都會失去原慾對宗族的連結。克服後一種威脅的方法是利用宗教的約束力，如圖騰崇拜和祖先崇拜。對於前一種威脅(即原慾太狹隘地連結於個人之家庭)則以強化已有的亂倫禁忌予抵抗之。如前所述，異族通婚是家庭的第二道防線，但它勢必於宗族系統中繼續被沿用；因為既然宗族乃家庭式的組織，宗族內的通婚實際上而言亦是一種亂倫。伴隨著異族通婚的擴張而來的威脅是個人的原慾可能在團體外找到依附；我們可以推測，正如異族通婚使得宗族抑制了家庭，異族通婚亦使部落抑制了宗族。部落是演化系列上，緊接著宗族而出現的社會團體。

三、典型的部落(*tribe*)是宗族的聯盟。像宗族一樣，部落也是依循家庭模式而組織，統治者是酋長(在組織規模較大的部落則稱為國王)，他的權威來自宗教的認可。部落裡各個宗族間實行異族通婚；如此既可避免亂倫又可免除部落外婚姻的必須性。經由這種設計，部落的確可以阻隔團體外的聯姻而將個人的原慾連結保留於團體內，這是家庭與宗族系統無法做到的。因此，部落是個相當穩定的社會組織。

四、部落組織裡宗族的影響力漸弱後，部落演化成為國家(*nation*)。部落裡宗族影響力變弱，可能是因為部落成功地將個人的原慾連結於部落本身而成為一個社會團體——部落宗教儀式的建立亦為此過程推波助瀾。部落的社會凝聚，會鼓勵擴張而不惜犧牲不穩定的族群；會促使日益增加的人口在部落領域內自由流動，並會傾向增強與領土的連結而不惜犧牲血緣的聯繫。這些變化漸漸破壞了宗族間的異族通婚，因為異族通婚愈來愈難遵行而其合理性亦日益消失。因此，宗族失去了做為社會結構中之單位的重要性，而部落裡宗族的消失使得部落轉變為國家。當今的文明世界中，國家皆已取代部落成為一種社會組織。就大不列顛而言，1715年和1745年的叛亂[1]可說是宗族體系的「最後反撲」，雖然宗族的靈魂仍時常出現「麥克雷協會」[2]或其他類似團體的年度大會裡。

雖然國家這種社會團體的出現，使宗族和部落完全消失，但家庭在社會演化的過程中迄今屹立不搖。某些文明國家(包括大不列顛)至今仍有國王的事實，即是家長制的家庭系統重疊於國家組織的痕跡，但更重要的是家庭本身的持續存在。家庭的存在顯示國家無法像消滅宗族和部落

[1]譯註：指光榮革命後，斯圖亞特王朝擁護者詹姆士黨人(Jacobite)兩次的復辟行動。

[2]譯註：麥克雷宗族協會(Clan Macrae Society)是蘇格蘭一個教育及推廣麥克雷宗族歷史、傳統、文化並研究其宗族系譜的組織。

237 那樣消滅家庭，反而被迫和家庭妥協將之併入國家的組織中。這需要相當大的讓步，例如每個人的孩提時代幾乎都要在家庭中渡過的事實，即為一例證。然而近年來文明國家已相當程度地侵入了家庭的領域；雖然只有在面對家庭強烈的阻抗時，這種侵入才會出現。儘管雙方努力妥協，但家庭與國家之間仍持續有緊張的衝突。這些衝突的程度容易變得模糊不清，因為它大部分是一種被隱藏起來的，或更嚴格地說，是一種被潛抑的衝突(*repressed* conflict)。當然，根據精神分析的發現，由伊底帕斯情境而來的衝突是造成各種精神病理症狀的主因。但一般較沒有被注意到的是，成人潛意識中持續存在的伊底帕斯衝突，其實包含了兩種更特定的衝突：

(1)嚴格意義下的伊底帕斯衝突(Oedipus conflict proper)，亦即在孩提時代早期，完全來自家庭系統內的衝突，此時孩子的社交範圍尚未擴展到家庭之外。

(2)來自家庭內及家庭外客體的衝突，兩者互相競爭個體的原慾——此種特別的衝突常起源於青春期。

值得注意的是，雖然這兩種衝突都涉及對家長制之父親的忠誠，但後者所代表的是個人的家庭系統與更廣泛的社會組織(如國家)間之衝突。

上述對社會團體演化過程的回顧雖嫌不足，但仍可讓我們看出此一過程的大致傾向，亦即個人的原慾傾向逐步擴張的傾向，以及社會團體亦相對地更廣泛而包羅萬象的傾向。由此傾向來看，我們不得不承認共產主義代表的是一個比國家更廣泛的社會系統。的確，1917年在俄羅斯建立的共產黨政權至今(1934年)仍侷限在國家的範圍內[1]，但從一開始共產黨人的目標很明確的就是「國際化」，縱使之後這個目標因為史達林的機會主義而238 變得模糊不清。實際上，正確地說，共產主義運動是跨國性的(supra-national)運動，因為其目標超越了所有國家的界限，由此來看共產主義的社會意義就很明顯了。在社會演化的過程中，最初的社會團體是家庭，家

[1]當然，共產黨政權後來在東歐及中國大陸亦陸續建立，而目前這些國家都是蘇俄的附庸國。但這種發展正好證實了本文的論述。

庭漸漸被宗族取代，宗族被部落取代，而部落則被國家取代。因此跨國性共產主義運動的興起代表著下一步社會演化的濫觴，即朝向建立一個世界性的政府，以替代國家這種社會團體，並要求每個人都要毫無保留地效忠它。如果這個目標達成，則個人原本連結於家庭而後漸次擴展至宗族、部落、及國家的原慾，最後將失去對國家的忠貞而投注於包含所有人類的世界政府。

即使上述的推論正確，若要充分認識共產主義的意義，我們尚須了解到，共產主義的整體目標不只要消除國家，亦要消除家庭，而後者正是國家至今仍無法消滅的。共產主義者的哲學裡所隱含的是(即便這些觀念的實際體現，正如在蘇俄所發生的，已被無可避免地妥協所扭曲)，小孩並不屬於家庭，而是屬於共產主義政府；這正是共產主義者憎恨中產階級的真正原因，而非經濟或政治上的表面因素，因為中產階級基本上是家庭系統的大本營。蘇維埃迫害富農[1]及地主也是相似的道理，因為富農的生產基本上是為了自己的家庭而不是為了政府，所以成為共黨政權固有的敵人。即使蘇維埃對資本主義的攻擊，表面上只是想要強力抗議人對人的剝削，但在某種程度上仍是因為對家庭系統的深層敵意。我們當知道，資本主義的成果，資本家自己享受的還比他的家人少，他的家人不只分享其收入，亦繼承其財富。因此，摧毀資本主義是共產主義者對家庭系統的致命一擊。

239

在此我要指出，論及共產主義的目標時，我不太涉及共黨領導人在意識層面的公開政策，而大部分是探討共產主義運動深層的潛意識動機。精神分析師的工作讓他們熟悉個人心靈中潛意識動機的深遠影響力，所以他們也不難了解潛意識動機在社會領域中的影響，但即使撇開精神分析也無法否認的是，演化過程之發生，大部分獨立於有機體之意識方向。人類社會的演化亦是如此。雖然我們有理由相信，演化過程欲達成其目標的方式，會隨著演化的進行而逐漸被意識到，但我們也須相信，演化的方向本

[1]譯註：Kulak，特指在俄羅斯帝國後期至蘇聯初期，對富裕農民階級的稱呼。

身乃取決於生物性目的，而後者基本上是潛意識的。因此，就如同從家庭、宗族、部落、而至國家的演化一般，我們沒有理由認為共產主義運動獨能免於潛意識動機的影響。

既然我們現在的焦點放在共產主義的潛意識目的，來自共黨領導人意識層次政策之任何批判，都不會影響我們有關共產主義對家庭團體有敵意的結論。我們有足夠的理由相信，列寧意識層次的政策並沒有要摧毀家庭，而且我們也必須承認，蘇聯也採取了一些措施來保護家庭以免家庭在蘇維埃政權下崩解。但這些事實與共產主義作為一社會系統對家庭會出現固有敵意之間，兩者並無矛盾。因為我們前面提過，家庭與國家之間存有持續的潛在衝突，相同的道理我們也可預期，衝突亦存於家庭與共黨政府之間。因此，共黨政權對家庭的讓步，性質其實類似於國家對家庭所捍衛之事物的讓步。但毫無疑問地，共產主義下的家庭，處境比在國家體制下危險得多，事實上在蘇維埃政權下，家庭生活已被壓縮到最狹隘的範圍。這個現象或許主要是因為共產主義者之理念的普遍特性，亦即要求除了世界政府外，不能對任何團體效忠。相反地，國家主義的理念必然涉及國家認同，而國與國之間對抗的危險，使得國家不得不與家庭妥協以維護內部的安全。所以近年來在納粹德國及法西斯義大利等眾所周知的國家主義政權中，對家庭強烈崇拜之特殊現象便非偶然了。共產主義所推動的世界政府就沒有這種需要與家庭妥協的動力。然而，既然目前共產主義仍侷限在國家的範圍內，共黨政府勢必仍受制於國家的需求；此一事實，再加上家庭本身不願被消滅的固有阻抗，可以解釋蘇維埃政權對家庭的許多讓步。所以這些讓步與「共產主義隱含有對家庭的敵意」這個觀點，兩者間並無矛盾。因此我們的結論應該是正確的：共產主義的主要目標是建立世界政府，且每個人的原慾都須與之連結，故其次要目標不僅要瓦解國家，也要瓦解家庭團體。

共產主義與家庭系統的基本對立(如前所述，這種對立是隱含的，而非明顯的)可以提醒我們，所有的社會問題最終都可化約為個人心理學的問題。當然，有許多心理學者較喜歡用「團體心理學」(group psychology)來論述這個關聯；但就如列維-布留爾[1]的看法，除非我們假設團體之心理過程可以不考慮團體成員，否則「團體心理學」基本上是在團體中的個體心理學(psychology of the individual *in a group*)。在《團體心理學與自我的分析》(1921)中，佛洛依德認為團體的存在取決於原慾的連結，而原慾連結必然是個體原慾的功能。因此，當團體成員同時將原慾從團體撤回時(如戰場上恐慌的部隊)，團體就不存在了，變成「自顧性命」的狀況。佛洛依德亦指出，家庭是原慾連結最早建立的團體。基於這個事實，佛洛依德認為團體需要領導人，有領導人是所有穩定團體的特徵。領導人的重要性在於他象徵著成員共同的自我理想(ego-ideal)，而自我理想是來自幼兒時期小孩對雙親形象的內射，所以很明顯的，伊底帕斯情境必深深地影響著所有的社會發展。這些想法可用來思考共產主義與家庭之對立，它們可以認可我們以個體心理學的觀點來詮釋這種對立，並在這一方面認可我們以伊底帕斯情境為線索。因此我們似有充分的理由推測，共產主義者對家庭系統的攻擊(雖是隱微而非顯現的)，意味著他們強烈地(在潛意識中)企圖以消除伊底帕斯情境的方式來處理伊底帕斯衝突。既然伊底帕斯情境在家庭系統中必定存在，消滅個人心中伊底帕斯衝突的唯一方法就是除去家庭這種社會團體。所以，可能對個人而言，共產主義引人之處大部分在於，當其目標達成後，即可除去亂倫與弒父禁忌的存在理由，因為這些禁忌使得伊底帕斯衝突持續潛抑於潛意識中，並嚴厲限制個人原慾的自由擴張。

241

論述至此完成；但容我提出進一步的問題——從實際的觀點來看，這個問題或許是最重要的，雖然嚴格來說，這不是心理學者的領域。以下論述只是基於心理學者做為一個人，其本性中對預言的偏好及對未來的好奇。上文中我們認為共產主義是社會團體演化的一種現象，若此假設是正確的話，我們可以猜測一下，共產主義者在摧毀國家和家庭並邁向「美麗新世界」的目標上，可不可能成功？

242

[1]譯註：路先．列維-布留爾(Lucien Lévy-Bruhl，1857~1939)法國社會學家、哲學家、民族學家，法國社會學年鑑派的重要成員。

就共產主義者與國家體系的衝突而言，很難預測這個問題；但我們可以預料，如果共產主義者的理想，世界政府要實現，劇烈的鬥爭必不能免。因此，俄羅斯共產黨政權的建立，伴隨著一波國家主義的興起——德意志的納粹黨和義大利的法西斯黨就是最明顯而極端的例子。不管鬥爭最後結果如何，國家體系似乎很難以目前的形式永遠存在下去，同時，共產主義世界政府的目標似乎也很難實現；若這情況發生，我們可預期將會出現另一種在國家之上的(supra-national)組織形式。當然，我們必須承認這種形式確實存在——這種形式可能來自家庭組織對國家體系的影響。很可能未來國家之上的系統是*國家家庭*(*family of nations*)，正如部落是宗族的家庭(family of clans)所組成一樣。事實上，這或許是促使1914-18的世界大戰後國際聯盟[1]成立的理念。至今(1934)這個理念對國際聯盟而言似乎仍很遙遠，但這國際聯盟尚未實現的理念，在大英國協(British Commonwealth)這個國家家庭中，似乎有了具體的實踐。當然，大英國協的最終命運仍難以預測，但它的確比國際聯盟有凝聚力之事實，或可合理地歸因於它是在家長制的基礎上，依照家庭型態所建立的組織，它對成員的影響力來自對代表父親形象的國王之共同效忠；故大英國協的命運可能取決於君主政體的興衰。[2]

243

至於共產主義侵蝕家庭系統的未來趨勢，或許就比較可以肯定。之前已提過，雖然以社會團體而言，家庭已被一系列更廣泛的組織所取代，但它並沒有消失，反而慢慢的進入國家系統的脈絡中。即使是共產政權，如上所述，也要被迫與家庭系統做一些妥協；共黨領導人，尤其是列寧(不論生前或死後)，其影響力絕大部分亦來自他們「仁慈教父」(benevolent god-father)的披風，而這披風是當沙皇被子民認定為「萬惡魔頭」(malevolent

[1]譯註：國際聯盟(League of Nations)，成立於1920年1月10日，是第一次世界大戰結束，巴黎和會召開後組成的國際組織。

[2]如之後的事件所證實，大英國協果然較國際聯盟更經久；但聯合國繼國際聯盟而建立明顯地反映了這個世界性的需求，此一傾向也顯示未來國際組織的形式可能不是共產主義者的世界政府，而是國家家庭。

devil-father)時，從沙皇肩上撕扯下來的。由此看來，家庭在社會演化過程中抗拒被消滅的努力從未歇息。這種抗拒最終須歸因於家庭深層的生物基礎；因為，畢竟家庭不只是一個社會團體，也是一個生物團體。即使赫胥黎著名的諷刺作品《美麗新世界》(*Brave New World*)中描寫的世紀來臨，屆時嬰兒皆經試管受孕而生，伊底帕斯情境亦絕不可能完全從個人的潛意識中消失，因為即使在未來，嬰兒也需由他人撫育；而執行親代功能的人無可避免地會在小孩心中得到親代形象(parent-figures)的意義。可能有人會反對，認為在這種政權下所有親代形象的功能都與一般狀況下母親的功能相似，因此伊底帕斯情境的三角關係也將不再是小孩成長環境中的特徵。但事情沒有那麼單純，因為精神分析師發現，由母親單獨撫養長大的小孩(如果是父親單獨撫養，母親形象也一樣會出現在家庭中)，亦會發展出伊底帕斯衝突。作者曾經分析過好幾個個案(男女都有)，他們從未見過父親，但其強烈的伊底帕斯衝突正是他們致病的根源。一個可以完全除去親代撫育功能的政體，對我們而言仍太遙遠而無法想像。從當代趨勢的研究中顯示，在更高度演化的組織壓力下，家庭這個社會制度的影響力會進一步萎縮，但家庭深層的生物基礎將使其免於被消滅的命運。即使共產主義打贏了與國家的戰爭，很有可能共產政權亦須被迫和家庭妥協並將之納入其廣泛的組織架構中(就像之前國家的作法)。我們可以預測，共產主義者為了其目標而想侵犯家庭的任何努力，只會折損共產主義運動的成就罷了。我們亦可預期，只要人類還存在地球上，伊底帕斯衝突就會持續扮演重要角色，它不只影響個人心理的發展，也決定了社會制度的性質以及人類文化未來的道路。

244

附言 (1951)

試圖從科學的觀點討論政治及意識型態的問題(正如宗教問題)常常是危險的；上述文章發表後，各種批判之聲時有所聞，正證實了這一點(如果的確需要證實的話)。我安慰自己說，如果作者對這類議題很難有客觀的觀點，那批評者也一樣很難有客觀的批判；我只希望欲以客觀性基礎批評這篇文章的讀者，能像我試圖客觀地陳述我的觀點那樣，客觀地提出他們的批判。以期待這種批評出現的心情，我需要解釋一下撰寫這篇文章時的環境背景。這篇文章的靈感來自《熟悉原始人》(*At Home with the Savage* [Routledge, 1932])這本書，作者J. H. Driberg在歷任烏干達及蘇丹的地方行政長官之後，於劍橋大學講授人種學(ethnology)。此書內容包含非洲社會團體演化的人類學研究；讀完這本書後，我覺得嘗試以精神分析的觀點來看待社會團體的演化是很有建設性的。上述的文章就是我在這方面的嘗試；從事這樣的嘗試時，我不覺得有任何正當的科學理由，可以把社會團體演化之新近發展排除於我的研究之外。事實上，我認為既然我的研究是廣泛性的研究(不是專研究世界上某個地區的發展)，所以須將最近的發展列入考慮，研究才算完整。這是我把共產政權納入探討範圍的原因，並鑒於它在演化上的重要性，而將焦點放在這裡。我將之納入並非因為它是個頗受爭議的政治體系(對此任何真誠的人都無法免除個人觀點)，而是因為它代表了社會團體演化上一個非常重要的現象。此演化過程有兩個特徵值得注意：(1)演化的傾向是朝著更廣泛而包羅萬象的社會團體發展，(2)較原始單純的團體與後來較廣泛的團體之間的衝突始終存在。所以只批判我對共產政權與家庭衝突的論述而不顧我對演化過程中，其他團體間相似衝突的論述之說法，都是斷章取義。以個體心理學來考量，社會團體間的衝突勢必呈現為團體忠誠之間的衝突，且既然團體心理學最終可化約成在團體中的個體心理學，則精神分析對個體潛意識動機之研究成果，必能適切地解釋團體的種種現象。

245

246

第二章 心理學——一個正規而被排斥的學科

Psychology as a Prescribed and as a Proscribed Subject[1](1939)

當我受邀以一篇具爭議性的短文為聖安德魯斯大學哲學學會(St. Andrews University Philosophical Society)的討論會作開幕時，我覺得這個時機很適合討論一下在心理學成為所有大學認可的學習科目，甚至是教育系學生的必修課程後，為何心理學思維中某些特殊的體系在學術的領域裡仍或多或少被視為禁忌(taboo)。這個機會對我而言特別適合，因為不久前在聖安德魯斯大學的一場心理學者會議中，大家都試圖否定一個我恰巧特別感興趣的心理學體系——即精神分析——在心理科學中的地位。這種貶抑精神分析理論的企圖，雖然就現在的目的而言無關宏旨，但它反映了大學中普遍把精神分析理論排除於學術研究領域外的傾向。當然，這種傾向並非在任何地方都那麼強烈；但一般而言，我們可以毫不誇張地說，雖然精神分析理論是心理學課程中*被指定的*正式科目，但實際上它是*被排斥的*。因此我應該利用這個機會來討論為何精神分析心理學會被學院列入「需刪訂後才可閱讀的書目」中[2]。

當我們詢問學院黑名單書目的編纂者為何在學術界的眼裡精神分析會淪落到如鍊金術或占星學那樣不堪的地位時，我們會聽到什麼樣的答覆想必諸位都已耳熟能詳。當然，他們會告訴我們說精神分析是不科學的。對於這種指控，精神分析師會回答說，學院派心理學者才是不科學的，因為他們在架構人類特質的理論時忽略了大量有意義的事實。他們不只忽略了

247

---

[1]本文於1939年2月9日在聖安德魯斯大學哲學學會中發表。

[2]譯註：'Index Expurgatorius'，原意指羅馬天主教會中內容需待刪訂後始可閱讀的書。

精神分析師泛稱的「潛意識」的廣大領域，甚至也忽略了大部分「意識」的現象。於是他們自認，若表列一份人類「本能」清單並簡短提及性本能之存在——或其他較委婉的說法如「生殖本能」或「求偶本能」等——就可道盡人類所有以「性」和「愛」兩個字作代表的行為與經驗。他們也幾乎無視於我們所談論的「良知」、「罪(sin)」、及「愧疚(guilt)」等這類意義重大的現象。尤其甚者，他們的弱視似乎還無法看得夠廣，他們盡可能地忽略人類仇恨和攻擊的多樣化表現，如戰爭、迫害、虐待、革命、及宗教狂熱等。通常學院派人士對這種論調的反擊方式是，否定這些精神分析資料的客觀性，因為它們沒有經過實驗心理學家的觀察。對此精神分析師會馬上指出，雖然有些資料會由於研究者個人的情緒理由而被忽視，但有些資料只能藉由標準的精神分析技術才可發現。精神分析技術本身因而便成為學院派批評的對象。他們說，其實這種技術是不科學的；且他們宣稱，由精神分析技術所獲得的表面的「資料」大多是這種技術本身的產物。當然精神分析師會說，沒有甚麼能比一個嚴守中立的觀察者運用自由聯想法更稱得上是科學了；而自由聯想正是分析技術的基礎。然而隨之而來的批評是，在分析治療時，個案在自由聯想過程中產生的材料必受分析師詮釋的影響；這暗示著說，因為個案對分析師的敬仰，自由聯想會愈來愈受到分析師主見的污染。但分析師並不接受這種推論；因為在精神分析治療中，較少對個案所說的真實材料做詮釋，較多是對個案無法說出材料的阻抗和個案對分析情境的一般反應做詮釋。一旦克服了這阻抗，個案便會自然而然地說出那些材料。有時分析師的確必須去詮釋真實材料；但在這麼做的時候，他只是遵循公認的科學程序，應用既有的知識去闡明進一步的事實而已。尚須補充的是，阻抗本身的各種表現是分析技術的引導下，所得到的最令人印象深刻的資料。這些資料是值得去解釋的重要現象；也正是基於對這些現象的觀察，才奠定了基礎精神分析理論中的「潛抑」。

248

在說明並駁斥所有學院派人士以科學之名對精神分析理論的非難後，我們仍要面對另一種批評，這種批評似乎是反對精神分析理論納入學院課程的真正原因。這種批評其實只是蘇格拉底被控腐化雅典青年的現代版。就蘇格拉底而言，他的生命就跟擁護「了解你自己」的原則一樣重要。所以，或許精神分析師真的很幸運，因為他在探索人類內在的動機後還能夠全身而退。

事實上，將精神分析理論排除於大學心理學的課程之外應該是件好事——特別是，如果精神分析理論恰好是真的的話。根據精神分析的發現，人性深處隱藏著黑暗而危險的力量，為了對抗這種力量，有些不太穩固的防衛被築起來，這些防衛部分是內在的、個人的，部分是外在的、社會化的。考慮到這些防衛的不穩固，以及這些防衛對抗的那股力量的狂暴特質，我們會正當地質疑，要告訴人們多少有關他們自身的真相才是安全的。當今世界各種風貌的遞嬗中，或許最重要的是維多利亞時代及後維多利亞時代樂觀主義之式微，即便在科學界也是如此；這種樂觀主義將現代科學的發展視為黃金時代(Golden Age)來臨的先兆，在科學的助力下，人類將在連續不間斷的進步大道上勇往直前。但當今(1939年)的世界大勢已逐漸讓我們了解，科學知識並非人類純潔無瑕的恩寵。所以每天報紙上幾乎都可以讀到一些對人類快樂幸福甚至對整個人類文明有威脅的新消息，而這些皆因人們擁有了新近物理學及化學發展的知識。[1]

249

然而，須指出的是，人類擁有這些知識後的真正危險，來自人性中那些狂暴的破壞力量，而精神分析研究顯示，這些力量在個人潛意識心靈的經濟運作上，佔有極重要的地位——比日常在表面所呈現出來的，或比文化裝飾下我們所相信的，都重要得多。因此，危險不在於物理科學進展所帶來知識，而在於這些知識讓人性中的破壞傾向更有效力。由精神分析研究所獲得的心理學知識，則與上述情形不同；因為它不會使人性中的破壞傾向更有效力，它只在揭露這種破壞傾向本身。人們所以害怕精神分析，

[1]本文寫於1939年初，當時雖然防毒面具已配發給英國民眾，然而第二次世界大戰仍只是個威脅，且極權主義者侵略的恐怖也未完全顯露；但如今(1951年)，原子彈的威脅更是一種無可避免的現實，且可能只是日後更大災難之先兆。

在於它所揭露的事實。精神分析會被覺得危險，是因為它揭露了人性中的危險力量，這讓人很焦慮卻無法否認。在精神分析發展的早期，幾乎所有的注意力都集中在性慾望潛抑的現象，好像人們最想要否認的，就是被潛抑之性慾傾向的存在。然而，從進一步的研究中漸漸可看出，人們更無保留地想否認的，是他自己的攻擊強度，而他對自己性慾傾向的否認主要是因為其性慾傾向與其攻擊態度之關聯。因此將精神分析理論排除於學院課程之外，似乎是一種掩蓋人性某個面向的嘗試，這個面向不僅在個人是愧疚，在社會也是禁忌。

值得反省的是，揭開掩蓋原始人性面紗的工作，道德和宗教改革者已經做了好幾個世紀，精神分析只是把這件事放在科學的領域中進行而已。因此，聖保羅在〈提多書〉(*Epistle to Titus*)中寫道，「我們從前也是無知，悖逆，受迷惑，服事各樣私慾和宴樂，常存惡毒嫉妒的心，是可恨的，又是彼此相恨[1]。」當然，許多道德和宗教改革者註定會遭受既有秩序的強烈反擊；但如果單純地將這種反擊歸因於人類天生無法解釋的保守主義作祟，也未免太不充分了。事實上，所有的新教義都會削弱既有的文化基礎，而文化本身就是抵抗人性中原始力量的社會防衛。所以新教義遭遇到的阻抗基本上是既有文化的防衛；精神分析所遭遇到的社會阻抗也正有相同的性質。

當然，典型的道德和宗教改革者並不滿足於只是揭開掩蓋原始人性的面紗，他們也要披露既有文化防衛的弱點。因此，新興宗教的使徒不只要說服那些可能皈依的人相信他們自己有罪，也要說服他們相信之前他們所奉行的都是一些無知的迷信。當然，在這麼做的時候，支持著他的信念是，摧毀既有文化的防衛後，他才能用另一套更好的來取代。相反地，做為一個科學家，精神分析師無法提出一套新的福音，也不想摧毀既有文化的防衛。同時，循著自己特殊的科學探索途徑，精神分析師無可避免地需要架構一個有關心理之性質和防衛起源的理論；由於這個

[1]譯註：見新約聖經〈提多書〉第三章第三節。此處譯文引自和合本。

原故，分析師被認為打破了維護人類善良風俗而設的禁忌，並對這些習
251 俗扼之以暴力。

我們現在可以了解人們反對精神分析的真正原因了。這包括(1)精神分析揭露了人性原始破壞的力量，而這股力量是人們想要否認的；(2)對於人類為抵抗這股力量而築起的心理防衛，精神分析就其起源與性質提出了解釋。這些反對勢力在討論大學生是否應教授精神分析理論時似乎特別有說服力，因為這些學生大部分尚未脫離易感而不安的青少年期——眾所皆知這個時期的特徵是容易質疑既定的文化價值觀。

在此，對我們有助益的是提醒我們自己，精神分析理論並非世上唯一遭受被納入學院黑名單厄運的科學理論。事實上在納粹德國(1939年)，學院黑名單的範圍令人生畏。舉例而言，任何與「亞利安民族」的納粹官方信條相抵觸之人類學或人種學理論都無法在德國的大學中教授。當然，大不列顛的學術界都一致抗議這種對思想自由的箝制；但平心而論，如果精神分析理論因為會造成文化上的裂隙而在像大不列顛這種國家中被排除於學院課程之外，在不列顛的大學中可自由教授的各種人類學或人類文化學理論會被德國的大學禁止也正是這個原因。兩者唯一的差別是，一個在維護西歐傳統的古典基督教文化，而另一個則在納粹意識型態下希望古老的
252 異教條頓文化披著現代的外衣復活[1]。

我們也不須苛責社會團體以限制研究自由的方式來保護其文化的完整。不論那一種極權主義之意識型態，無疑地，意識型態之完整是凝聚此意識型態政權之團體的必要因素；我們也能有把握地推測，每個團體的凝聚皆由某種意識型態來維繫，不管它的論述多麼隱晦，也不管它能否持久。所以無可避免地，任何尋求生存的社會團體都會對研究自由加諸某些限制。天主教會曾睿智地認為，有些事情最好不要讓一般人知道；而以目前來說，一個非常現實的心理學問題是，人性能容忍多少真相，全部的真

[1]這段文章中所舉的例證(寫於1939年)當然已經過時了。但不幸的是，這種現象至今仍然存在；在當前的極權主義國家中這類例證俯拾皆是。

相，而且只有真相(the truth, the whole truth and nothing but the truth)[1]。

據說無知是危險的；但知道太多可能更危險。依據這個事實，近來物理學的發展很有可能導致人類完全的毀滅。有趣的是，雖然現在我們大學的化學系裡，幾乎完全容許思想和研究的自由，但仍有某些學系會限制思想和研究。因此，雖然一般而言宗教檢驗在不列顛的大學裡已被廢除，但在蘇格蘭的大學裡，羅馬天主教徒仍然不可能被聘任為希伯來文教授，不管他是多著名的學者。我們也很難想像一個坦率自承為超現實主義者的人能入主大學的藝術系。事實是，在大學課程裡，文化價值愈高的科目，思想和研究的自由度就愈低。

在這些反省之後，我們無可避免地要面對一個問題：「大學真正的功能為何？」大學的功能對社區而言可能有三個：(1)提升文化的中心，(2)技術訓練的學校，(3)促進科學研究自由的機構。目前實際的狀況是一種妥協，我們的大學試圖部分滿足所有這三種功能，而避免只執行其中一種功能。然而我們要了解，這三種功能各有不同的目標，且彼此不易取得一致。尤其困難的是，一個機構既要扮演維護傳統文化的歷史角色又要同時容許完全自由的科學研究；因為從歷史的研究中我們無可置疑地發現，任何科學知識的重大進展都會對現行的文化產生瓦解的作用。

253

因此，在現代科學快速的進展下，我們的大學將被迫在其功能上做一抉擇。如果大學決定以捍衛文化為首要任務，我們將會看到學院裡正規科目的名單，以及被禁制科目的名單；當然，很可能有某些科目和科學理論會被認為最好不要讓年輕人學習。另一方面，如果大學決定以促進科學真理為首要任務，就沒有必要維持對科學科目或科學理論的審查；而在這樣的大學裡，將看到精神分析理論將在心理系學生的課程表中佔據著非常顯著的地位。即使這種情況發生，或許對文化也不會造成太慘重的損傷；因

[1]譯註：這是所謂「宣誓證詞」(sworn testimony)的一部分，用以承諾自己所說的都是實話。在有些國家，證人於法庭上作證前，需作此宣誓。內容大致如下：'I promise before Almighty God that the evidence which I shall give shall be the truth, the whole truth, and nothing but the truth.'（「我在全能的神面前承諾，我將要給予的證詞是真相，全部的真相，而且只有真相。」）

為我們要提醒自己，如果知識可被破壞性地使用，則它亦有建設性的用途。因此，同樣的化學知識，可讓人製造戰爭用的致命毒氣，也可用來抵禦這些破壞性的人造毒氣以及抵禦細菌的侵襲。同樣的，如果精神分析的危險是因為它揭露了人性中隱藏的分裂和毀滅力量，且又以科學的角度審視為抵抗這些力量而築起的防衛，那麼它同時也能讓我們知道在何種狀況會醞釀這些分裂和毀滅的力量，而在何種狀況下這些力量的影響會減少。這種知識的重要性不容小覷；因為要先知道什麼狀況會發生什麼現象，才能掌握這些現象所衍生的問題並有效地改變現象本身。畢竟，精神分析是心理治療的一種形式；如果現代的精神分析理論能對治療心理疾患的臨床應用有所助益，它也能對解決社會問題的實際應用有所助益，因為後者只是心理疾患的放大。所以，精神分析事實上可能對促進文化傳承之目標有重要的貢獻；而這點是可以比大部分學院派的心理學做得更多的。

254

255

第三章 戰爭精神官能症——性質與意義

The War Neuroses —— Their Nature and Significance[1](1943)

在以下的文章中我將記述我對所謂「戰爭精神官能症」之性質所得到的一些結論。這些結論大部分基於我對軍事人員精神病理狀態的臨床經驗。1939年爆發的大戰期間，我在緊急醫療部(Emergency Medical Service)的一家專科醫院擔任主治精神科醫師的職務，我的經驗即來自於此。我要感謝蘇格蘭衛生部允許我發表這篇文章。當然，衛生部不需為本文之觀點負責。

創傷因素

「戰爭精神官能症」一詞概括許多臨床的狀況；目前精神科醫師大致的共識是，以症狀學而言，戰爭精神官能症與和平時期盛行之精神官能症及精神病狀態並沒有明顯的不同。因此某些精神科醫師認為，用「戰時的精神官能症」(neuroses in wartime)一詞比「戰爭精神官能症」更恰當。但另一方面，有些精神科醫師仍堅持，就軍中的個案來考量，必需區分以下兩種情況：(1)因戰爭而引發的精神病理狀態；以及(2)雖有相似的精神病理狀態，但只是湊巧在個案服役時發生，在和平時期一樣有可能出現。想要如此區分是基於以下觀察：部分軍中的個案(儘管只有一部分)，其精神病理狀態是緊接著戰爭中的創傷經驗(如砲彈在身旁爆炸)而發生的。反對這種看法的意見是，「創傷精神官能症」(traumatic neuroses)在承平時期一樣

256

[1] 本文經縮簡後，在1943年2月13日刊載於《英國醫學期刊》(*British Medical Journal*)。

會發生；在此要記得的是，這些精神官能症在戰時較常見，但戰時的創傷經驗也比較多。事實上我們不難發現很多在戰時出現創傷精神官能症的士兵，在平民時期就曾有創傷精神官能症的病史。而也有相當比例的軍中個案，引發他們「戰爭精神官能症」的創傷(如車禍)其實只是湊巧發生在戰時。所以我們須考慮創傷經驗的組成為何，才能知道創傷經驗在誘發戰爭精神官能症上扮演何種角色。

一般人常以為創傷經驗會造成一個新的精神病理狀態。但經過充分而仔細的研究後，我們很少發現個案之前沒有一些精神病理的特質。因此我們可以合理的認為，創傷經驗是這樣的一種經驗：它可藉著活化之前已存在但卻一直潛藏的精神病理因子而引發一精神病理反應。肯定這個結論正確性的一個事實是，某些個案的創傷經驗有極高的特殊性(specificity)。下述之案例說明了這一點。

個案一：砲手W. I.；皇家砲兵團(R. A.)；27歲；單身。

這位士兵在其服役的運油艦遭空襲而沉沒後，產生急性焦慮狀態且合併使他失能的畏懼症狀。因為當時載有易燃物，船艦被砲彈擊中後剎時間成了煉獄。起初他覺得自己會被困在燃燒的船上；不過後來他奮力逃到一艘救生艇上，而這艘救生艇是當時唯一成功地離開主艦的船。然而，救生艇太晚駛離主艦了，他怕救生艇也會著火(後來真的如此)，所以跳入水裡游離那艘船。幸好他這樣做，因為救生艇裡其他人後來都被燒死了。但他在游泳逃離時，從運油艦裡湧出的油料開始擴散到水面上並不斷地燃燒，所以在被救起之前，他必須與死神賽跑，拼命的游以免被迅速擴散開來的火海波及。在整個事件過程中，他經歷了一連串的危險——被轟炸、被困在燃燒的船上、發現逃生的最佳機會(救生艇)對生命只是另一場威脅、游泳時被燃燒的油追逐、最後還面臨溺水的危險。表面上看起來這一連串危機中的任何一個皆足以構成創傷經驗，但對此個案而言這些都不是真正的創傷。這裡要補充的是，當個案被火海追逐時，他忽然被一個快溺水的中國佬抓住而向下沉，這人是他艦上的同袍。不顧一切只想逃命的他，當下

257

就給了這中國佬的腦袋一拳，看著他沉入水底的墳墓；這個特殊的情境才是他的創傷經驗。在研究中揭露，它會構成創傷經驗乃是因為這種「謀殺」的行為活化了個案對父親長期來強烈的恨意，這些恨意之前因伴隨著焦慮與愧疚而一直被深深地潛抑著。所以這個經驗對個案在情緒上的意義是弒父(patricide)，並因而引出所有與父親恨意相關的潛在焦慮與愧疚，也活化了之前在心中已準備好要應付弒父事件的各種防衛機轉。

並非每個個案都能這麼容易找出其創傷經驗的特殊性；但若創傷的特殊性原則得以確立，這個事實本身就有其重要性了。同樣重要的是，有許多個案我們完全不清楚引發其精神病理狀態的情境具有什麼創傷的特質，即使有些情境是重複被經驗而被認為可能有累積的作用(cumulative effect)；因為許多造成創傷的經驗本身看起來似乎微不足道。研究顯示，創傷經驗的範圍很廣，以下是從我的個案中隨手捻來的例子：被砲彈轟炸，被困於魚雷艦的船艙中，目睹難民被大屠殺，被迫勒死德軍步哨以自衛，在困境中被上級軍官放棄，被同袍指控有同性戀，妻子分娩想請假回家遭到拒絕，被士官長咆哮等等。想到這些形形色色的現象時我們不免懷疑，在許多個案，引發其戰爭精神官能症的創傷經驗，似乎不是因服役本身造成的。

258

嬰兒式依賴的因素

根據在私人之心理治療執業過程中所收集的資料，我漸漸相信成人精神病理的發展，最終皆根源於孩提時期(特別是嬰兒時期)之情緒依賴的放大並延續到成年期[1]。孩提時期的特徵是全然的依賴，這毋庸置疑。人類嬰兒出生時的極端無助，是生物學上的事實，也深深植入了人類社會的結構中。法律的制定也特別注意到這個事實；而所有社會組織的根本——家庭

[1]此一結論的各種思考，可見我之前的文章「修正精神病與精神官能症的精神病理學」(本書第一部第二章)。

——亦奠基於此。家庭是最原始的社會團體，所以小孩的依賴是集中在父母身上。對父母的依賴讓他滿足了心理的需求，正如讓他滿足了生理的需求。小孩也在他們身上尋求道德上的支持，正如在他們身上尋求生理上的支持；小孩仰賴他們規範他的行為，並控制那些反覆無常的恣意渴望。特別是，小孩的感情生活是繞著父母身旁打轉的；因為父母不僅是小孩最初 259 的所愛客體，也是第一個被小孩所恨的客體，小孩最早的恐懼和焦慮都連結於此。在一般的發展過程中，從孩提時期到青少年期，對父母(以及代理父母功能的雙親形象)的依賴會逐漸減退，變得較為成熟獨立。但這種情感解放的過程常常不是那麼順利；因為即使是最理想的環境，下述兩者之間的衝突始終存在：(1)因嬰兒式依賴帶來的諸多限制而想將之揚棄的前進推力，與(2)因嬰兒式依賴帶來的諸多好處而想繼續依附的倒退拉力。在環境惡劣時，這個衝突更加放大，並帶來顯著的焦慮與激烈的反應。無論這種急性的衝突如何調適與妥協，其最重要的後果就是在情緒層面上(emotional sphere)繼續保存嬰兒式依賴的態度——雖然這種態度在表面上會被一種否認依賴的準獨立態度(quasi-independence)所過度代償，但在心靈深層它依然持續存在；這種準獨立態度只是在否認深層的依賴而已。我認為這種過度持續的嬰兒式依賴態度是引發日後所有精神病理發展的最重要因素；而且根據這個觀點，我們可以詮釋所有的精神官能症症狀與精神病症狀，皆是(1)伴隨嬰兒式依賴狀態之持續而來的衝突，或(2)抵抗這種衝突而衍生的防衛。

1939年大戰爆發時，我已經有上述的想法；當我的任務之一是研究軍隊中大量的精神官能症個案時，讓我更能夠架構我的理論。這是測試我的觀點之正確性的獨特時機。最初我的觀點是基於平常環境中少數個案的深度研究，但我現在要以整體調查研究大量個案的方法來檢核這些觀點，而且這些個案都是突然被迫遠離其平常的環境與所愛的客體，且得不到習以 260 仰賴的支持。這幾乎就像一間條件控制良好的實驗室，免費提供我測試我的理論。這實驗的結果以最驚人的方式證實了我的理論，或許以下個案最可例示「依賴」的強烈程度，而使我們對依賴於病因上之重要性不容置疑。[1]

個案二：砲手A. M.；皇家砲兵團(R. A.)；24歲；結婚18個月。

這位士兵在平時獨自經營一份小本生意；因為生意的關係，他的召集令延遲了三個月。當寬限的時間結束必須應召入伍時，他堅持要妻子陪他到離家250哩之遙的軍營。他也堅持妻子要留在這軍營所在的城市，直到六個禮拜之後現實環境使她非回家不可。妻子要離開的事讓他很驚慌，所以他請了一個週末假以便陪伴妻子。他的假順利地獲得批准，因此也讓分離的時間延後了幾天。放假期間他足不出戶；在收假時他幾乎無法忍受與妻子的分離。回到軍中後，他瘋狂地企圖和妻子保持電話聯繫，除非環境相當不許可，否則他每天都打長途電話給她。有趣的是，他對妻子的思念縈繞已使得他不能好好的集中精神寫信給她。無法集中注意力也使他成為唯一沒有通過砲擊訓練課程測驗的人；因為測驗不及格，加上他對槍械顯得很害怕，因此他被派去做例行的電話勤務工作。他整天心裡都盤桓著對妻子的思念，以及他們分開的距離；到了晚上，這些思念也讓他睡不著覺。他很害羞怯生，覺得「異於」他人。他也容易覺得自己的同事都是別人不想要的；除了一個大他十五歲的老兵之外，他在軍中沒有任何朋友。從入伍那天起他就覺得「憂鬱」了；妻子不在身旁，他感到全然的「孤單」。對他來說似乎諸事都不順；他覺得唯一支撐他活下去的是希望能再見到妻子一面——他主動的說道「對我而言，她好像是一個媽媽」，「她是我的一切」。

這位士兵在入伍後三個月曾住院一次，因為在住院前十天連續兩天都有昏厥發作(fainting attack)，第一次發作時他正坐在狹窄的電話機房裡。後來發現這九年來他常有這種發作——自從十五歲時他目睹一個婦人在街上昏倒之後。此一景象使他引發急性焦慮狀態，並持續了一整天，直到那天

[1]譯註：行文至此，作者已清楚表明自己的觀點：戰爭精神官能症的關鍵是嬰兒式依賴而不是創傷。接下來的內容即是他對此觀點的例證說明及進一步闡釋。

晚上他出現第一次昏厥發作為止。之後好幾個月裡，昏厥發作十分頻繁，於此期間他被禁止去上學且不准在無人陪伴時離家外出。當他的情況漸漸恢復到可以回學校上課時，他變得害怕自己一個人上學而需要人陪伴。十六歲畢業之後他仍害怕單獨外出，因為擔心在外面昏厥發作。當不得不冒險單獨外出時，他的權宜之計是騎腳踏車，因為這樣可以讓他在感覺快昏厥的時候以最短的時間回到家。所以腳踏車對他而言代表著與家裡的連結。這就像臍帶連結著他與外婆一樣；在個案三歲母親過世後，這位溺愛他的外婆即代替母親負起所有照顧他的責任。

他非常依賴外婆。他是家裡唯一的小孩，母親去世後就與外公外婆同住；他很少和父親見面，對父親的感覺不自然到近乎完全沒有。第一次昏厥發作後，他開始「睡在」外公外婆「中間」，直到幾個月後外公過世為止；之後他仍與外婆睡在同一個房間到十八歲那年外婆去世。在外婆健康情況日益惡化，讓他漸漸感到可能會失去她時，他便花愈多的時間陪伴外婆，雖然外婆從未希望他如此。然而，因為過於擔心即將來臨的喪親之痛將會讓他陷入隔絕與孤獨的狀態，他對外婆的摯愛漸漸減少。當時他沒有任何男性的朋友，也從未與女孩子交往。所以他驚恐地發現，當命運冷酷地奪走他迄今全然依賴的人之後，在這世上他將完全的孤獨。然而，這些對未來的焦慮卻因解圍之神(*deus ex machina*)[1]的眷顧而得到相當的緩解，解圍之神是藉著個案過去一直賴以減緩其分離焦慮的腳踏車來達成這件事的；有一天他騎著腳踏車匆匆忙忙要趕回外婆病側時，幸運地撞上了一位正要過街的小姐。因此，腳踏車帶給他的信心的確大於臍帶所帶給他的。這件事讓他有另一個依附的點，另一個可以讓他依賴的女性；因為這位女性後來成為他的妻子。在不擾亂外婆最後安寧的情形下，他小心翼翼地告訴她這段新的關係。他不容自己對外婆的專注受損；但為了將來的安全著想，他常常偷偷摸摸地和這個女孩

[1]譯註：*deus ex machina*指在戲劇裡為了解圍而出場的神，之後泛指一般戲劇或小說等作品中突然出現使情節得到處理的人物或事件。其字面的意思是「從機器來的神」，因為在希臘古典戲劇當中，會用一架真正的起重機讓飾演天神的演員在事件發展到一半時凌空而降，藉以解決複雜的情節或是指引結局。

約會。當他們要一起出去的時候他說服這女孩到家裡來接他，並在約會結束後送他回家。這個女孩逐漸變成唯一可以給他信心的人。但當外婆真的過世時，他從這段友誼中得到的安全感並不能讓他因而免於陷入深度的孤寂中。當然這種孤寂感確因他與這女孩的友誼而減輕不少；事實上就是這段依附關係才使他有重新活下去的希望。然而，讓焦慮持續不斷的是，財務狀況的不穩定讓他無法馬上結婚。他拒絕了父親的援助而搬去和一位姑媽住，希望事情有轉機讓他得以順利的結婚。同時他也「癡心地等著這個女孩」。此時上帝再度對他伸出友善之手；除了從外婆那兒繼承了一些遺產外，在足球場上他也贏得不少賭注。後來他存夠了錢，買下一家小小的男仕服裝店；靠著這個他終於能夠結婚。然而，婚姻本身並不足以解決他的問題；事實上他為了抵抗分離焦慮而需索的預防措施不但沒有減少反而愈益增多。這家「一人企業」式的小店特別讓他困擾；因為他沒辦法獨自一人看店，而妻子因家務事的關係也無法一直陪他顧店。他試著僱用一個男孩當助手；但這個男孩遠不足以取代他的妻子，所以這個妥協的方式並沒有成功。之後他在店和家裡都裝上電話，以補強腳踏車日漸減弱的臍帶功能，藉此他可以即時地與妻子聯繫，雖然這方式有點飄渺。後來他等到一個好運氣，能夠租下了那個店的頂樓作為住家，他終於達成心願使妻子隨時在身邊。然而命運變幻無常，他心願達成後，入伍召集令冷酷無情地準時送到，使得他為了滿足其依賴需求及抵抗分離焦慮而作的所有努力與預防措施皆付諸東流。儘管在入伍後他拼命地試著在軍中允許的情況下與妻子保持最緊密的接觸，但這終究無法滿足他的情感需求，這由他入伍不久即出現失能的症狀即可看出來。這些症狀的出現也讓他得到之前無法達成的目的，亦即免除軍中的勤務並回到妻子身邊。他的妻子已從個案外婆那兒承接了母親的角色，成為他嬰兒式依賴的對象。

263

上述個案依賴的程度十分極端，似乎應將之視為特例，而非造成戰爭精神官能症背後典型的內在精神情境。然而從許多個案可以看到，由孩提時代延續而來的嬰兒式依賴，都明顯與戰爭精神官能症有關，就與上述個

264

案一樣；且一旦了解這種關係的存在，只要探究得夠完全、追溯得夠深入，在每一位個案身上我們都可以發現這種關係。如果這種關係在每位個案身上不是一樣的明顯，那麼部分是因為，正如所有的心理特質那樣，嬰兒式依賴之持續有許多不同程度的變異，但主要是因為，嬰兒式依賴導致的焦慮所引發的各種防衛機轉隱藏了真實的狀況。由這些事實可以知道(1)造成精神崩潰所需要的壓力大小每個人不同，(2)戰爭精神官能症的發生不只取決於個人嬰兒式依賴持續的程度，亦取決於由此引發的防衛機轉之性質與強度。對大多數的個案而言，這些防衛機轉失敗後，潛藏的依賴才會顯露出來；很少人會像上述個案那樣不穩定。戰爭精神官能症的產生與潛藏之嬰兒式依賴，兩者間的關係有時較為隱微，那是因為有些精神病理症狀本身即是一種防衛嬰兒式依賴之衝突的極端形式；特別像是畏懼、歇斯底里、偏執、及強迫等症狀。然而有些症狀是嬰兒式依賴的產物，而非對抗嬰兒式依賴的防衛機轉。例如憂鬱和分裂狀態即屬此類；但此類中最顯著的症狀無疑是分離焦慮。分離焦慮不僅遍存於戰爭精神官能症，亦是唯一能以單一症狀呈現於戰爭精神官能症之中的。因此，分離焦慮應視為各種戰爭精神官能症的最大公約數。

分離焦慮

分離焦慮是戰爭精神官能症中非常普遍的特徵，所以其盛行程度很難逃過我們的觀察；事實上戰爭精神官能症的文獻，不只記載了許多精神官能症的士兵的分離焦慮現象，也記載了他們強烈程度的依賴。但就我所知，這些現象(分離焦慮及強烈依賴)的普遍性和重要性從未被正確地了解。這些現象最常見的詮釋是，這些精神官能症的士兵就像許多身體殘廢的士兵一樣，因為生病了所以想回家。但即便如此，我們也當知道，任何疾病都會引發無助感，而無助易喚起嬰兒式依賴；就精神官能症的士兵而言，事實上不是因為他生病了所以渴望回家，而是因為他渴望回家所以才

265

生病。因此基本上我們無法區分戰爭精神官能症和所謂的「思鄉病」(homesickness)[1]。就分離焦慮在這些精神官能症士兵之各種症狀中的顯著地位，以及不惜代價渴望回家的強迫性質而言，用「思鄉病」來形容這些精神官能症的士兵的確很恰當。

對分離焦慮另一個常見的錯誤詮釋是認為分離焦慮次發於對危險情境的焦慮，因此是「自我保存」傾向(self-preservative tendency)的副產品。這種說法忽略了精神官能症士兵間常見的自殺意念及衝動——這很難用自我保存一詞來解釋。這種說法也沒有注意到有些人精神崩潰不是發生在個人有危險的軍事狀況，例如身在停泊於席德蘭群島[2]的運輸艦上，此時士兵們生活主要的問題不是危險而是隔離。然而可能會有人爭辯說，受傷的士兵與精神官能症的士兵一樣，雖然不喜歡自己失能，但會利用其失能來逃避戰場上的危險，甚至許多優秀的士兵在面對敵人的時候內心也會希望得到一張「因傷遣返」(1914-18大戰之用詞)的通知。當然我們無法否認自我保存動機的力道以及危險情境對引發焦慮狀態的影響；但我們仍需去探討為何有的人在面對危險時會崩潰而有的人不會。這似乎因為對危險的忍受力乃隨著個人超越嬰兒式依賴的程度而有所不同；這個解釋也符合我們熟知的事實，即小孩較成人容易焦慮。

在軍中，依據士兵們對服役的態度，傳統上分為三類：(1)喜歡軍中生活，(2)不喜歡但可以堅持，(3)既不喜歡也不能堅持。以現代戰爭的狀態來考量，「不喜歡但可以堅持」的人似乎代表較成功地超越嬰兒式依賴階段的一般大眾；「既不喜歡也不能堅持」的則代表精神官能症的人，相對而言他們沒有跨越這個情感發展的重要步驟。至於「喜歡軍中生活」的這一群裡，有相當比例的人是藉著十分巧妙的方式來否認他們的嬰兒式依賴，

---

[1]研究戰爭精神官能症不久後，我便想起早年在史特拉斯堡大學(Strasbourg University，在法國東北部亞爾薩斯首府史特拉斯堡 ——譯註)治療過一位思鄉病的威爾斯學生。我深深地覺得這個學生的表現和戰爭精神官能症士兵的典型症狀基本上是相似的。

[2]譯註：席德蘭群島(Shetlands)是蘇格蘭北方的群島，英國領土的最北端，距蘇格蘭本土約200餘公里，由約100個島嶼組成。

以致對平常人際關係的冷酷無情已深植於其人格結構中。

假獨立(PSUEDO-INDEPENDENCE)

「喜歡軍中生活」的士兵對戰爭精神官能症的問題而言並非不重要；他們「喜歡」決不表示他們可以「堅持」。因此，精神科醫師常會處理到這類個案。有時候他們會變成精神科的問題是因為，以假獨立的態度企圖否認嬰兒式依賴時，他們反抗依賴的反應誇張強烈，以致妨礙到軍隊組織成員間所必需的相互依賴。他們會變成精神科的問題的另一個原因是，他們已經無法以表面的假獨立隱藏在軍中環境下反覆出現的深層嬰兒式依賴。因此他們容易(1)出現脫序行為且不受管教，或是(2)產生和「既不喜歡也不能堅持」的那類人一樣的症狀；事實上在這種個案，管教困難和症狀常合併發生。我們很難確定下述個案的管教困難是否源於軍中，因為他之前即有違警的紀錄。我們可以推測，如果先前存在的症狀(這可描述為一種缺乏紀律的潛意識表現)在紀律問題變得不可收拾之前沒有惡化，管教困難很快就會出現[1]。

267

個案三：駕駛兵J. T.；皇家陸軍服務團(R. A. S. C.)；25歲，單身。

個案從小就為尿床所苦。他父親曾作過船員；個案在入伍前的六年期間，總共作了三年的船員。在航海的生活中，尿床幾乎不會影響他的工作，這是因為四小時輪值守夜的制度讓他經常需要醒來，也因為商船船員對同僚之特殊癖性不是漠視就是嘲笑的習慣讓他「從不覺得自己討厭」。然而即使環境條件優渥，他還是無法穩定下來持續航海生活；在航期的空檔，他習慣從事各種岸上的工作。1939年大戰爆發時他是一個公車駕駛；在宣戰的前一天加入預備部隊後，他很自然地被任派為駕駛兵。1939年9月他被派到法國。在服役早期，他較不受尿床「事件」的影響；在法國期

[1] 譯註：參照下述個案三，這句話的意思是，個案的尿床現象若再晚一點惡化，他與士官的衝突必定吵到不可開交而浮現管教的議題。

間他仍相當滿意自己且相當安心。他的外公是職業軍人，「認為有戰爭時就要從軍」。他「很真誠地」自願入伍；在法國工作也讓他特別滿意——他對法國一直有特殊的幻想，因為他父親和他的一個叔叔對法國特別有好感，他在小時候常聽他們談論這個國家。1940年春天德國開始進攻時他仍士氣高昂；撤退到敦克爾克時他還覺得「完美而有條不紊」。但從敦克爾克撤到丹佛時，他開始「覺得流離失所」。他發現「看到水兵們接回士兵們」比「軍事行動」更令他印象深刻；大海古老的呼喚再度展現力量。他事後回憶起來，這個事實與他最後需要報病號的情境，亦即，使他的尿床明顯惡化的情境，大有相關。當他必須和其他人同住在一個房間時，尿床的惡化使他相當尷尬；而在與管理他房間的士官一場激烈爭吵之後，他主動報了病號以免被士官發現他尿濕床單。同時，從法國回來後他就對「大海有了思鄉病」，並受苦於「流離失所與廣泛的憂鬱」，這情況日益惡化直到他報病號。住院之後，他對醫療人員的態度非常拘謹保留；但偶爾這種拘謹稍被克服時，他會承認自己確信旁人都懷有敵意，自己也心懷怨恨，常覺得自己是社會的公敵，有時甚至有一股強烈的衝動想犯罪。在一次不尋常的坦露中，他說出一段不為人知的過去。十三歲的時候，他曾以第一人稱寫了一篇小說，描寫一個和他同年齡的男孩在失去雙親後奔向大海。講完這個秘密後，他馬上接著說「這真是個殘酷的想法」(關於男孩失去雙親一事)，並坦承小時候曾希望父母親死亡。

268

身為獨子，他的早年生活極度不愉快，常處於非常不安全的氣氛中。父親酗酒，母親神經質，兩人時常吵架。四歲時他首次目睹父親毆打母親，當時母親倒在地上，頭撞到爐架；他回憶起之後許多情節相似的事件——這些事件發生後他總會尿床。警察常被請來處理他們的家庭糾紛；因為父親的暴力，母親常在午夜帶著他離家到旅社渡過下半夜。他們從來無法在一個地方久住；不管他們搬到那裡，總是和鄰居爭吵。最後父親離家出走，再也沒有回來。個案首次航程結束返家時，才得知父親已於一次車禍中死亡。體驗過海上生活後，他對家的「幻想」完全破滅。雖然如此，

269

有時在航期的空檔，他會情不自禁地留在母親身邊。每次上岸他總是狂喜地想要見到母親，但過不了幾天他們便互相折磨對方，結果他在家裡頂多只能待兩個禮拜。此外，他也常常相當直率地希望母親死掉。

此個案是一個特別有趣且富有教育性的例子，讓我們看到深度潛抑的嬰兒式依賴可以持續隱藏，並被誇張之獨立或假獨立的表面態度所掩蔽。在個案童年早期——這個時期不只自然地會出現幼稚的依賴，而且在這個時期，能夠安全地依賴才能有良好的發展——其保護者的狀態使他無法有信心地依賴父母中的任何一位。他甚至對家本身都沒有安全感，因為他們時常搬遷；且因為父親的酗酒及母親的焦慮，每天晚上去睡覺時他都無法確定早上會在哪裡醒來。他就是在這樣一個非常不安全的氣氛中長大。他處理此種情境的方法是試圖將自己的軟弱轉變成優點，而這樣作所付出的代價則是異常的人格發展。他把不安全的感覺及無法安心的依賴轉換成對所有親密關係的放棄，只保留和團體疏遠的聯繫。結果是他從不交朋友，而且除了商船上的規矩外，他無法遵守任何紀律——船上的規矩原則上是「只要好好做事，沒有人會干涉你」。同時，不安全感也讓他付出額外代價：持續的「流浪癖」(Wanderlust)，且無法維持穩定的工作。他也藉著偏執的態度來保護自己避免因任何形式的依賴而可能帶來的不安全感。然而，儘管他利用種種方法來建構其誇張式的獨立(假獨立)，從其行為中仍可發現潛藏的嬰兒式依賴。雖然，正如其青少年時寫的小說那樣，他因為仇恨父母及渴望獨立而走向海洋，但他仍一直無法脫離想要回到母親身邊的衝動。使情況更加複雜的是，後來海洋本身變成母親的象徵，這是他從小就渴望依賴但卻又無法安全依賴的對象；因此在離開海上一段時間後，他就會有「海洋思鄉病」，但同時他又不能維持穩定的航海生活。因此在內心深處，他就像一個小孩在兩個母親之間擺盪，兩個他都無法相信，但兩個他都不能沒有。這位人格異常的個案顯示，深層的嬰兒式依賴可潛藏在假獨立的外表下，誇張式的獨立只是抵禦嬰兒式依賴的一種防衛。

270

回家的衝動(THE COMPULSION TO RETURN HOME)

戰爭精神官能症裡，嬰兒式依賴在病因學上的重要性，以及分離焦慮在症狀學上的重要性，用渴望回家的衝動來評估或許最為適當，因為這是所有個案都有的明顯表現，甚至在上述假獨立的個案亦然。以精神官能症之症狀為主的個案，雖然會經驗到這種衝動，但很少造成顯著的行為障礙。但以精神病之症狀為主的個案，情況就不同了；在這些個案，上述的衝動常以朦朧神遊的狀態(fugue)或故意逃跑來表現，這些從軍紀的觀點來看，就是無故缺席或潛逃等，若個案有強烈的責任感，或者也會以自殺的方式表現。下述這個士官的分離焦慮以精神病症狀為表現，從中我們可看出渴望回家之衝動的典型表現。

271

個案四：陸軍下士J. F.；皇家直屬蘇格蘭邊境團(K.O.S.B.)；26歲；已婚。

這位士官因憂鬱狀態合併躁動以及各種畏懼和強迫的症狀(例如害怕密閉的空間，回頭檢查煙蒂是否熄滅的強迫行為等)而住院。他看起來極度焦慮緊張；也有一種持續的分離焦慮。在白天，他的腦中一直盤旋著有關太太以及回家的念頭；晚上當他可以睡著時，常夢到自己已回到家。

1938年9月個案開始「覺得怪怪的」，當時他服役於陸軍常備部隊，駐紮在印度。他1932年從軍，1934年調往印度前數週結婚。因為他還未達到規定可以結婚的年齡，所以妻子無法同行；他覺得分離來得很突然。然而在整個印度服役期間，支撐他的念頭是，在退伍之後能自由地和妻子安定下來組成一個屬於自己的家。他「在軍中表現良好」，因為他知道他「必須如此」；但他的心其實一直懸念著家。孤寂的時候，憧憬日後家庭生活的美好時光給了他很大的慰藉，他對未來期盼愈益，特別是在得知妻子分娩之後；隨著退伍的日子愈近，他就愈期待。然而，當這一切都快實現的時候，這個前景卻慘遭破滅；因為，由於1938年9月的國際危機，原本要載他回英國退役的運兵船突然被取消。退伍的延宕以及精心預定的計劃受阻，造成他第一次的症狀發作。他覺得腳下虛浮；他也突然陷入極度的絕望中，對此他自己解釋說「與妻子分離讓我難以招架」。他的經驗也與

272

此敘述一致：強烈的分離焦慮並伴隨許多症狀(如頭痛、沒有食慾、和自殺的衝動等)，這些都清楚地顯示出個案正處於急性憂鬱發作。當這個危機消退，發生戰爭的可能性降低之後，無法退伍的那片烏雲也漸漸消散；而其憂鬱就也隨之消散了。1939年4月，當他終於拿到退伍令(事實上是後備軍人的轉任令)的時候，他似乎進入一種輕躁狀態；因為在回到其出生地Z城與妻子相聚並取得一個郵局的職位之後，他說他覺得「幸福到極點」而且「樂於工作」。但這快樂時光很短暫；因為在家幾個星期後，他便因為後備軍人的身份被作戰部通知，根據軍事訓練法徵召他在1939年6月15日向所屬基地報到。接獲通知後，他便不斷想像那迫在眉睫的分離，且再次陷入分離焦慮中，並伴隨著食慾喪失和嚴重的頭痛。然而，在得知這次訓練只要兩個月之後，他順從地準時向基地報到。在此他的焦慮獲得進一步的緩解，因為那裡允許他每週末都可以返家(附帶一提，縱然如此在週間他仍需每天寫兩封信給妻子)；1939年8月26日訓練結束後，他真是大大的鬆了一口氣。然而這次的輕鬆心情比前次更短暫；因為這個國家已處於戰爭的前夕，1939年8月27日他從收音機聽到公告，要求後備軍人即刻向基地報到。第二天當他要離家前往時，在門廳前幾乎昏倒。回到基地後他立即被納入教官的編制；雖然這樣可以使他被派往海外的機會減到最低，但仍無法讓他免於強烈分離焦慮的侵襲。這段時期，他利用了每一個稍縱即逝的離營機會。1939年12月他獲准離營返家去探視臨盆的妻子。由於妻子的難產，他的假延長了兩天；雖然如此，他仍逾假不歸，這是他軍旅生涯中第一次違紀，因為分離焦慮而引起。這個違紀因他之前的良好記錄而被忽略；但他的症狀卻開始影響工作效率。他的工作效率尤其因注意力不能集中而下降，他常發現自己記不得在指導小隊的過程中說了什麼話。在他心中不斷盤旋的唯一念頭，是對妻子的需求。其他事情都沒有意義，他整體的態度可用他自己的話來概括：「我只想在妻子身邊，不管戰或不戰。」1940年3月他收到一封妻子的來信，說小孩因疝氣要開刀；以故他獲准請假回家。但當他回家後，手術卻因故而延期了。因為無法延長假期到手術後，他需啟程返回基地。但在旅程中，家的牽絆實在太大了，因此到半途他又折返

273

回家，並一直待在家裡到手術結束。之後他再度啟程回基地；然還是半途折返。但到達老家的車站後他並沒有直接回家，而是到藥房買了一瓶消毒藥水，然後回到車站把藥水整個喝下去。責任感和回家衝動之間的強烈衝突已使他無法負荷；他覺得自殺是唯一的解決辦法。但他自殺沒有成功，被人送往醫院。

個案有一個不愉快的童年；他仍保有許多父母爭吵的痛苦回憶——特別是讓他母親離家出走達四天之久的那一次。母親的離開使他孤苦伶仃。他絕望地等著母親，覺得「光明已離生命而去」。個案對母親十分依附，也很依賴她；常和母親聊天一坐便是好幾個小時。母親於個案十六歲時去世；當噩耗傳來，他足足有二十分鐘說不出話來，之後一個星期都無法去工作。其時他在一個肉販那兒工作；他不斷幻想自己在店裡的圓形電鋸下面。母親過世後，父親拆散了家庭；他搬去和一個姑媽住。然而，他非常思念母親，以至於在姑媽家也過得很痛苦；就是在這種痛苦的影響下，他才衝動地入伍從軍。

274

情感認同(EMOTIONAL IDENTIFICATION)

想要回家的衝動在個案四身上表現得非常強烈，這是分離焦慮典型的附屬品；雖然在某些個案這種無厭的渴求表現得較為節制，但亦不能抹煞其典型的性質。與分離焦慮有關的返家衝動在了解嬰兒式依賴的心理學方面特別重要；因為它讓我們注意到於此獨特狀態下的心理過程。這種過程就是認同——在此過程中，個體無法與所依賴的人分化(differentiate)，因此在情感上會自發地去認同那個人。認同與嬰兒式依賴的關聯非常密切，從心理學的角度來說，我們可將之視為同一種現象。想像嬰兒出生前的心理狀態，我們會發現其特徵是絕對的原初認同(primary identification)，嬰兒完全沒有想要與母親分化，母體就是他的環境，也是他所有的經驗世界。因此孩童時期情感關係中特有的認同過程，乃代表出生前的情感態度延續至子宮外的生活。認同不只會影響行為，在情感上亦代表一種想要重新找回因出生經驗而被破壞之原始安全感的企圖。

不需要太多的想像就可以了解，出生的經驗對習於子宮內絕對認同之幸福狀態的嬰兒來說，是一種深刻的創傷；我們有很好的理由相信，出生不只極度地不悅與痛苦，亦伴隨著嚴重的焦慮。我們可更進一步推測，出生是小孩子首次的焦慮經驗；而既然出生也代表小孩子首次與母親的分離經驗，出生焦慮(birth-anxiety)勢必為日後所有分離焦慮的原型。果真如

275

此，就不難理解為何分離焦慮總是帶有出生創傷的痕跡，且出生後任何會引起分離焦慮的經驗，多少都有原始出生創傷的情緒意義。當然，這不是說出生創傷仍在意識中保有記憶；而是說從許多精神病理現象可以推論，這些經驗將永存於內心深處，且在某些狀況下會被活化。有種常見的夢魘可做為這些現象的一個例子：夢見走在一條的地下通道中，作夢者覺得動彈不得而在極度焦慮中醒來。由高處跌落這種更常見的夢魘也有相似的意義——在我的經驗中，這大概是戰爭精神官能症士兵最常有的夢魘。這些思考讓我們對引發戰爭精神官能症的創傷經驗現象有新的看法。我們可以發現，這些經驗不僅與出生創傷有相同的作用，而且它也真的誘發了內心深處埋藏的出生創傷。這也讓我們能更深入地了解，為何這些創傷經驗都會造成急性的分離焦慮。

根據上面所述，現在我們可以說分離焦慮是：仍處於嬰兒式依賴狀態的個體，當以認同為基礎與所依賴的人建立情感關係時，產生的典型產物。當然，這個依賴的個體最初認同的是自己的母親；雖然不久之後他便開始認同其他人，特別是父親，但最初的認同仍會持續存在於後來各種認同的底層。即使個體已相當程度超越嬰兒式依賴狀態，此最初認同的持續存在，仍可由傷兵極度痛苦時頻頻哭喊母親的現象得見。但的確，個體的情感發展愈成熟，其情感關係中認同的特質就愈少。當然，在孩童早期依賴是必要的，此時認同自然而無可避免地要扮演主要的角色；但若情感有

276

充分發展，從孩提時代到青少年，認同會漸漸減少而達到一相對較獨立的情感成熟狀態。這種認同逐漸減弱的同時，逐漸提昇的是與情感上重要人物分化的能力。同時其原來認同對象(雙親或雙親的代理人)的重要性亦逐

漸降低。情感成熟的特徵不僅是能夠在彼此獨立的基礎上與他人維持關係，並且要有能力建立新的關係。無法脫離嬰兒式依賴階段的個體這兩種能力都缺乏；在彼此獨立的基礎上與他人維持關係的能力不足，也無能建立新的關係。他能夠維持得最好的關係，是類似早期與母親的那種關係形式；而他唯一能夠建立的穩定關係，是那些藉由轉移的過程而具有原始關係意義的關係。這就是戰爭精神官能症個案的狀態。他對家和所愛的人仍存有一種不當程度的孩子氣似的依賴；他太過於認同他們以致於無法忍受與之分離。像在孩提時代那樣，它們不僅是他全部的情感世界，甚至就是他自己。他會覺得自己是他們的一部分，而他們也是自己的一部分。當他們不在的時候，他的人格就會減損——在極端的狀況下，甚至其身分認同(personal identity)也會受損。因此我們不難了解為何返家的衝動在戰爭精神官能症個案中是如此普遍而典型——與分離焦慮的症狀一樣普遍而典型。要解釋這種強迫性的衝動，需著眼於認同的過程在尚未充分脫離嬰兒式依賴狀態的個案身上如何運作。不同於情感成熟的士兵，這些個案在軍中無法於軍事組織架構中使自己成為一個獨立的人(a separate personality)，無法服從團體的目標同時又保持獨立性，也無法與團體維持穩定的情感聯結同時又能與之保持分化。另一方面，這些依賴的個體通常也難於在認同的基礎上與軍隊建立或維持穩定的關係。當然，這是因為他對家和所愛之人的認同不能容忍競爭者；畢竟，認同需達到如此的強度，戰爭精神官能症才會發生。

277

事實上有些士兵真的可以在認同的基礎上成功地與軍隊建立關係。然而這種關係通常難以持久，尤其在面臨挫折或壓力時；但既然挫折和壓力在軍中如家常便飯，能長久維持這種關係的機會可說微乎其微。這類士兵的特徵之一是，他們對軍隊有強烈的認同傾向，以至於對他們而言服役帶有一種強迫的性質，就像對於那些無法認同軍隊的依賴個體而言，回家的渴望所帶有的強迫性質一樣。這些士兵可能表現得很熱切，但這絕不表示他們是可靠的軍人。相反地，他們常常熱血沸騰，等不及想上前線，無法忍受曠日廢時的訓練，對例行任務不耐煩，且很快就會因為長官沒有賞識其付出並給予應得的晉陞而感到傷心。奇怪的是，這些熱心的士兵也特別容易發生急性的「分離焦慮」——在此，創傷性的「分離」來自長官不重視其熱忱而使他們有被拒斥的感覺。

士氣的因素

278

很明顯地，對依賴性強的人來說，認同是其感情生活的特徵。認同不只是引發戰爭精神官能症的基本機制，也是使潛在戰爭精神官能症個案的社會適應受到嚴重的限制的機制。認同的過程是造成社會關係障礙及士兵精神病理的共通因子，這個觀點十分重要。但在目前的醫學文獻中，幾乎沒有人以此觀點來看戰爭精神官能症。1914-18大戰期間，揚棄「砲彈休克」(shell-shock)而採用「戰爭精神官能症」一詞，無疑的是科學上一項重大的進步；這種術語的改變表示大家已認為其所描述的狀態基本上是心理學的問題而非神經學的問題。雖然有此進展，但將每一個案視為不同「個體」來看待的這種神經學研究傾向卻被帶入新的心理學研究中。[1]1914-18大戰期間有一派心理治療師頗為興盛，他們認為戰爭精神官能症起因於士兵自我保存本能(self-preservation)與其責任感之間的衝突——戰爭精神官能症的症狀被認為是個案潛意識中想要逃離危險地帶又想避免擅離職守的愧疚感所造成的。無論如何，這種觀點的價值在於突顯戰爭精神官能症病因學中社會責任的問題。然而此種詮釋除了過於表淺，也沒有真的想要解釋戰爭精神官能症的發生；而且他們認為衝突的起源基本上是個體心理學(individual psychology)的問題。特別是，此一觀點沒有考慮到戰爭精神官能症個案社會關係的普遍特徵，也沒有考慮其背後的決定因素。1914-18大戰之後，在佛洛依德觀念的影響下，許多人試著更深入去了解戰爭精神官能症；但他們卻都更強調(而不是較少提到)戰爭精神官能症個案之情緒衝突中的個體因素。如果佛洛依德《團體心理學與自我的分析》(1921)中的

[1]譯註：作者的意思是，問題的關鍵不在個體本身而在個體與其客體之關係，故應強調客體關係的因素，而不是堅持個體心理學的觀點，強調個體的因素(如下述之自我保存本能)。

279 觀念受到更多應有的重視，或許情勢會與現在不同。

佛洛依德於上述著作的結論中曾提到的結論之一是，士兵在戰場上崩潰時常併發的恐慌狀態，基本上是因為維繫部隊成員之間的情感連結已經瓦解。[1]普通人都以為，在「各自顧性命」的氣氛下，團隊精神將蕩然無存。相反地，根據佛洛依德的觀點，是團隊精神變弱之後，每個人才「各自顧性命」，此時恐慌才侵襲每個人的內心。所以不是團體成員恐慌之後團隊精神才瓦解，而是團隊精神瓦解後士兵們不再覺得自己是部隊的一份子，恐慌才開始襲擊。此一情境的基本特徵是，每個士兵都失去了*原來的*同袍[2]以及整體團隊的支持，被拋棄而需孤獨一人面對強大的敵意。在如此危險的處境中，難怪士兵會恐慌——正如佛洛依德所指出的，這種恐慌不僅源於自我保存的因素，部分亦來自想要攻擊原來的同袍及長官的焦慮。當然，佛洛依德在此討論的是一種*集體的*焦慮；但循著本篇文章論述的讀者應不難發現，他所說的恐慌現象基本上是一種同時侵襲所有部隊士兵(或絕大部分部隊士兵)的分離焦慮。因此在戰場上潰敗的部隊，其所屬士兵的恐慌狀態，應視為「正常」個體在特定狀況下產生的暫時性戰爭精神官能症。這些士兵們的處境與真正戰爭精神官能症士兵之差異在於，這些「正

280 常」士兵的分離焦慮只發生在團體情感連結崩解之時，而精神官能症的士兵即使在團體情感連結堅固時分離焦慮仍會發生。當然，這表示精神官能症的士兵與部隊間的情感連結非常薄弱而不穩固。上面已討論過為何會如此。簡單說，之所以會如此是因為精神官能症的士兵仍存有孩提時代過度的嬰兒式依賴，而且在內心深處仍緊密地認同家中那原始的所愛客體，以至於他們無法和部隊建立任何穩定的情感關係，也無法有足夠的團隊精神讓軍事效率得以充分發揮，後者便是「士氣」的要素。需補充說明的是，在這些士兵身上，因與家中原本依賴的人分離而產生的焦慮，會伴隨著對部隊的攻擊衝動而產生的焦慮，這對士氣亦有瓦解的作用。

---

[1]譯註：見《團體心理學與自我的分析》第五章。

[2]譯註：*quondam* member字義上是「前任同袍」，亦即原來是同袍但在此時已經不是了。

我們現在知道戰爭精神官能症和士氣的問題是密不可分的。如前所述，即使「正常」的士兵也會在士氣崩潰時產生暫時性的戰爭精神官能症，此一事實無疑可讓我們看出兩者緊密的關聯。這個現象亦顯示出，大部分「正常」的士兵也多少有某種程度的嬰兒式依賴。事實上，情感的成熟絕不可能十全十美，它永遠是程度上的問題。嬰兒式依賴也一樣是程度上的問題，不可能完全沒有，但有很大的個別差異；所以在何種程度的壓力下，能夠忍受與所愛之人分離而不覺得焦慮，每個人的差異也很大。從戰場上軍隊潰敗時的情況來看，我們可以得到進一步的結論：雖然高度的嬰兒式依賴本身有礙士氣，但高昂的士氣可抵抗嬰兒式依賴在部隊成員間的不良影響。與此一事實相符的是，嫻熟軍方事務人士強烈認為，1914-18年大戰期間，戰爭精神官能症的發生率各個單位有所不同，且與單位的士氣成反比；即使每個軍團的醫官有不同標準，但這個看法似乎仍經得起統計的驗證。

281

當然，軍方心態的傾向，不是把戰爭精神官能症解釋為懦弱，就是將之視為純粹的詐病。以懦弱而言，我們必須承認戰爭精神官能症的士兵通常(雖然並非一定)在面對外在危險時行為比較像懦夫；但這並不影響這些士兵的確因症狀而失能的事實。無論如何，了解個案為何會有這些行為總比只將之視為懦夫要來得重要；因為把他們當作懦夫絕對不能使他們變成有效率的士兵。至於詐病的問題，根據我的經驗，在送到醫院的戰爭精神官能症個案中，真正的詐病者，亦即沒有表現出真實症狀的，不超過百分之一；而這極少數的人，就我的經驗，也通常都有病態人格的典型病史。然而，我們也不可能因為軍方對戰爭精神官能症的傳統態度與精神醫學的觀點背道而馳就予以忽視。當然，我們堅持精神官能症的士兵的確有真正的症狀。同時，他們典型的渴望無疑是不計代價地離開軍隊回家，不管有沒有戰爭；任何人若目睹除役的精神官能症士兵要從醫院回家時那種洋溢全身的狂熱，便不會再懷疑上述事實[1]。因此，雖然單純以懦弱或詐病來解

---

[1]在此要說明的是，早期讓精神官能症的士兵直接由醫院退役的作法，就是因為這種現象而在1939-45大戰期間被廢除了。

釋戰爭精神官能症是無法被接受的，但必須承認的是，軍方對此狀況的傳
282
統心態也有一絲道理。不管如何偏頗，這個心態隱含的道理就是：戰爭精神官能症的發生是士氣的指標；對我而言，這個道理在有關戰爭精神官能症的文獻中受到嚴重的忽視。

士氣是很難評量的一種性質；如果要做比較那就更困難了。若可能比較目前(1942年)和1914-18年大戰期間英軍的士氣狀況，那將會很有趣；但1939年爆發戰爭時的局勢與1914-18年戰爭的局勢有很大的不同，似乎不可能建立一套可靠的比較標準。但我們可以說，既然戰時的英軍基本上是公民組成的軍隊，所以其士氣不可能自外於國家整體之民心士氣。故我們要自問，兩次大戰期間國家的發展是提昇、維持、或降低了國家的士氣。不管讀者的回答是什麼，但1939年大戰爆發前獨裁主義者的答案無疑是一致的；因為「民主國家的墮落」長久以來一直是他們最喜愛的口號之一。事實上，這種口號所呈現的對民主國家士氣的看法，正是讓他們在1939年發動戰爭的主要動機之一。

說到「民主國家的墮落」，獨裁主義者總認為，自1918年停戰後，由於希望的幻滅，英國及其他民主國家的公益精神(public spirit)慢慢的消蝕了。以英國而言，這種公益精神的缺乏反映在其國際政策上明顯的猶豫與無能。它亦表現在個人不願為國家的利益犧牲，以及「中產階級」只顧著狹隘的私人及家庭利益。1918年以來這種發展的確是國家士氣衰頹的表現；從事後看來，我們現在可以了解這種國家士氣的衰頹也伴隨著整個社會的嬰兒式依賴退化。這就是1939年戰事爆發後英國參戰及英軍徵募新兵
283
時的時代背景。當然，我們不能否認，戰爭的衝擊在某種程度上對虛弱的團隊精神有振衰起蔽之立即效果，且此一效果在敦克爾克撤退之後最為明顯。但如果我們夠坦誠，就要認真地自問，我們現在(1942年)是否已經擺脫之前衰頹的逆境。我大膽地建議，想徹底處理戰爭精神官能症的問題，不僅要擺脫過去的逆境，更要想辦法提昇士氣。

如果我們難以有效比較英軍在兩次世界大戰中相對時期的士氣，自然

也不易比較各參戰國軍隊的士氣狀態。但我們必須了解，1939年戰事爆發前，士氣的培育多年來一直是極權國家的首要政策。這種政策在德國和俄國推行得相當成功，所以這些國家的人民整體而言都願意為國家利益犧牲個人及家庭的利益；無疑的，在1939年戰事爆發後他們比英國人民更能夠犧牲。結果是，戈林[1]「以奶油換槍桿」的口號也不再像戰前姑息主義盛行時期那樣被視為笑話了。

從本文的主題來檢視極權國家培育士氣的技術也是饒富趣味的；因為這種技術基本上是利用各種可能方法去消除個人對家庭的連結與忠誠。如果這種作法有效，於此體制下成長的士兵在服役時應該比較不會有分離焦慮。但是，消除個人對家庭連結的作法並不會因而消除個人的嬰兒式依賴狀態；因為，至少在納粹體制下，這種技術有一部分是巧妙利用個人對國家的依賴來取代對家中所愛客體的依賴——事實上這是利用嬰兒式依賴於國家的利益上。在政治和軍事上都獲致成功時，這種技術似乎能夠達到目的，因為成功帶來了安全感；但是當政治和軍事方面持續挫敗，人民對國家提供安全能力之幻想破滅時，就會讓個體原初的嬰兒式依附重新甦醒，而爆發嚴重的分離焦慮並伴隨士氣的崩潰。事實上這就是1918年在德國發生的情況。因此，國家的挫敗似乎是極權主義國家民心士氣最大的考驗。另一方面，國家的成功就似乎是民主國家民心士氣最大的考驗；因為，既然在民主制度下個人較少依賴國家而較依賴家中的所愛客體以獲取安全感，國家的成功便容易使個人對國家的議題過於自滿而不想再投入。

284

1914-18年大戰期間，心理治療師們普遍認為，戰爭精神官能症的意義在於其症狀潛意識地使這些士兵可不受良心譴責而逃離戰場的危險。然而當我們看到許多典型戰爭精神官能症的士兵根本不曾接近戰場甚至不可能上戰場時，上述觀點的侷限便很明顯了。事實上，正如我之前所

[1]譯註：戈林(Hermann Goering，1893-1946)，納粹德國政治和軍事領導人，也是納粹黨最有權勢的人物之一。

試圖表明的，分離焦慮才是戰爭精神官能症真正的意義。精神官能症士兵的目標是回到自己的家和自己所愛的人身邊，而不是逃離戰場的危險。然而上述的傳統觀點中的確有一個重要的觀察，這個觀察若加以適當詮釋，即可顯示其重大意義。這個觀察是：精神官能症士兵對逃避兵役責任明顯地缺乏愧疚感[1]。這種愧疚感的缺乏並非一成不變；因為，當臨床症狀以憂鬱和強迫思考為主要表現時，這些士兵必然是因為對國家或部隊的背叛而憂心忡忡。這種情形在資深的常備士官階級最容易發生——這些人道德感都很強，而且多年的軍旅生活已讓他們有高度的紀律。但是即使在這種情形下，當這些老兵來到醫院時，他們通常已經放棄所有現實上的努力，而其顧忌躊躇的表現也只是把那些已被拋棄的道德標準掛在嘴邊罷了。進一步說，如果他們的自責是真誠的，那也只限於戰爭精神官能症的前驅時期急性反應之階段，亦即回家的渴望與責任感間真正互相衝突的階段。這個階段通常發生在他們報病號之前；因為在他們報病號之時(在長期的掙扎後)，衝突幾乎都已經底定了[2]。然而，除了這些個案之外，其他精神官能症士兵對於因為精神官能症而無法服役一事都明顯地不會自責。這種情況不只發生在不願被徵召入伍的新兵身上，即使出於愛國心而自願從軍的人也會發生。所以很明顯地，除了分離焦慮外，責任感的衰敗也是戰爭精神官能症的特徵之一，而後者即內心良知結構的瓦解(即超我權威的崩潰)，因此戰爭精神官能症的個案必有明顯的人格障礙。

285

嬰兒式依賴是戰爭精神官能症最終的根源；而潛藏的嬰兒式依賴在復甦後的退化中，最重要的部分就是這種人格障礙。不論程度如何，在發展階段上戰爭精神官能症的個案已退化到良知(或超我)結構尚未穩定建立的嬰兒期，因此精神官能症士兵的情緒狀態，有點倒退至類似一個尚無法將雙親視為有權威良知形象的小孩。這個階段的小孩較不關心自己

[1]譯註：即上文所提，這些士兵不會受到良心譴責的現象。

[2]譯註：因為既然報了病號就表示回家的渴望與責任感間長期衝突的結果是前者獲勝了。

的行為在父母眼中是(道德上的)好還是壞，而比較關心父母是否愛他，亦即，他關心的是，從他的觀點而言，父母是好人(讓他覺得「親切」)還是壞人(讓他覺得「險惡」)。所以當一個士兵出現戰爭精神官能症，情緒狀態退化到嬰兒階段時，他就不會把上級長官和軍隊組織當作有權威的父母並以道德責任來與之連結，只會將他們當作不再愛他或關心他的「壞」父母。同時他也把家人當作深愛著自己「好」父母，深信自己一旦回到他們身邊就會得到照顧(距離在這種想法中常有很大的魔力)。他覺得兵役義務把他送入「壞」人手中，而他極度渴望從「壞」人給他的不安全感中逃到在家裡那些可以給他安全感的「好」人身邊。此一詮釋的正確性可證諸住院精神官能症士兵常見的兩個無法回到軍隊的理由。這兩個理由是(幾乎所有個案都是相同的說法)，「我不能忍受被咆哮」，以及「我吃不下軍中的伙食」——對於後者，已婚的個案幾乎都會接著說「但我吃得下妻子為我煮的任何東西」。當然，這些抱怨的內在意義是，每一句命令都是一位憤怒父親的咆哮，而伙房裡煮出來的每一道「油膩」食物(它們總是「油膩的」)都是一個無情的母親漠不關心的證據。精神官能症的士兵亦常有被監視的感覺，或出現被追逐或咆哮的夢魘(稍較少見的夢魘則包括被擠壓、被勒死、或鬼魂來訪等)，這些症狀都進一步證明他們的確覺得自己被邪惡的壞人控制。因此，我們就不難了解為何戰爭精神官能症的個案對心理治療的阻抗那麼強——事實上他們阻抗任何形式的醫療處遇。了解了整體精神官能症士兵某些幻想破滅的經驗後，無疑也讓我導致一個結論：「這些人真正需要的不是心理治療師，而是傳教士。」從更進一步的經驗中，我亦看不出這個結論有什麼明顯的錯誤；因為我仍然相信，由國家及軍事效率的觀點而言，戰爭精神官能症所呈現的問題基本上不是心理治療方面的問題，而是民心士氣的問題。[1]

286

[1]譯註：可比較第一部第三章最後一段。因為內在壞客體的再現，表示道德防衛的失敗以及超我權威性的喪失。所以他們需要重建超我的功能，使個人與團體的連結得以維持。而這一點，作者似乎認為，由傳教士來做比心理治療師或精神分析師來得恰當。

結論

如果我的結論可被廣泛接受，一些重要的政策議題就會隨之而起。在

287

此我不想處理這些問題；但我仍忍不住要討論其中一個問題——因戰爭精神官能症而退役的人是否要給予撫卹金。從嚴格的醫學觀點來看，毫無疑問的這些人應被視同病患。他們有確實的症狀；而且如果狀況許可，他們也應該接受需要的治療。同時，其社會復健也是國家所要關心的；如果他們的勞動力受損，他們及他們的家人也需要政府經濟上的援助。然而值得深思的是，從士氣的角度來看，戰爭撫恤金或再加上「服務有功」徽章，是否適合頒給戰爭精神官能症這種特殊形式的失能士兵。當然，戰爭精神官能症撫恤金的問題已被太多暗潮洶湧的政治壓力所影響；但基於戰爭精神官能症和士氣的密切相關性，很明顯地，政府不僅必須抵抗這些壓力，

288

而且必須重新審視整個問題。

第四章 性罪犯的處遇與復健

The treatment and rehabilitation of sexual offenders[1](1946)

蘇格蘭評議委員會(the Scottish Advisory Council)已被指定要檢討「罪犯之處遇與復健」的議題，而我將提出我的證詞；我瞭解委員會希望我的證詞是針對「在蘇格蘭監獄內為性罪犯及性違常[2]者提供心理治療」的問題加以討論。

身為醫學心理學者，對我來說，委員會提到的兩個專有名詞「處遇」(treatment)和「復健」(rehabilitation)，在意義上有很大的不同，需要特別討論。在醫學的意義上，「處遇」一詞指的是治療上(therapeutic nature)的技術性協助，像醫師協助患者，不管是在私人場合或在診所，希望患者從受苦病態中得到緩解；而心理治療則是一種特殊形式的技術性協助，特別針對精神病理起源的情況。這樣的處遇，如果成功的話，可對社會帶來益處，雖然並不見得都是如此；但基本上個案主動求助心理治療是為了緩解其自身的痛苦或重拾自己內在的寧靜。

另一方面，「復健」一詞基本上與社會有關；因為它指的是個人原本損傷而必須重建之社會能力的恢復。

1939-1945年大戰期間戰鬥部隊中精神官能症的個案讓我清楚地了解「處遇」和「復健」之間的差異。許多當年曾參與這些所謂「戰爭精神官

[1]本文是1946年5月17日對蘇格蘭罪犯治療與復健評議委員會(Scottish Advisory Council on the Treatment and Rehabilitation of Offenders)提出之證詞。

[2]譯註：性違常(unnatural offences)在當時的法律用語上包括獸交及肛交等。在本篇裡，「性違常」和「性犯罪」這些詞所指涉的範圍，無論在法律上或理論上，已經與現在(2020年)有很大差異。在閱讀時應該考慮到此一歷史脈絡。

能症」治療工作的精神科醫師，都以和平時期執業習慣的醫療觀點來治療這些軍人，亦即，他們武斷地將建立於和平時期之平民生活的標準，強加於戰爭時期的軍旅團體。然而回顧起來，在處理軍中個案時，精神科醫師的功能很明顯並不是在治癒那些想要減輕個人痛苦的病患，而是在復健那些無法滿足其所屬單位需求的水手、士兵、與飛行員們。就我個人而言，很容易即可發現戰爭精神官能症的問題基本上是士氣的問題；亦即，是部隊個別成員與團體間關係的問題。因此很明顯的，精神官能症的士兵是一個不再有軍魂的人——假如他真的曾全心全意對軍隊忠誠。我在醫院裡最常聽到精神官能症士兵主動說的一句話就是：「我無法回到軍隊了」。當然，這句話的意義是，儘管這些軍人理論上仍然隸屬於軍隊，但實際上他們已或多或少切斷與這個團體的關係了。他們是心不甘情不願的軍人；且在其內心深處的動機使他們寧可罹患精神官能症也不願正常地參與軍隊的團體生活。因此，他們的態度不適合做一般的心理治療，因為心理治療需要醫師與病人共同合作，而他們則幾乎沒什麼動機要完成那些預定的目標。

我必須很遺憾地說，在我的經驗中，平民中變態的性犯罪也有頗為類似的情形。我知道最近愈來愈多精神科醫師認為「性倒錯傾向」(perverse sexual tendencies)是「症狀」，就像精神官能症裡的症狀一樣；但我並不贊同這個觀點。這個觀點出自當代一種普遍的傾向，亦即以純粹的科學標準來取代過去的道德標準；但就我的意見，這種解釋是植根於錯誤的精神病理學。

290

我想，首先要了解的是，性倒錯傾向不是以某種神秘方式依附於正常人格上的贅瘤(excrescences)，而是人格結構中的一部分。因此，同性戀不是正常性向的異常表現，而是異常人格結構中自然的性向表現。在此我得承認，我認為精神官能症的症狀亦是人格本身的表現，而不是依附於人格的贅瘤。然而，性倒錯和精神官能症之間畢竟有極大的差異。佛洛依德曾簡潔地描述過這差異，他說精神官能症是一種性倒錯的「否定」(the 'negative' of perversion)。此外，「精神官能症的症狀基本上是用來防禦的」這一具啟發性的觀念亦應歸功於佛洛依德。佛洛依德的意思是，這些症狀源於人格中某部分結構的影響，這部分的結構會為了維護人格的完整，而去抵禦人格中不被此結構接受的部分。依據這概念，精神官能症個案是一個這樣的人：當他有某種傾向與其某部分的人格衝突，以致這部分的人格不只拒斥這傾向，且藉由潛抑及其他防衛技術，成功地控制了這個不被接受的傾向時，他寧可忍受苦痛，也不願自然地表現這種傾向。雖然這樣的潛抑方式在正常及不正常的性傾向中皆有之，但是當性倒錯的傾向出現於精神官能症個案時，此一傾向會被人格中強而有力的部分以激烈的手段控制。人格中這部分的特徵是，它會竭盡全力阻止這些惹麻煩的傾向表現出來。但是對性倒錯的個案來說，情況正好相反；因為性倒錯個案所做的，是助長其倒錯的傾向而不是潛抑它，結果這些倒錯傾向不僅變得十分明顯，且佔據了人格結構中的主要地位。所以，用精神醫學的術語來說，性倒錯不是一種精神官能症，而是一種精神病態(psychopath)。

291

當然，大自然裡不會有嚴格而固定的界線。因此我們要承認，有時精神官能症個案在某些程度上也會呈現性倒錯的傾向；但如果這樣的情況發生，其精神官能症的主要目標便可以說是失敗了，在這一點上，可說他已不再是精神官能症個案了。同樣地，性倒錯個案也可能為精神官能症的症狀所苦；但若發生此種情形，精神官能症的開始，就是性倒錯的結束。雖然如此，為了知識上的明確起見，區分精神官能症及明顯的性倒錯兩者在理論上的差異仍是必須的：前者運用防衛來抵抗性倒錯；而後者代表精神病態人格中性倒錯傾向的體現。除非認清這樣的差異，否則在探討性罪犯的「處遇與復健」問題時不可能期待有任何碩果豐盛的瞭解。

我之前比較「處遇」與「復健」之間的差異時，我指出精神官能症軍人的問題基本上是「復健」的問題，而不是像精神官能症平民個案的「處遇」問題。就我的觀點，同樣地，性倒錯的問題也是「復健」的問題而不是「處遇」的問題。我將精神官能症軍人和性倒錯個案類比，可能會讓有些人覺得不一致，因為我剛剛才將精神官能症與性倒錯區分開來。但這其實沒有不一致，因為我的類比是針對個體(不管是精神官能症或性倒錯個案)與其所置身之社會群體的關係。如前所述，精神官能症軍人已放棄作為軍隊這一社會團體中的一份子；且基本上他拒絕在那社會團體中過正常的部隊生活；雖然他以「不適應軍中生活而非常痛苦」的理由，使這種拒絕正當化。類似地，性倒錯者拒絕在社區內過正常的性生活，且純粹就性生活而言，他是拒絕服從社會的標準。要確認他們對社會團體的態度，可以觀察在社區中他們沉溺於他們自己特定性倒錯團體的程度。當然，這種情形在同性戀者特別常見；而這些團體的特徵是，他們的標準和社區標準的差異，不必然只侷限於性的層面。

類比過性倒錯和精神官能症軍人兩者的相似性以闡明上述重要原則之後，接下來我要討論兩者之間的差異。精神官能症軍人為了離開軍隊，而自願讓自己受苦，這暗示著他對社會義務多少有些認同；與此事實一致的是，翻閱其服役記錄常常可以發現，雖然他經常住院，但卻很少因為違紀而被關禁閉。相反地，性倒錯者並沒有為了要和團體斷絕連帶關係而付出這種自願受苦的代價。[1]雖然為了方便，性倒錯者可能會隱瞞其傾向，但通常他們會認為這種傾向是一種個人資產；若有法律糾紛，他所受的痛苦，與其說是真心的愧疚或自責，倒不如說是害怕社會上或物質上的利益被剝奪；假如真有一絲愧疚或自責，也幾乎都是短暫的。基本上，他看不起他所觸犯的社會規範，也怨恨社會對他的態度；他向社會尋求的，不是治癒(cure)，而是權益的恢復(*reinstatement*)。一旦被逮捕或定罪的初期驚嚇過去之後，這種想要恢復權益而不想被治癒的欲望，或許是這些人最典型的態度，雖然在覺得自己已經安全之前，他們可能會在口頭上附和治療目標。

我認為，社區唯有從上述觀點去探討性罪犯及性違常者的處理問題才會有助益。如前所述，這些罪犯的人格並不適合目前任何有效的「處遇」方式，也就是說，他們很難接受個別心理治療。我自己曾對許多性罪犯做

[1]譯註：因此與戰爭精神官能症相比，他們幾乎不認同對社會的義務。

過個別的治療；而且可以說已得到一些成功。至少就我所知，我所治療的個案中，沒有一個因同樣的罪行再被起訴。但假如我因此就聲稱我已有效 293 地根本改變這些個案的人格，我想我只是自欺欺人；而且我所做的個案是經過選擇的，因為只有在初步評估顯示他們特別合適之後，治療才會開始。同時，我想我可以公平地說，這些個案接受個別治療的結果，遠比被關在牢裡而未接受任何治療的結果好很多。此外，我想如果治療在監禁的條件中進行，結果將很難令人滿意；因為就我看來，對這些已經與社區關係不良的罪犯而言，現今的監獄生活將更進一步損害他們與社區的關係。監獄生活似乎也會損害個別心理治療的效果。在一般意義下，監禁是把罪犯的群體生活降到現代標準允許的最低限度；因此，這似乎是為了改善罪犯和社區之間的關係而採用的一種奇怪方法。

現在我們可以從這些普遍性的原則，歸納出一些建設性的結論，以為未來性罪犯之「處遇與復健」政策的綱領。我會提出兩個廣泛的實務性結論，對我來說，這兩個結論形成的過程是很清楚的。

首先，處理性罪犯最恰當的方法並非個別心理治療之「處遇」，因為其人格並不適合這種方式，它們需要的是「復健」：在一個他可以參與的、有主動社交生活的團體中，在心理學的引導下培育其社會關係。一般監禁生活的環境條件，無法有效建立此種團體。但另一方面，社區中的一般社交生活也同樣不是建立此種團體的適當環境——不只是基於刑罰上的考量或基於社區需要保護，而且也是因為就某些方面來說，性罪犯和社區中的團體生活太難產生連結，以致於身在其中亦無法接受有建設性的影響。因此，我們需要的應該是為性罪犯建立一特殊社區——在其居住地裡他們有自己的群體生活，每個罪犯均可參與其中，並在心理學的引導下，294 以逐漸朝向適應外面社區生活為目標。這種居住地是否應該包括所有罪犯或只有性罪犯？不同類別的性罪犯是否應分開到不同的居住地？男女是否可在同一居住地還是應該區分？所有這類的問題並無法事先推想出答案。只有在仔細且長期的經驗中才有可能回答這些問題。在此值得一提的是，這種居住地的設計是一般社會學實驗的絕佳機會，也可以成為一特殊的科學研究領域，提供科學家研究社會關係以及決定團體特質的因子。

第二，對1935-1945年戰爭期間服役軍人「戰爭精神官能症」的研究，讓我們獲得了寶貴的經驗。就像我先前指出的，精神官能症軍人大體而言不適合做個別心理治療，因此1935-1945年戰爭期間用這個方法所獲得的效果明顯地令人失望。然而隨著戰爭持續進行，一些軍醫院的精神科醫師認識到這個事實並了解士氣無比的重要性後，開始對戰爭精神官能症個案發展出不同的處理方式。這些精神科醫師們將努力集中在醫院內團隊精神的培育與鞏固，而將個別心理治療置於次要的輔助地位。不只如此，這些醫師們更進一步把目標放在增進個案對軍隊的歸屬感，藉此重建他們對軍隊這個效忠對象的關係。與此同時，另一群服務於陸軍部選拔委員會[1]的精神科軍醫師們也有相似觀點，他們開始試著以無領導者討論團體(leaderless discussion group)的技術，作為選任的參考。做法是把候選者分成小團體，請他們在團體中即席做一些討論。然後觀察這些候選者彼此之間以及他們和整體情境間所產生的反應，並特別著眼於他們的領導能力與相互適應的能力。在復健中心，類似的技巧在後來也被用來治療被遣返的戰俘；但在此處，工作人員的目標是要將團體成員間的互動，導向社會化的方向。目前雖然皇家陸軍醫療團[2]已經復員(1946)，但一些關注這類發展的精神科醫師，已開始試著將團體心理治療運用於平民中的精神官能症個案。以此為目的，八個人左右的團體最為恰當；工作人員會鼓勵團體成員彼此討論任何他們所遇到的問題。在討論進行時，督導醫師在適當的時機會詮釋成員們對彼此的反應，以及整個團體的發展；而這些反應及發展本身也會成為討論的主題。結果是：團體成員被面質的，不只是他本身對別人的行為，也包括對團體的行為；藉由團體對他的回應以及督導對當下社會情境的詮

295

[1]譯註：1941年底英國軍方對軍官的需求遽增。因之前的方式常無法徵選到適合之軍官，故有陸軍部選拔委員會(War Office Selection Boards)之成立，藉著新的心理衡鑑方式讓徵選更有效率。當時有許多精神科醫師參與其中，包括畢昂(W. R. Bion)。Hugh Murray的文章'The Transformation of Selection Procedures: the War Office Selection Boards'對此有較詳細之介紹。

[2]譯註：皇家陸軍醫療團(The Royal Army Medical Corps [R.A.M.C.]) 是隸屬英國陸軍的一支特殊部隊，在戰時及平時為所有陸軍人員及其家屬提供醫療服務。

釋，他多少可了解自己態度背後的意義。這樣的詮釋也會讓他了解團體反應的意義。因此一種持續的社會洞識(social insight)和社會教育的過程便在一個真實社會情境的結構下被推動著。

當然我們必須了解，這些嘗試只是一個開端，一切都還在萌芽階段。然而迄今所獲致的結果仍舊令人振奮——無論如何，這些結果已足以支持我們未來可以在各個不同的領域中，更認真地嘗試以團體的方式做心理治療。[1]尤其就性罪犯而言，我認為團體心理治療的方式將比個別心理治療更有成功應用及發展的希望；但必須補充說明的是，團體心理治療的方法帶有更多「復健」的性質，和一般意謂下的「處遇」在性質上有所不同。

296

[1]譯註：二戰後的英國，團體心理治療剛剛起步，在此可見作者給予的肯定與期待。

參考文獻

BRIERLEY, M.

'Notes on Metapsychology as a Process Theory', *The International Journal of Psycho-Analysis*, Vol. XXV, Pts. 3 and 4 (1944).

DRIBERG, J. H.

At Home with the Savage. London: 1932. George Routledge.

FREUD, S.

Beyond the Pleasure Principle (1920) (Translation). London: 1922. The International Psycho-Analytical Press.

Civilization and its Discontents (1929) (Translation). London: 1930. Hogarth Press and Institute of Psycho-Analysis.

'A Neurosis of Demoniacal Possession in the Seventeenth Century' (1923), *Collected Papers*, Vol. IV (Translation). London: 1925. Hogarth Press and Institute of Psycho-Analysis.

'Mourning and Melancholia' (1917), *Collected Papers*, Vol. IV (Translation). London: 1925. Hogarth Press and Institute of Psycho-Analysis.

'On the History of the Psycho-Analytic Movement' (1914), *Collected Papers*, Vol. I (Translation). London: 1924. The International Psycho-Analytical Press.

Group Psychology and the Analysis of the Ego (1921) (Translation). London: 1922. The International Psycho-Analytical Press.

The Ego and the Id (1923) (Translation). London: 1927. Hogarth Press and Institute of Psycho-Analysis.

Totem and Taboo (1913) (New Translation). London: 1919. Routledge and Kegan Paul.

JUNG, C. G.

Collected Papers on Analytical Psychology (1916) (Translation). London: 1917. Baillière, Tindall and Cox.

KRETSCHMER, E.

Physique and Character (1921) (Translation). London: 1925. Kegan Paul, Trench, Trubner and Co.

MASSERMAN, J. H., and CARMICHAEL, H. T.

'Diagnosis and Prognosis in Psychiatry', *The Journal of Mental Science*, Vol. LXXXIV, No. 353 (November 1938).

STEPHEN, A.

'A Note on Ambivalence', *The International Journal of Psycho-Analysis*, Vol. XXVI, Pts. 1 and 2 (1945).

297

索引

(編按：索引中標示之數字為原文書頁碼，請參照內文側邊之原文頁碼)

Agoraphobia, 懼曠症42
Ambivalence, 矛盾24, 39, 48, 53, 109–10, 112, 117, 120–2, 124, 135, 146, 171–2, 175, 178
towards father, 對父親121
Ambivalent object, 矛盾客體110, 121, 124, 172
internal, 內在的135, 178 298
Amnesia for early life, 對早期生活的失憶
its absence in schizophrenics, 精神分裂症患者沒有此現象[1]64, 77
Anaclitic choice, 依附式的選擇42
Anal—肛門的
activity, 活動138
erotism, 愛慾40
fixation, 固著207
phases, 期*see* Phase(s), anal見期，肛門
sadism, 虐待227
techniques, 技術33, 43
Anal attitude— 肛門態度
contrasted with genital and oral, 對比於性器與口腔態度86
Ancestor worship, 祖先崇拜236
Animism, 萬物有靈論132
Anti-libidinal factor, 反原慾的因素129, 166
Anxiety, 焦慮103, 107, 260
and hysterical suffering, 與歇斯底里的痛苦 103, 125
at birth, 出生時110, 275
cardiac, 心臟的224
conversion of libidinal affect into, 原慾情感轉變為焦慮125
exhibitionistic, 展示的16
obsessional, 強迫的44
over being emptied, 被掏空的44, 113
over destroying, 摧毀的12, 24
over emptying the object, 掏空客體的23
over expressing aggression, 表現攻擊的49, 113, 281
over expressing libidinal need, 表現原慾需求的 113

[1] 譯註：頁64(原文頁數，下同)的註腳2。

[1] 譯註：頁110的註腳1。

[1] 譯註：應該是頁243。

De-emotionalization of the object-relationship, 客體關係之去情感化14
Defaecation— 排便
as basis of rejective techniques, 作為拒斥技術的基礎35
as creation, 創造14, 36
as elimination, 排出14
as giving, 給予36
as symbolic rejection, 象徵性的拒斥35, 138
Defence(s), 防衛249, 254
against effects of infantile dependence, 對抗嬰兒式依賴265
cultural, 文化的251–3
delusions as, 以妄想作為防衛215
hysterical, 歇斯底里的*see* Technique, hysterical見技術，歇斯底里的
manic, 躁症30[1]
moral, 道德65–7, 68, 81, 93, 165, 167, 169
non-specific, 非特異性的30[2], 66
obsessional, 強迫的*see* Technique, obsessional見技術，強迫的
of non-participation, 不參與85, 87
of repression, 潛抑*see* Repression見潛抑
paranoid, 偏執*see* Technique, paranoid見技術，偏執
phobic, 畏懼*see* Technique, phobic見技術，畏懼
psychoneurotic, 精神官能症的291
specific, 特殊的30[3]
Déjà vu, 似曾相似5, 8
Delusions— 妄想
as defence against guilt, 作為對抗愧疚的防衛 215
of grandeur, 誇大206, 215
of persecution, 被害215
Dementia praecox, 早發性癡呆52, 109. *See also* Schizophrenia 亦見精神分裂症
Democracy, 民主80
Dependence, 依賴45, 259,
differentiation and mature, 分化與成熟42, 163

[1] 譯註：頁30的註腳1。

[2] 譯註：頁30的註腳1。

[3] 譯註：頁30的註腳1。

schizoid basis of, 解離的分裂基礎5–6, 92, 159
Dreams— 夢
author's views on, 作者的觀點8–9, 98–9, 105, 170, 216–19
ego-structures in, 夢中的自我結構8, 99, 170
internal objects in, 夢中的內在客體8, 99, 132, 170
of patients described, 個案描述的夢67–8, 95, 208, 214, 215, 224, 225, 226, 227–8
of persecution, 迫害的夢214–15
of teaching, 教學的夢201
personifications in, 216–19
splitting of the ego in, 夢中的自我碎裂8–9
See also Nightmares亦見夢魘
Driberg, J. H., 245
Dual personality, 雙重人格5
Dynamic structure, 動力結構107–8, 126, 128, 131–2, 149–50, 157–8, 167, 173, 176, 177
psychology of, 心理學128
Edward VIII, King, 國王愛德華八世228
Ego, 自我88–90, 94, 99, 106, 128–9, 133, 135, 147–8, 150, 153, 156–60, 162–163, 164–6, 167, 169, 171–2, 177–8, 217–19, 228
adaptive function of the, 適應的功能9
central, 中心*see* Central ego見中心自我
discriminatory function of the, 區分的功能 9
in dreams, 在夢中98
integrative function of the, 整合的功能9
libidinal, 原慾的*see* Libidinal ego見原慾自我
loss of the, 喪失52, 113
narcissistic inflation of the, 自戀性誇張22
object-seeking nature of the, 尋求客體的性質160
parts of the, 自我的各部分83, 85, 160, 170
psychology of the, 自我的心理學59
repression of libidinal part of the, 原慾部分的潛抑21
repressive function of the, 潛抑的功能61, 89, 164
splitting of the, 碎裂*see* Splitting of the ego見自我的碎裂
Ego-development, 自我的發展162–3
Ego-ideal, 自我理想136, 159, 179, 201, 215, 233, 242. *See also* Super-ego as ego-

and reality sense, 與現實感140, 157
Expulsion— 排泄
and retention, 與留住44–5
and separation, 與分離43–4
Exteriorization *or* Externalization, 外化*see* Internal object(s), externalization of見內在客體，外化
Extravert, 外向56, 164
Faeces as symbolic object, 糞便作為象徵的客體31, 40
Family group, the, 家庭團體153, 235–42, 244–5, 259, 284
Fascist Italy, 法西斯義大利241, 243
Father— 父親
ambivalence towards, 對父親的矛盾121
as natural object, 做為自然的客體40
as parent without a breast, 做為沒有乳房的親代 122, 174
in Oedipus situation, 在伊底帕斯情境121–4, 174–5
Father substitutes, 父親替代者191
Female castration complex, 女性閹割情結199, 220–1
Fixation, 固著29, 30, 40
anal, 肛門的207
on breast, 於乳房86
on grandfather, 於祖父206
on mother, 於母親23
oral, 口腔的11–12, 18, 24–5, 29, 33, 56, 58, 207
Free association method, 自由聯想法248
Freud, 佛洛伊德10, 29, 42, 59, 60–2, 64, 70, 73, 76, 81–2, 88–90, 92, 94, 99, 103, 106–9, 116, 118–19, 124, 126, 128, 130–1, 138, 148–9, 152–60, 162, 164–71, 174, 176–7, 217–20, 222, 233, 235, 241, 280, 291
Frigidity, 性冷感95–6, 107
Frustration, 挫折140, 162
emotional, 情感的17–18, 39–40
libidinal, 原慾的109–14, 121–2, 143, 171–2
oral, 口腔的18
Fugue, 朦朧神遊271
Fullness, state of, 滿盈的狀態11
Fusion of internal objects, 內在客體的融合123, 175

Futility, 無用schizoid affect of, 分裂狀態下的無用感51, 91, 114, 131, 163, 173
Genital attitude, 性器態度32
contrasted with anal and oral attitudes, 對比於肛門及口腔態度86
Genital defect, 性器缺陷197–200, 220, 226
Genitals— 性器
as libidinal channels, 作為原慾的管道32, 142
as natural (biological) objects, 做為自然的(生物性的)客體31, 144
as symbolic (phallic) objects, 做為象徵的(性蕾的)客體40
hysterical rejection of the, 歇斯底里的拒斥38
identified with breast, 等同於乳房33, 38, 41
identified with mouth, 等同於嘴巴33, 41
of parents, 雙親的122
George V, King, 國王喬治五世223–8
Giving— 給予
anxiety over, 給予的焦慮18–20
hysterical compromise between taking and, 歇斯底里的防衛在取和給之間的妥協38
obsessional compromise between taking and, 強迫的防衛在取和給之間的妥協36
predominance of attitude of, 給予為主的態度39
Goering, H., 戈林284
Goodness, conditional and unconditional, 有條件與無條件的好66, 165
Groddeck, G., 葛羅戴克106[1]
Group psychology, 團體心理學80, 128, 176, 241. *See also* Social psychology亦見社會心理學
Group psychotherapy, 團體心理治療296
Groups, evolution of social, 社會團體的演化235–40, 243, 246
Guilt, 罪咎(罪惡)/ 愧疚68–70, 165, 213–15, 248, 251, 258, 279
and anxiety, 與焦慮107
and repression as separate defences, 與潛抑是不同的防衛66, 69–70[2], 92–3
as a resistance, 做為一種阻抗69
as moral badness secondary to badness

[1]譯註：頁106的註腳1。

[2]譯註：頁70的註腳1。

of object, 道德上的壞次發於客體的壞156
defensive nature of, 防衛性質68–70, 93, 156
deficient in neurotic soldiers, 精神官能症士兵缺乏285–7
deficient in perverts, 性倒錯者缺乏293
generated by super-ego, 由超我產生68–70, 94, 107
in hysteria, 於歇斯底里94
in melancholia, 於抑鬱92
originating in Oedipus situation, 源於伊底帕斯情境36–7, 62, 92
repressed more drastically than guilty wishes, 被潛抑的程度超過罪惡的慾望213, 221
situations and bad object situations, 罪咎情境與壞客體情境74, 285–7
unconscious (repressed), 潛意識(被潛抑的)204, 210, 213, 215, 220
Hamlet, 《哈姆雷特》124
Handwriting, 筆跡183
Hate substituted for love, 恨取代愛26–7
Hedonism, 享樂主義152, 158
Home, compulsion to return, 家，回家的強迫性衝動42, 266, 271–5, 277–8, 285
Homesickness, 思鄉病266
for the sea, 對海洋271
Homosexuality, 同性戀291, 293
male, 男性40
Huxley, A., 赫胥黎244
Hypochondriacal features, 慮病的表現94, 169, 223
Hypomanic state, 輕躁狀態273
Hysteria, 歇斯底里5, 36, 91–4, 109, 158, 168, 169
basic endopsychic situation in, 於基本內在精神情境130–1, 161, 177
infantile masturbation and, 與嬰兒期之手淫143
inhibition disproportionate to guilt in, 原慾抑制遠重於愧疚感94
paranoid features in, 偏執表現130
question of repression of super-ego in, 超我的潛抑問題170
schizoid factor in, 分裂因子4, 6, 108, 131, 183
schizoid position in, 分裂位置91–2, 109, 158
splitting of ego in, 自我的碎裂92, 158–9
Hysterical— 歇斯底里的
crying fits, 嚎啕大哭177

[1]譯註：此段落沒有出現「具體化」一詞。

apparent destructiveness of, 愛的破壞性25, 50
'partial', 「部分愛」31[1]
substitution of hate for, 以恨取代26–7
Malingering, 詐病282
Manic— 躁症
defence, 防衛30
state, 狀態206, 213, 220, 226
Manic-depressive psychosis, 躁鬱症25, 29, 57, 202, 221, 226
Masochism, 被虐癖40, 79
phobic, 畏懼的44
Masserman, J. H., 馬斯曼4.
Masturbation, 手淫33, 40, 184, 194–6
hysteria and infantile, 歇斯底里與嬰兒的143
Mature dependence, 成熟式依賴*see* Dependence, mature見依賴，成熟的
Melancholia, 抑鬱90–2, 158–9, 168, 220. *See also* Depression亦見憂鬱
involutional, 更年期54–5
Memories— 記憶
revival of repressed, 潛抑之記憶的復甦77, 204–5
traumatic, 創傷的63, 78
Menstruation, vicarious, 替代性月經199, 207
Mental apparatus, Freud's theory of the, 佛洛依德的心理裝置理論88, 106–7, 119, 128–9, 131, 148–9, 157, 167–8, 171, 217–18, 222
Mill, J. S., 約翰彌爾152
Moral defence, 道德防衛*see* Defence, moral見防衛，道德的
Moral values, 道德價值68, 160[2], 169
Morale, 士氣81, 167, 279, 281–7, 290, 295
super-ego as source of, 超我做為其來源81, 167
Mother— 母親
as ambivalent object, 做為矛盾客體110
as bad object, 做為壞客體17, 110
as exalting[3] object, 做為激動客體115

[1]譯註：頁31的註腳1。

[2]譯註：頁160的註腳1。

[3]譯註：應為'exciting'。

bad, 壞17, 36, 62–81, 84, 93, 110–11, 113–14, 121, 134, 139, 146, 154, 156, 165–6, 172, 178
breast as, 乳房做為客體*see* Breast見乳房
conditionally bad, 有條件的壞66
depersonalization of, 去人格化14
dichotomy of the, 客體的二分35, 37, 39, 53
differentiated, 分化的客體42, 145–6
differentiation of the, 客體的分化 *see* Differentiation見分化
emptying of the, 掏空客體23
exciting, 激動的*see* Exciting object (internal)見激動客體(內在)
externalized, 外化的45–6
father as, 父親做為客體*see* Father見父親
good, 好36, 61, 66, 69, 71, 74, 78, 80, 93, 110–11, 113, 121, 134, 139, 146, 149, 154, 165–6, 172, 178
idealized, 理想化的135, 179
identification of ego with, 自我對客體之認同 *see* Identification見認同
identification of external with internal, 外在客體等同內在客體51
identification of objects, 客體的等同33, 35, 38, 45, 86
incorporated, 攝入*see* Incorporated object(s)見被攝入客體
infantile dependence upon, 對客體的嬰兒式依賴*see* Dependence, infantile 見依賴，嬰兒式
internal *or* internalized, 內在 *see* Internal *or* Internalized object(s)見內在客體
introjected, 內射*see* Introjected object(s)見內射客體
libidinal, 原慾客體12
loss of, 失去客體47, 51, 54–6, 113, 173
loved, 所愛客體38, 259–60
mature dependence upon, 對客體成熟的依賴*see* Dependence, mature見依賴，成熟的
mother as, 母親做為客體*see* Mother見母親
natural (biological), 自然的(生物的)客體31, 33, 40–1, 48, 109, 139, 144
partial, 部分客體11, 12, 38, 40–1, 48, 154
pleasure as signpost to, 享樂是通往客體的指標 33
pre-ambivalent, 前矛盾客體134–5, 178
psychotic compulsiveness towards, 分裂個案對客體之強迫態度47
rejected, 被斥客體35, 37–9, 45–6, 53, 133– 6, 177, 179

symptoms, 症狀265, 272
symptoms with schizoid basis, 症狀以分裂為基礎 4, 30
technique, 技術*see* Technique, obsessional見技術，強迫的
Oedipus situation, 伊底帕斯情境36–8, 62, 68, 83, 92–93, 94, 98, 119–25, 153, 169, 174–5, 189–93, 204, 206, 210, 235–6, 238, 242, 244–5
as internal situation, 做為內在情境123
father in, 父親121–4, 174–5
guilt originating in, 源於伊底帕斯情境之罪咎 36–7, 62, 92
Omnipotence— 全能
attitude of, 態度6, 206, 209
types of, 類型213, 215, 221
Oral— 口腔的
contrasted with anal and genital attitudes, 對比於肛門與性器的態度86
incorporation, 攝入*see* Incorporation見攝入
phase(s), 期*see* Phase(s), oral見期，口腔
stage, 階段*see* Stage, oral見階段，口腔
Oral sadism, 口腔虐待213–15, 221, 223–9
towards penis, 對陽具207–12
Paranoia, 偏執狂36, 38, 132
Paranoid— 偏執的
attitude, 態度130, 270
features, 表現94, 130, 169
features in hysteria, 在歇斯底里的表現130
state, 狀態30, 45, 213–15, 221
symptoms, 症狀30, 226–7
technique, 技術*see* Technique, paranoid見技術，偏執
Parents, relationships between,雙親之間的關係 122, 175
Passivity— 被動
in hysterical state, 於歇斯底里狀態104
in phobic state, 於畏懼狀態44
Patricide, 弒父228, 236, 242
Penis— 陽具
as breast, 做為乳房41
Penis-envy, 陽具嫉羨206–7, 220–1
Persecution— 迫害

[1]譯註：頁78的註腳1。

147, 158–9, 168, 170–1, 172, 173
as a defence, 做為一種防衛62
as a schizoid process, 做為一分裂過程131, 158
as an ego-function, 做為一自我功能61, 89, 164
author's theory of, 作者的理論89–90, 115–20, 158–60, 174
direct, 直接118, 147, 173
distinct from the defence of guilt or super-ego, 不同於愧疚防衛或超我66, 69–70, 92–3, 165, 169
exercised more over libidinal than over aggressive components, 原慾成分被潛抑得比攻擊成分多 118–119, 173–4
Freud's theory of, 佛洛依德的理論61–2, 72, 89, 90, 92, 94, 116, 119, 129, 156, 158–60, 164, 168–70, 173, 174
indirect, 間接118–19, 147, 160, 173
libidinal resistance as a resultant of, 潛抑造成原慾的阻抗117
of affect, 情感的15, 20–1, 131
of ego-structures, 自我結構的89–90, 108, 112, 114, 115–16, 118–19, 135, 147, 158, 159, 168, 170–1, 172, 173
of guilt more drastic than repression of guilty wishes, 對愧疚感之潛抑強於對罪惡慾望之潛抑213, 221
of internalized bad objects, 壞的內在客體62–4, 65, 70, 74, 76, 78, 89, 93, 95, 108, 111, 114, 147, 156, 158, 159, 164–5, 168–73
of libidinal part of ego, 自我原慾部分之潛抑21
of over-exciting and over-frustrating elements in the internal object, 內在客體中過度激動及過度挫敗的成分135, 178
of super-ego, 超我的94–5, 159, 170, 221
primary, 原發的115–16, 173
principle of, 原則119, 174
secondary, 次發的115, 173
super-ego as instigator of, 超我做為潛抑啟動者 61, 90, 94, 153, 156, 158, 168
Resistance, 阻抗22, 67, 69, 73, 117, 165, 215, 221, 249, 251, 287
cathexis of repressed objects as a, 被潛抑客體之灌注是一種阻抗72–4, 116–17, 165–6, 173
fear of return of repressed objects as a, 害怕被潛抑客體之再現做為一種阻抗69
guilt as a, 愧疚感做為一種阻抗69
intellectualization as a, 理智化做為一種阻抗20
libidinal, 原慾的72–4, 116–17, 165–6, 173

[1]譯註：頁64的註腳2。

distinction between inner and outer reality
obscured in, 無法區分內在與外在現實18
substitution of ideas for feelings in, 觀念取代感覺20
Science, 科學218, 250
schizoid and obsessional appeals of, 對分裂及強迫傾向個體的吸引力6
Scientific background— 科學背景
contemporary, 當代的127–8, 150, 176
Freud's, 佛洛依德的126–7, 150, 176
Secrecy, schizoid, 隱密，分裂的22
Self-consciousness, 尷尬不安51, 211–13, 261
Self-reference, 自我指涉211, 213–14, 226[1]
Self-reproach, 自責116, 286
Separation, 分離43–4, 46, 109–10, 145, 166, 172, 260–1, 271, 273, 275, 278, 281
and excretory expulsion, 與排泄43–4
Separation-anxiety, 分離焦慮39, 43–4, 80, 110, 145, 167, 223, 263, 265–7, 271–3, 275–8, 280–1, 285
Sin— 罪
Christian and Hebraic conceptions of, 基督徒與希伯來人對罪的觀念74
Social group— 社會團體
attitude of perverts towards the, 性倒錯者的態度292–3
Social groups, evolution of, 社會團體的演變235–40, 243, 246
Social institutions, 社會組織129
Social psychology, 社會心理學129. *See also* Group psychology亦見團體心理學
Socrates, 斯格拉底249
Soviet Russia, 蘇俄234, 238, 241, 243
Splitting of the ego, 自我的碎裂8–10, 20–1, 29, 51, 83, 101, 107–8, 115–16, 131, 147, 158–9, 160, 162. *See also* 亦見218–20, 221–2
aggression as dynamic of, 攻擊是碎裂的動力108, 114
and hysterical dissociation, 與歇斯底里的解離 92, 159
and incorporation, 與攝入10
and repression of ego-structures, 與自我結構的潛抑21, 89–90, 108, 112, 114, 115–16, 118, 135, 147, 158–9, 168, 170–1, 172, 173
in dreams, 在夢中8–9
in hysteria, 在歇斯底里92, 158–9

[1]譯註：此詞只在頁226出現。頁211及213-4是描述其表現。

Splitting of the object— 客體的碎裂
(external), (外在的)110, 114, 121, 135
(internal), (內在的)111, 114, 121, 122, 147, 159, 170, 172, 178
Stage(s) (developmental), (發展)階段30, 145, 155, 221
alloerotic, 異體愛慾31[1]
anal, 肛門146
autoerotic, 自體愛慾31[2]
genital, 性器32
narcissistic, 自戀31
of infantile dependence, 嬰兒式依賴35, 39, 41, 46–9, 145, 163, 267
of mature dependence, 成熟式依賴35, 39, 41, 145, 163
of partial love, 部分愛31[3]
of transition or quasi-independence,過渡或準獨立階段35, 39, 41–6, 145–6, 155, 163
oral, 口腔32, 221
Stalin, J. V., 239
State, the, 政權238, 284–5
Stephen, A., 139
Sublimation, 昇華90, 168, 188, 213, 221
Substitutive satisfactions, 替代的滿足40
Sucking, 吸吮39, 48, 138, 147
Suffering, psychoneurotic, 痛苦，精神官能症的103, 125, 291, 293
Suicidal tendency, 自殺傾向203, 226, 266, 271, 274
Super-ego, 超我200, 203, 204, 209, 210, 212–13, 214, 217
and splitting of ego, 與自我的碎裂9
as agent of the moral defence, 道德防衛的執行者66, 93, 165, 169
as ego-ideal, 做為自我理想81, 136, 153–4, 156, 159, 179, 233, 286–7
as endopsychic structure, 做為內在精神結構82, 90
as good object to ego, 做為自我的好客體61, 66, 93, 149, 156, 165
as instigator of repression, 做為潛抑的啟動者61, 90, 94, 153, 156, 158, 168
as internalized object, 做為內在客體61, 66, 82, 93, 94, 131, 148–9, 153–4, 156, 164, 165, 171

---

[1]譯註：頁31的註腳1。

[2]譯註：同上。

[3]譯註：同上。

[1]譯註：這兩頁裡用的是level及layer，全書並無出現strata一詞。

---

[1]譯註：全書並無此詞，頁215提到的是以形成妄想的方式防衛愧疚感的浮現。

---

[1]譯註：頁243的註腳2。

人格的精神分析研究

Psychoanalytic Studies of the Personality

作　　者｜費爾貝恩（W. R. D. Fairbairn）
譯　　者｜劉時寧
執行編輯｜游雅玲
校　　稿｜謝孟婷、游雅玲、劉時寧

封面設計｜楊啓巽
版面設計｜荷米斯廣告設計有限公司
印　　刷｜侑旅印刷事業股份有限公司

出　　版｜Utopie無境文化事業股份有限公司
地　　址｜802高雄市苓雅區中正一路120號7樓之1
電　　話｜07-3987336
E-mail｜edition.utopie@gmail.com

初　　版｜2022 年 6 月
ISBN｜978-986-06019-8-5
定　　價｜460　元

Original title : Psychoanalytic studies of the personality by W. R. D. Fairbairn © 1952, W.R.D. Fairbairn
Complex Chinese translation copyright © 2022 by Utopie publishing company, All Rights Reserved
Printed in Taiwan

國家圖書館出版品預行編目(CIP)資料

人格的精神分析研究 / 費爾貝恩(W.R.D.Fairbairn)作；劉時寧翻譯.-- 一版.--
高雄市：無境文化事業股份有限公司,2022.04　面；公分　譯自：Psychoanalytic studies of the personality
ISBN 978-986-06019-8-5(平裝)　1.CST：精神分析 2.CST：人格發展　175.7　111000927